本书得到国家自然科学基金重大国际合作研究项目（71320107006）、国家自然科学基金面上项目（71874021）、国家自然科学基金面上项目（71974024）的资助。

U0572660

绿色转型背景下
我国区域中心城市生态效率
测度与评价

商 华◎著

中国财经出版传媒集团

经济科学出版社
Economic Science Press

图书在版编目（CIP）数据

绿色转型背景下我国区域中心城市生态效率测度与评价/商华著.—北京：经济科学出版社，2022.6
（大连理工大学经济管理丛书）
ISBN 978 - 7 - 5218 - 3694 - 3

Ⅰ.①绿…　Ⅱ.①商…　Ⅲ.①城市经济 - 生态经济 -研究 - 中国　Ⅳ.①F299.21

中国版本图书馆 CIP 数据核字（2022）第 090532 号

责任编辑：李　军　刘　莎
责任校对：刘　昕
责任印制：范　艳

绿色转型背景下我国区域中心城市生态效率测度与评价
商　华　著
经济科学出版社出版、发行　新华书店经销
社址：北京市海淀区阜成路甲 28 号　邮编：100142
总编部电话：010 - 88191217　发行部电话：010 - 88191522
网址：www. esp. com. cn
电子邮箱：esp@ esp. com. cn
天猫网店：经济科学出版社旗舰店
网址：http://jjkxcbs. tmall. com
北京季蜂印刷有限公司印装
710 × 1000　16 开　14.75 印张　240000 字
2022 年 7 月第 1 版　2022 年 7 月第 1 次印刷
ISBN 978 - 7 - 5218 - 3694 - 3　定价：76.00 元
（图书出现印装问题，本社负责调换。电话：010 - 88191510）
（版权所有　侵权必究　打击盗版　举报热线：010 - 88191661
QQ：2242791300　营销中心电话：010 - 88191537
电子邮箱：dbts@ esp. com. cn）

丛书编委会

总　序

编写一批能够反映大连理工大学经济管理学科科学研究成果的专著，是近些年大连理工大学经济管理学院一直在推动的事情。这是因为大连理工大学作为国内最早开展现代管理教育的高校，早在1980年就在国内率先开展了引进西方现代管理教育的工作，被学界誉为"中国现代管理教育的摇篮、中国MBA教育的发祥地、中国管理案例教学法的先锋"。

大连理工大学管理教育不仅在人才培养方面取得了丰硕的成果，在科学研究方面同样也取得了令同行瞩目的成绩。在教育部第二轮学科评估中，大连理工大学的管理科学与工程一级学科获得全国第三名的成绩；在教育部第三轮学科评估中，大连理工大学的工商管理一级学科获得全国第八名的成绩；在教育部第四轮学科评估中，大连理工大学工商管理学科和管理科学与工程学科均获得A-的成绩，是中国国内拥有两个A级管理学科的六所商学院之一。

2020年经济管理学院获得的科研经费已达到4345万元，2015～2020年获得的国家级重点重大项目达到27项，同时发表在国家自然科学基金委员会管理科学部认定核心期刊的论文达到1000篇以上，国际SCI、SSCI论文发表超800篇。近年来，虽然学院的科研成果产出量在国内高校中处于领先地位，但是在学科领域内具有广泛性影响力的学术专著仍然不多。

在许多的管理学家看来，论文才是科学研究成果最直接、最有显示度的体现，而且论文时效性更强、含金量也更高，因此出现了不重视专著也不重视获奖的现象。无疑，论文是科学研究成果的重要载体，甚至是最主要的载体，但是，管理作为自然科学与社会科学的交叉成果，其成果载体存在的方式一定会呈现出多元化的特点，其自然科学部分更多地会以论文等成果形态出现，而社会科学部分则既可以以论文的形态呈现，也可以以专著、科研奖励、咨政建议等形态出现，并且同样会呈现出生机和活力。

2010 年，大连理工大学决定组建管理与经济学部，将原管理学院、经济系合并，重组后的管理与经济学部以学科群的方式组建下属单位，设立了管理科学与工程学院、工商管理学院、经济学院以及 MBA/EMBA 教育中心。2019 年，大连理工大学管理与经济学部更名为大连理工大学经济管理学院。目前，学院拥有 10 个研究所、5 个教育教学实验中心和 9 个行政办公室，建设有两个国家级工程研究中心和实验室，六个省部级工程研究中心和实验室，以及国内最大的管理案例共享平台。

经济管理学院秉承"笃行厚学"的理念，以"扎根实践培养卓越管理人才、凝练商学新知、推动社会进步"为使命，努力建设成扎根中国的世界一流商学院，并为中国的经济管理教育做出新的、更大的贡献。因此，全面体现学院研究成果的重要载体形式——专著的出版就变得更加必要和紧迫。本套论丛就是在这个背景下产生的。

本套论丛的出版主要考虑了以下几个因素：第一是先进性。要将经济管理学院教师的最新科学研究成果反映在专著中，目的是更好地传播教师最新的科学研究成果，为推进经济管理学科的学术繁荣做贡献。第二是广泛性。经济管理学院下设的 10 个研究所分布在与国际主流接轨的各个领域，所以专著的选题具有广泛性。第三是选题的自由探索性。我们认为，经济管理学科在中国得到了迅速的发展，各种具有中国情境的理论与现实问题众多，可以研究和解决的现实问题也非常多，在这个方面，重要的是发扬科学家进行自由探索的精神，自己寻找选题，自己开展科学研究并进而形成科学研究成果，这样一种机制会使得广大教师遵循科学探索精神，撰写出一批对于推动中国经济社会发展起到积极促进作用的专著。第四是将其纳入学术成果考评之中。我们认为，既然学术专著是科研成果的展示，本身就具有很强的学术性，属于科学研究成果，那么就有必要将其纳入科学研究成果的考评之中，而这本身也必然会调动广大教师的积极性。

本套论丛的出版得到了经济科学出版社的大力支持和帮助，在选题的确定和出版发行等方面给予了极大的支持，并帮助经济管理学院解决了出版过程中遇到的困难和问题。同时特别感谢经济管理学院的同行在论丛出版过程中表现出的极大热情，没有大家的支持，这套论丛的出版不可能如此顺利。

　　为落实 1979 年小平同志访美中美两国政府签订的协议，1980 年在大连理工大学正式成立中国工业科技管理大连培训中心和大连工学院管理工程系。1984年，中国工业科技管理大连培训中心与美国纽约州立大学布法罗分校合作，率先在中国引进 MBA 学位教育，是中国 MBA 教育的发祥地；1985 年，大连理工大学经教育部批准组建管理学院，成为国内最早成立的管理学院之一。

　　曾获得省部级哲学社会科学奖、国家和省部级教学成果奖。

大连理工大学经济管理学院

2021 年 12 月

前　言

伴随着国内城市化进程的不断加速，资源与环境的矛盾问题已经成为限制城市可持续发展的重要阻碍，也引发了一系列的社会问题，影响城市的可持续发展。城市绿色发展和转型已经成为我国在新时期经济发展中的重大战略，这也是应对国际环保压力的主要对策，将直接影响中国未来在全球环境治理中的绩效表现。面临着国内外的绿色发展和转型的压力，区域中心城市如何选择高效的转型路径是管理者主要亟待解决的问题。基于此，本书基于绿色转型的视角，对区域中心城市的生态效率进行评价，定量化测度和评价差异化的区域中心城市绿色化水平和能力，制定区域中心城市绿色转型的科学路径。

首先，基于对区域中心城市、城市绿色转型相关理论的梳理，本书界定了区域中心城市生态效率的内涵和特点。其次，基于能值分析方法构建了区域中心城市复合生态系统能值评价指标，对区域中心城市"社会—经济—自然子系统"进行分析，通过计算可更新资源等能值指标为生态效率评估提供数据支持。再次，基于超效率 SBM – DEA（Slacks – based model – Data envelopment analysis）模型构建城市绿色转型效率定量化测度模型，对 31 个区域中心城市 2013～2017年的生态效率进行测算，从城市差异化、地区差异化和时序变动规律对生态效率的变化进行结果分析。进一步采用 Tobit 模型对影响区域中心城市的生态效率的因素进行识别，最后对区域中心城市生态效率的提升提出针对性的建议。

研究结果表明：区域中心城市生态效率从城市差异性来看，深圳和厦门处于超效率状态，石家庄、太原、郑州、呼和浩特、银川和乌鲁木齐的生态效率较低；从地区差异性来看，我国 31 个区域中心城市的生态效率水平呈现出"东—中—西"的梯度递减特征；从生态效率整体水平来看，我国 31 个区域中心城市生态效率水平整体低下，未来我国区域中心城市的生态效率还存在很大

1

的提升空间。因此，在区域社会经济发展过程中应当加强对当地生态系统的保护，制定合理的生态管控政策，确保区域生态系统服务功能不受损、服务价值不降低。研究结论丰富了生态效率的研究领域，并为区域中心城市的绿色转型提出了指导性建议，为其实现可持续发展与绿色转型提供决策依据。

本书得到国家自然科学基金重大国际合作研究项目"绿色增长理论与实践的国际比较研究"（71320107006）、国家自然基金重点项目"绿色转型视阈下区域中心城市生态效率测度与评价"（71874021）的资助，在此表示衷心的感谢。

目　　录

1 绪 论

1.1 背景和意义

伴随着全球性的资源和环境之间的矛盾不断激化，国际社会对资源环境问题给予了高度的重视，如何实现经济发展与资源环境的协调发展成为目前亟待解决的问题。在这一背景下，联合国环境规划署于 2008 年制定了"全球绿色新政及绿色经济计划"，揭开了全球"绿色化"制度发展的帷幕，为绿色发展奠定了基础。在全球经济快速发展过程中，城市作为创新发展理念的先行区，承载着国家和人民对经济、环境和社会可持续发展的美好追求，也发挥着聚集人口和资源的积极效应。同时，城市的绿色转型也将涉及各种要素之间的交互作用，如技术、制度、产业结构等，但作为社会生产消费和公众居住的重要单元，更要重视在绿色转型过程中社会和公众所发挥的重要作用。数据显示，目前全球重大城市发展过程中所产生的能耗和碳排放占到总体的 75%，充分说明城市发展的代价是巨大的，调整和优化城市发展方式，从粗放式发展迈向精细化、绿色化发展已经成为全球共识。中国在《巴黎协定》和 G20 杭州峰会中承诺二氧化碳排放量将在 2030 年达到峰值，单位二氧化碳排放量相较于 2005 年大幅下降，并将相关排放承诺融入国家的"十三五"规划汇总（李小芬，2015）。同时，李克强总理在做 2021 年政府工作报告时提出："落实 2030 年应对气候变化国家自主贡献目标。加快发展方式绿色转型，协同推进经济高质量发展和生态环境高水平保护，单位国内生产总值能耗和二氧化碳排放分别降低 13.5%、18%"。"碳达峰、碳中和"目标一经提出，立即成为社会各界谈论的热点话题，也成为资本市场投资者密切关注的投资主题之一，也是全国政协十三届四次会议和第十三届全国人大四次会议最受关注的"热词"之一。因此，城市经济向绿色经济的转型过程已成为发达国家和发展中国家在城市化进程中普遍关注的环节，城市绿色转型成为实现中国国际承诺和解决世界城市发展中问题的必然选择。

城市绿色发展和转型已经成为中国在新时期经济发展中的重大战略。高度重视环境治理、实现绿色发展也是政府多年来所坚守的方针政策。国家的"十二五"规划确立了"绿色发展"理念在国内经济发展过程中的重要地位，至此中央政治局和中共十八届五中全会先后将"绿色发展"确立为五大发展理念之一。中国城镇人口比重在 2013 年达到 52%，标志着中国已经进入了城市主导型社会，并在 2017 年达到 58.52%，代表着中国社会发展已经与城市存在着相互依存的关系。在中国的城市化发展过程中，虽然呈现出"快车道"的发展趋势，但在全面建设小康社会的过程中不仅要注重城市发展的速度，更加需要注重区域协调发展，实现城市经济快速提升和人民生活幸福的双重目标。当前中国城市发展过程中普遍出现城市空间肆意扩张、资源能耗严重以及伴随着环境污染问题，为快速发展的城市化进程敲响了警钟，也限制了城市的可持续发展水平（赵洋，2020）。综上可知，城市绿色发展和转型对于提升国家发展的综合效益至关重要，是解决城市化发展进程中出现的各种矛盾的根本解决方式。

目前国内中心城市按照不同的分类标准将其分为国家级、区域性、城市群中心城市等，每一个类型的中心城市具有不同的特征。区域中心城市主要指的是在区域城市群的经济发展中处于核心和主导地位的城市，扮演着经济和政治多重角色。《全国城镇体系规划纲要（2006—2020）》中明确指出：中国占据主导和核心位置的城市达到 31 个，也即区域中心城市大多数为省会城市和副省会城市。同时，《国家新型城镇化规划（2014—2020 年）》也提出区域中心城市对于区域经济、政治和文化的发展至关重要，未来城镇化的发展核心是增强区域中心的辐射效应（吴晓旭，2013）。以上政策文件为区域中心城市的发展指明了发展方向，也在一定程度上代表着区域中心城市在中国经济发展中的重要位置。当前区域中心城市已经成为中国实现绿色可持续发展和参与国际竞争的重要平台，也是区域内资源要素的聚集区（陈傲，2008；任胜钢，张如波，2018；林天南，2020）。但是由于区域中心城市作为区域性的经济发展中心，其发展也面临着职能过于集中、创新发展动力不足以及资源与环境矛盾日益激化的问题，很大程度上制约了区域中心城市的良性可持续发展。区域中心城市面临着国内外的绿色发展和转型的压力，如何选择高效的转型路径是管理者主要亟待解决的问题。

综上所述，中国目前正处于转型升级的关键时期，面对依旧悬挂在人们头顶的资源、环境和生态危机所铸造的达摩克斯利剑，区域中心城市发展的关键是实现绿色转型。绿色转型建设过程中，识别和评价城市绿色化水平和绿色发展能力是实现绿色转型的关键，涉及的关键问题主要包括：（1）在中国快速城镇化的背景和视角下，如何界定和理解区域中心城市绿色转型的通用内涵？（2）在资源环境问题区域差异和生态文明建设目标差异性的约束下，如何定量化测度和评价差异化的区域中心城市绿色化水平和能力？（3）转型过程中如何促进实现和谐、包容、高效，从而提高城市生态经济系统的生态效率？

1.2 国内外研究进展

1.2.1 绿色转型研究进展

1. 绿色转型理论研究

绿色转型的概念提出较早，也一直受到国内外学者的广泛关注。约翰·布林克（John Brink，1999）指出，全球各国都应重视绿色转型，积极应对依靠政府的力量有效推动绿色转型。这得到了一些国家的积极响应，包括波兰、日本和匈牙利。因此，以美国为首的一些国家开始致力于建立绿色政党，依靠政治力量的杠杆作用，引导整个国家的绿色转型，从而更好地改善经济与环境之间的关系。苏珊·梅雷迪思（Susan Meredith，2008）认为，商业也存在绿色转型的潜力，也需要积极地参与到行动中来。胡岳岷和刘甲库（2013）则认为，实现绿色转型不能只依靠政府的力量，社会和体制的力量也不容小觑。国内关于绿色转型的研究也较为丰富，学者们也积极探索绿色转型的相关理论和实现路径。刘纯彬和张晨（2009）致力于探索资源型城市的绿色转型，通过对绿色转型内涵的界定，认为绿色转型的主体主要是企业、产业和政府，方式是通过企业的运行、产业的重构和政府监管过程的升级实现绿色转型。姜艳生（2007）

在对绿色转型的相关理论进行分析的基础上提出要想实现绿色转型，政府、科技是两大法宝。何红渠和孙凌宇（2012）对资源型企业的绿色转型理论框架进行了探究，认为企业的绿色转型需要依靠优化生态管理模式、利用废弃物来实现。李佐军（2012）在分析绿色转型的内涵的基础上，对广东省的绿色转型背景、方式、路径进行了探究。

关于绿色转型的概念，目前学术界尚未形成统一的观点。相对有代表性的观点有：（1）以生态文明为主导，循环经济为基础，绿色管理为保障，向可持续发展模式转变（刘纯彬、张晨，2009）。（2）从过度浪费资源、污染环境的发展模式向生态友好、资源节约、循环利用的科学发展模式转变（任希珍，2016）。尽管这两个观点对于绿色转型的定义存在一定的分歧，但都认为绿色转型的本质是促进人与自然和谐共处，坚持以绿色发展理念为指导，发展方式由"粗放型"转向"绿色高效型"，实现人地关系和谐。

相比之下，低碳转型是针对全球气候变暖提出的概念。它的侧重点在于低碳经济的发展，运用低碳技术最大限度地实现二氧化碳的减排，旨在促进人地关系和谐、城市可持续发展（齐建珍，2003）。

2. 城市绿色转型

近些年，资源与环境的双重约束再次成为全球话题的焦点，特别是在2008年金融危机以后，不仅传统的资源型城市的发展举步维艰，就连一些经济持续较好的城市其发展也是频频受阻。仍如以往单纯地推动城市的经济转型可谓收效甚微，而绿色发展、绿色转型也正是在这样的背景下走入时代的视野。所谓绿色转型，朱远（2011）认为就是要改变片面追求经济增长和物质规模扩张的传统发展模式，在生态环境承载能力的范围之内转变发展方式，不仅要提高单位自然资本投入的经济产出，更要提高单位产出为社会带来的福利贡献，从而最终实现较高的绿色发展绩效。李佐军（2012）认为，绿色转型仍是一种发展方式的转变过程，是从传统的资源浪费、环境污染模式向循环节约、生态友好的模式转变，是由人与自然相背离，生态、经济、社会相分割的状态向和谐共生、协调发展的状态转变。刘纯彬和张晨（2009）认为，（资源型）城市绿色转型要以绿色发展为理念，立足于国情和资源环境的承受能力，通过改变企业运营方法，产业构成方式和政府监管手段，实现企业绿色运营、产业绿色重构和政府绿色监管，最终形成资源节约、经济增长、社会和谐、生态友好的科学发展模式。从这些概念上可以清晰地看出，城市绿色转型着重强调的是城市发展理念的转变，传统的以 GDP 高增长为主导的重数量轻质量、重规模轻内涵的发展模式只能带来高消耗、高排放、高污染、低效率的恶性后果，未来应当采取的是重质量、重服务、重效益的精细型发展模式，实现城市资源利用效率和公共服务效率的同步提升。与国内学者主要从宏观角度研究城市绿色转型的情况不同，国外学者对于城市转型的"绿色"认识侧重在城市发展的微观领域。例如，科利尔（Collier，2013）等从基础设施规划、气候规划、创新设计、限制城市蔓延扩张的角度出发，探索城市可持续发展的核心机制，并提出城市绿色的实践要充分运用协同的办法。简森（Jansson，2013）则以节能建筑、城市环境和绿色物流为核心的生态服务框架，重新建立城市与生物圈之间的联系，以寻找绿色转型和生态发展的关键契机。巴比罗利（Barbiroli，2011）从资源、技术、企业使命、购买力、交通方式等角度分析城市绿色转型的优势和成本，并提出转型过程中的关键问题在于资源的有限性及其定价。阿特曼恩（Artmann，2019）等则探讨了空间转变给（绿色）城市带来的影响，指出发展紧凑型城市能够抵御城市的无序蔓延，但也要考虑"紧凑"引发的不良影响，不仅在城市的整体视角上，也包括邻里与家庭的视角，追求适度的紧凑，才能确保空间转变发挥多维的积极影响。此外，国外机构如西门子公司构建了"绿色城市指数"，分别从二氧化碳、能源、建筑、交通、废物与土地利用、水、空气质量、环境治理 8 个指标来衡量城市发展的绿色水平，并开发了绿色城市发展的评估工具。对比国内外城市绿色转型的相关研究，虽然在研究内容上存在明显差异，但在研究结构上却形成有效互补，综合考虑有利于对城市绿色转型概念内涵的深度认知。

3. 相关研究方法

有关城市转型的研究方法，整体上仍可以分为定量方法和定性方法两类。从时间上看，早期关注城市政治、经济体制的转型研究从定性的角度分析居多，而随着研究内容的丰富以及研究工具的出现，定量方法开始越来越多地被应用于城市转型的研究。定量方法包括层次分析法、熵权法、博弈论等9种，可用于处理城市转型的效率评价、影响因素以及成本和收益分析的问题。另外，目前还有一种趋势，即以定量分析与定性分析相结合的方式开展城市转型的相关研究，以弥补两种方法各自的不足，从而得到更为有效的结论。

1.2.2 生态效率研究进展

根据国内外目前对于生态效率的研究分析，通过对相关资料的总结归纳，可以将生态效率研究分成以下几个方面：概念及发展、评价方法以及影响因素分析。

生态效率的概念及发展

生态效率概念在1990年被肖特嘉和斯特姆（Schaltegger and Sturm，1990）首次提出，这一概念一经提出，就一直作为经济学界的研究热点，被视为衡量经济发展和资源、生态环境实现可持续、协调发展的有效方式以及管理调节的有效宏观手段。这一概念提出后在世界可持续发展商业理事会（WBCSD）的推动下被大众广泛认可。生态效率将经济社会福利和环境保护与质量综合在一起，综合考虑了传统意义上的劳动和资本生产率以及越来越重要的环境要素，因此能够更加合理地引导可持续发展。1998年，经济合作组织（OECD）对生态效率的概念进行丰富，结合不同的发展主题，将生态效率与政府层面、企业层面以及其他社会组织联系起来，将生态效率定义为"生态资源能够满足人类需求的效率"。自此以后，对于生态效率的研究的层面也从微观的企业层面扩展到中观的行业层面和宏观的区域层面的研究。生态效率根本上来说是在资源条件和生态环境约束下的一种投入产出的效率。生态效率反映了一个地区基于最低的资源消耗和最小的环境损坏产出最多的能力，其是经济概念，也是一个生态概念。黄和平（2015）认为生态效率是社会服务量与生态负荷增长的速率的比值，并提出生态效率是能源资源与环境保护两者效率的综合体。诸大建（2015）在研究中认为，生态效率是社会层面的资源消耗与产出价值之间的比率，能够有效评估社会发展的可持续性水平。汪克亮（2015）认为生态效率能够体现某一经济单元在进行产品生产或者提供服务时，最大限度地降低自然资源的消耗量和对环境产生压力的能力，反映出经济、社会、环境以及资源等社会不同方面协调均衡发展进步关系。

在生态效率的概念及内涵上面，中国的研究大多是在以上研究基础上的改进。生态效率理应将眼光集中到影响因素的收益情况，而且还要综合考虑所需资源的消耗情况，生态效率评价指标应从资源的消耗情况以及经济给国家产生的收益两方面综合进行分析，并反映经济进步和生态资源消耗之间的真实情况。

1.2.3 生态效率的评价方法

通过梳理国内外文献，可将生态效率的评价方法分为以下五种：一是单一比值法；二是指标体系法；三是综合评价法；四是生态足迹及能值法；五是DEA 模型法。其中 DEA 模型法是较为常见的评价方法，以下将分别对各个方法及研究进展进行阐述。

1. 单一比值法

单一比值法以比值的形式来测算生态效率，方法简单易懂。在经济维度指标的选择上，世界可持续发展工商理事会（World Business Council for Sustainable Development，WBCSD）一般选取产品或服务的生产、销售量或净销售额。随着生态效率向金融、会计等领域的深入，一些学者开始使用基于机会和价值成本的经济核算方法针对经济指标进行测算。在环境指标选取上，常用的指标包括资源消耗、污染物排放及其他环境影响。生命周期评价法是广为接受的评价方法，该方法能够系统地分析产品对生态环境造成的影响。单一比值法存在不少弊端：一方面，该分析法是在最佳条件的前提下提出的；另一方面，该方法只能对相同的环境进行分析，因此只能在单一且既定的条件下进行，没有充分考虑其他的影响因素，无法对实际情况做出真实的反应，同时也无法对决策者提供多种选择，难以计算出最佳的比率集。因此，该方法对于社会角度的分析不适用，更适用于不间断的，尤其是独立项目以及技术的分析。

2. 指标体系法

指标体系是指一系列用于评价生态效率的指标集，这些指标之间既单独存在，又相互关联。指标体系可以全面体现出自然经济以及社会在各方面的发展程度，因此比较适合研究相对复杂多样的对象。指标体系通常包括下列因素：环境、劳动力、土地、水以及能量和物质消耗等。克里斯蒂娜（Kristina，2005）提出生态效率的评价标准可以有很多种，其中包括投入占产出的比例以及经济与污染的输出比；迈克尔逊（Michelsen，2006）等通过 9 个标准对挪威家具进行生产效率的评价，这 9 个标准依次为：重金属产出数量、光化学烟雾的产生量、总废物的产生量、大气中酸性气体排放量、温室气体排放量、能源消耗、水耗、臭氧层破坏气体排放量以及物质消耗；日本的三菱电器公司对于生态效率的标准采用生产要素、生产能投入以及废弃物再循环结合的生态效率评价指标体系，以获得对企业生态效率客观的衡量结果（高前善，2006）；万（Van，2010）基于钢铁企业从环境的角度对生态效率进行了以下标准的设定：废水对环境造成的影响、水体富营养化、挥发酸量、新鲜水的水生态毒性、人类毒性以及光氧化剂的形成；吉米雷（Ghimire，2017）在测算水资源生态效率时选取生命周期成本、净现值以及国内生产总值作为经济指标，选取酸化、生态毒性、能源需求、化石燃料消耗、臭氧消耗、金属消耗等 11 个指标作为环境指标。在对规模较大的区域进行研究的过程中，一般采用的方法都是指标体系法，比如产业园、行业领域以及城市等。毛建素等（2010）分析了工业产值和其造成的各种污染物之间的比值，主要使用的污染物有粉尘、烟尘、废水废气以及固定废物，该比值体现了工业行业的生态效率；吴小庆等（2008）通过创建研究对象（工业园区）的经济指标体系对生态效率进行了分析研究，研究主要从以下四个方面开展：物质的循环使用、环境效率、资源利用和经济发展状况；王飞儿等（2008）在对生态效率分析的过程中，将其划分为两个方面分别研究：环境效率（P）以及资源效率（R），生态效率即为 $E = \sqrt{R^2 + P^2}$；王波等（2010）从环境和资源效率两个方面出发，通过因子计算方法，对国内的 31 个地区进行了生态效率的分析计算。其中，环境效率从固体污染物的排放量、废气污染物的排放量、废水污染物的排放量三个方面出发；资源效率从用水量、土地使用面积、就业人数、能耗四个方面出发。通过分析发现，中国西部、中部和东部之间的生态效率之间存在很明显的差别；李惠娟等（2010）基于因子测算方法，选取 14 个关于能源消费、污染排放、经济产出的指标，测算分析了中国 16 个资源型城市的生态效率。白彩全等（2014）在 2014 年通过采用熵权法，从循环经济、资源效益、环境效益以及经济效益四个方面测算了中国 31 个地区 2007～2010 年的生态效率；陈林心等（2017）通过采用投影寻踪赋权法对 2003～2014 年长江中游城市群生态效率进行了分析计算，选取的主要指标包括研究地区的用电量、用气量、废物产出量、二氧化硫废气产出量、粉尘排出量等。何宜庆等（2017）选取资源消耗、环境污染、经济产出三个大方面的指标对中国 31 个地区 2005～2013 年的工业生态效率进行了测算分析。

3. 生态足迹及能值分析法

瓦克纳格尔和里斯（Wackernagel and Rees，1998）提出了生态足迹法，生态足迹反映了一定时间内，区域实际提供给人类所使用的生物生产型土地和水域面积的总和，体现了区域自然资源的可再生能力，可表示为区域自然资源供给情况的"阙值"。生态足迹方法也在生态效率评价中得到了广泛应用。季丹等（2013）提出，可以通过某地区的人均 GDP 和该地区人均生态足迹的比例对当地的生态效率进行测算。人均生态足迹主要是森林、建筑用地、海洋、草地和耕地等生产过程的平均值；史丹等（2016）在研究过程中发现，1991～2013 年，中国人均生态足迹提高量为 144%，生态效率持续提高；姚治国等（2016）通过碳足迹法对 2012 年海南地区的生态效率进行了测算分析；谷平华等（2017）利用物质流对湖南地区的生态效率进行测算发现，该地区的生态效益有明显的提高；奥德姆（Odum，2000）等提出的能值分析法也在生态效率分析方法上得到了广泛应用。段玉英等（2012）就当前包头地区钢铁行业所遇到的减排问题开展分析，通过能值分析方法，计算出了四个表示生态效率的指标值，分别为环境负荷率、能值自给率、能值货币比率和产出比率。胡伟等（2018）运用能值理论和数据包络分析方法系统地研究了 2004～2013 年中国海洋生态经济系统发展效率。综上所述，生态足迹和能值分析方法分别从时间、空间尺度上对城市生态效率展开了评估和测算，推动了生态效率的研究和发展，也为相关研究提供了参考和借鉴。

4. DEA 模型法

在模型选择上，国内外学者在对前期的生产率和效率的分析基础上，综合考虑环境影响下，对生态效率进行了大量的针对性研究。其中数据包络分析（DEA）模型使用最为广泛。该模型主要的特点是可以对不同的环境影响因素进行客观赋权，通过使用统计学方法，测算出研究对象的生态效率数值。近年来，该模型在国内外生态效率评估方面得到了广泛应用，以下简要综述 DEA 不同模型的应用实例。

（1）利用 DEA 传统模型，结合其他分析方法，进行综合应用研究，从不同视角对区域、工业、产业、城市的生态效率进行评估。盖斯勒（Geissler，2015）分别利用 DEA 径向模型 CCR 和 BCC 测算了全球 24 个最大的磷酸盐开采公司的效率，为磷酸盐资源的可持续发展提供政策建议；安吉利斯（Angeles，2017）以微观视角出发，研究了西班牙东南部的小型农场的农业生态效率，并对影响其生态效率的因素做了回归分析。瑞布雷杜（Rebolledo，2019）利用生命周期评价结合产出导向的 DEA 模型，并将碳足迹作为非期望产出评价了智利树莓产业的环境生态效率。哈尔科斯（Halkos，2019）等利用 DEA 模型评估了 28 个欧盟成员国的环境生态效率，利用方向距离函数来处理非期望产出，并得出德国、爱尔兰、英国的环境生态效率最高，环境效率较高的国家回收率也相对较高。邓波等（2011）在研究中国 2008 年区域生态效率时，结合 SFA 模型回归分析，对传统 DEA - BCC 模型进行调整，从而剔除了外部环境因素和随机因素，得出仅由管理无效率造成的 DMU 投入冗余。吴小庆等（2012）在测算江苏省无锡市 1998～2008 年农业生态效率时，根据规模效益不变的 CCR 模型，提出了基于 AHP 法的锥比率 DEA 模型，对影响生态效率的三种污染物的污染强度进行区分，进而测算地区生态效率。程晓娟等（2013）将主成分的分析多元统计方法使用在传统的 DEA - BCC 模型中，运用 PCA 指标提取优势，实现对指标的降维处理，对煤炭产业的生态效率进行测算。陈浩等（2015）运用超效率 DEA 方法测算了 32 个资源型城市 2003～2011 年的生态效率。李成宇等（2018）利用 DEA - BCC 模型，结合 Geoda 分析对 2006～2015 年中国 30 个省市在时空两个维度上的工业生态效率进行测算。邢（Xing，2018）等利用经济投入产出生命周期评测结合 DEA 模型对中国 26 个经济部门的环境影响及生态效率进行评价得出，70% 的工业行业处于生态效率无效状态，而电力供给部门是最大的能源消耗部门。

（2）径向模型基础上的改进，其中超效率模型是中国学者较为常见的改进模型。超效率模型突破了效率值为 1 的限制，能够对多个决策单元进行进一步的排序。付丽娜等（2013）运用超效率 DEA 方法测算了长株潭城市群 2005 ~ 2010 年的生态效率；周旭东（2019）运用超效率 DEA 模型，以 2001 ~ 2015 年新疆工业面板数据为样本，对 14 个地级市（州、地区）工业生态效率及其变化特征进行测评。

（3）非径向模型以及 SBM 模型。托恩（Tone，2001）在 2001 年提出了 SBM 模型，SBM 模型能够综合考虑产出和投入的松弛情况。该模型是基于 DEA 模型的一个新的研究方向，其研究与实际应用得到了众多学者的关注。一年后，托恩又提出了可以实现对所有研究对象进行完全排序的超效率 SBM 模型。为了保证准确地对生产活动进行评价，瑟苏（Tsutsui，2010）进一步扩展了 SBM 模型的应用范围，创建了网络 SBM 模型；崔（Choi，2012）在研究过程中使用了 SBM 模型，完成了对二氧化碳排放和能源效率的分析研究；洛扎诺和古铁雷斯（Lozano and Gutierrez，2011）运用可以处理非期望的 SBM 模型研究了 GDP、二氧化碳和能源消费的关系；福山（Fukuyama，2014）提出了 SBM - DDF 方向距离函数，测度方向为非径向非导向，该模型可以同时非比例变动地调整投入产出变量的技术效率；奥卡拉（Ozkara，2015）利用考虑到非期望产出的非径向 DEA 模型评价了 2003 ~ 2012 年土耳其 26 个地区的全要素能源效率以及当地制造业电力资源的节约潜力；宁（Ning，2018）运用 DEA - SBM 模型对 2003 ~ 2016 年我国东北地区 87 个国有企业的生态效率进行了测算，并得出生态效率低主要是由纯技术效率低造成的；潘丹（2013）通过非径向 SBM 模型研究分析了中国 30 个省份的农业生态效率，并且就存在的问题提出了相应的改善途径；胡彪等（2016）采用非期望产出 SBM 模型对我国生态效率进行测度；任海军等在 2016 年通过超效率 SBM 模型对 2003 ~ 2012 年我国 30 个省市的生态效率进行了测算，比较了高、低资源依赖度地区生态效率的差异。

（4）EBM 模型有效解决了径向与非径向模型存在的问题，近几年来，相关模型的应用研究呈增加趋势。阿曼德（Arjomandi，2018）利用 EBM 模型对 2007~2013 年的欧洲和亚洲航班的环境效率分析得出，欧洲的航班效率的持续上升与欧洲排放交易计划有关，而一些亚洲航班的技术效率超过其他航班，因为他们拥有良好的商业环境；金姆（Kim，2018）利用 EBM 模型对现代（Hyundai）汽车公司的 540 个合作方供给链的效率进行了测算，结果表明，合作方的经营效率影响了整个供给链的效率；王晓岭（2015）利用 EBM 模型对 2000~2010 年 G20 国家的面板数据进行多维度的能源效率测算；范建平（2017）利用包含非期望产出的 EBM 模型测算了中国 2012 年省际物流业的环境、经济与技术效率。综合以上研究可以发现，虽然近两年来，EBM 模型在效率测算上的研究呈增加趋势，但是目前的研究主要侧重于现有模型在不同领域上的应用，缺乏对于模型原理、适用性的进一步探讨和说明。

1.2.4 生态效率的影响因素

在影响因素的测算方面，当前研究通常是选取产业结构、经济发展水平、城镇化水平、政府规制等指标对区域生态效率进行回归分析，检验这些因素对于生态效率的影响，然而由于选取指标、模型、检验方法等的不同，学者们得到的结果也不尽相同。顾程亮等（2016）基于面板数据的统计方法，分析了生态效率的影响因素，选取的指标为该区域的技术水平、城市化水平、产业结构、相关法规政策和政府的投入等，研究发现，政府对于节能环保方面的资金投入对生态效率的影响呈现倒"U"型趋势，产业结构与生态效率表现为正相关关系，而当地的城市化水平与生态效率出现了明显的负相关关系，技术水平对于生态效率的影响不明显；韩永辉等（2016）创建了广义范畴内的动态空间面板模型对生态效率进行分析，发现人均收入对生态效率的影响呈现为倒"U"型趋势，其中与生态效率呈现正相关关系的是环境规制，与生态效率呈现负相关关系的是外资利用，其他因素则对生态效率的影响不显著；吴传清（2017）分析了长江经济带城市群的生态效率，选取的指标包括产业结构、环境规章制度、国内外产业转移情况、产业转移情况、技术创新规模结构、能源结构、产权结构等，根据研究发现：与生态效率呈现正相关关系的有国内产业转移；与生态效率呈现负相关关系的有地区产业结构、环境规章制度、国际产业转移、能源结构、产权结构，而规模结构因素对生态效率的影响效果不明显；杨亦民等（2017）创建了多元回归模型分析了 2009～2014 年湖南地区 14 个市区生态效率的影响因素，选取的指标包括地区资产总额、经济发展程度、政府规制、工业周围环境监测、工艺过程以及对科技的资金投入等，发现经济发展水平与生态效率呈现正相关，而工业规模、政府规制与生态效率呈负相关，其余因素对生态效率的影响不显著。

1.2.5　现有研究评述

本书对绿色转型和生态效率的核心文献进行梳理，发现该领域是当前国内外学者研究的热点地带，也形成了大量的研究成果。基于以上分析，本书总结以下几点：

第一，有关生态效率理论的研究，国内外学者对其概念在不同领域做了适当的延伸和变化，涉及产品和服务、组织和行业等，并运用多种方法对研究对象的生态效率进行分析与评价，但以区域中心城市为对象进行生态效率的研究较少。

第二，目前尚未形成科学评价绿色转型期下中国区域中心城市生态效率的指标体系与模型。目前国内学术界关于生态效率的研究多采用定性的方法，降低了研究结果的精确性，而国外学术界关于生态效率的研究多采用定量化的方式，但是缺乏中国国情，因此需要将国内外的研究方法进行结合，探究科学的研究方法，并通过多种渠道获得真实的数据，结合国内区域中心城市的基本特征，研究符合中国特色的成果。

第三，当前关于区域中心城市绿色转型的研究较少，尚未形成完善的理论体系，缺乏差异性的区域性绿色发展评价研究。由于区域中心城市的概念在国内出现的时间较短，针对区域中心城市的相关研究处于初期阶段，目前研究存在的主要问题是：一是目前城市转型升级多是被动转型，较少涉及主动转型研究；二是城市转型升级多集中在东部沿海地区，中西部研究较少，同时也缺乏不同地区之间的转型对比研究；三是目前研究多是集中在单一城市，多城市、多区域和城市群等的研究较为缺乏；四是较多研究针对 31 个省份构建了通用型的省际生态文明评价指标体系，但对省际资源环境问题区域差异和绿色转型建设目标差异性的考虑不够。

总体来说，区域中心城市的研究较为分散，研究成果不系统，构建区域中心城市的绿色转型和升级理论是目前亟待解决的问题，并结合中国绿色转型的层次性和差异性，制定更为系统、具体、科学的生态效率评价指标体系，是中国区域性中心城市绿色转型建设亟待解决的一个重要任务。

因此，本书以国家推进绿色转型为研究背景和研究视角，以生态效率为主线，探讨绿色发展目标下区域中心城市生态效率的内涵，整合能值分析和 DEA 两种理论和方法，根据生态效率的经济、社会、环境三维特征，建立绿色转型视阈下区域中心城市生态效率评价指标体系和综合评价通用模型。应用模型对中国 31 个区域中心城市进行生态效率评价比较分析，预测中国现有区域中心城市的可持续发展趋势，提出提升区域中心城市生态效率的建议方案，为建设生态文明、美丽中国提供理论依据。

1.3 主要内容

首先，论述了现有关于城市绿色转型的研究，了解城市的绿色转型可能会遇到的问题，然后根据中国城市绿色转型状况选取具有显著特点的区域——31 个区域中心城市作为研究对象。

其次，用能值理论选取能值指标，把区域中心城市的生态环境和社会经济发展通过能值分析有机结合在一起，对 31 个区域中心城市的复合生态系统开展能值分析。

再次，根据对学者现有研究结果，结合能值分析和数据包络分析构建生态效率评价指标，并应用数据包络法评价区域中心城市的生态效率，并找出影响生态效率、降低城市可持续发展的原因。

最后，结合区域中心城市实际分析结果识别出影响区域中心城市生态效率的影响因素，提出具有科学指导和理论依据的建议。

1.4 主要框架

本书的研究框架如图 1 - 1 所示。

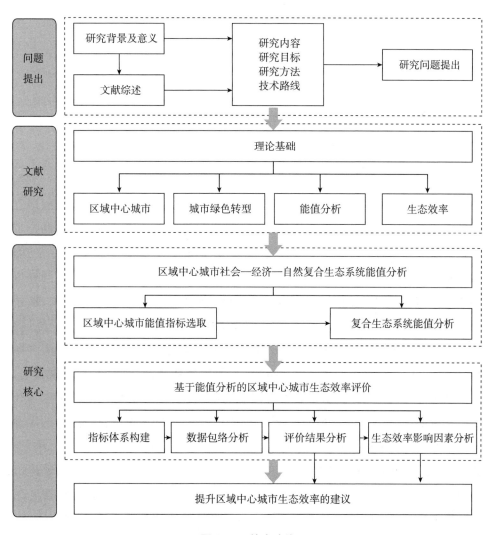

图 1 - 1 技术路线

2 理论基础

2.1 绿色转型相关理论

2.1.1 城市绿色转型内涵

绿色转型既是对过往的一种反思，又是对未来的一次期待，需要全面地分析城市发展中所遇到的各种瓶颈和挑战，洞悉城市内部各层级系统之间的连带关系，理顺影响城市发展的外部环境网络，从而充分地理解城市绿色转型的内涵。基于此，本节提出城市绿色转型的内涵，虽是对概念进行界定，但同样也构成了全书研究的指导依据（李程烨，2013；理查德·瑞吉斯特，2010；斯蒂芬·莱曼，2014；潘家华，2012；李周，2016）。

"转型"是指大规模的制度变迁或经济体制模式的转换。但对于一个多系统、多功能的复杂城市而言，仅从制度框架或经济体制去改变城市的发展轨迹，其功效可能会大打折扣，甚至会产生严重的负面影响。正如城市生态学家理查德·瑞吉斯特（Register，2010）所言："如果把我们的城市比作有生命的生态系统或有机体，那么它的各个器官（包括用于运输、居住、工作、教育、购物、娱乐、制造等基础设施）就是连接在一起的，并且它们彼此互补以造福整体。"所以，关注城市转型不应单从城市的某个功能系统的效益出发，而是应该考虑各功能系统彼此之间的相互联系，使城市转型的整体效益最大化。只有使城市内部各功能系统协调统一、运作有序的转型模式，才会带来环境、经济、社会的共同进步以及人类生活水平的真实提高。基于这样的认识，斯蒂芬·莱曼（Lehmarm，2014）在其《城市绿色法则——向可持续发展城市转变》（*The Principles of Green Urbanism：Transforming the City for Sustainability*）一书中，详细描

16

述了现存街区的困境以及城市转型所面临的挑战，通过大量的城市规划实例，尽可能地从不同角度去透视城市的本质，并重新思考设计、建造和经营城市聚居地的新方式。由他提出的 15 项城市绿色法则，既是对城市可持续发展理念的经验总结，也是对城市绿色转型的具体实践。这些基本法则被包含在城市规划的不同层面，并强调彼此之间的协作关系，单独突出任何一项法则的地位都不是规划城市未来发展的真谛。

由此看来，城市从传统发展模式走向可持续发展模式意味着城市的深度转型，而城市绿色转型这一概念的提出正是现阶段对"深度"二字最精彩的"解析"。"绿色"的寓意源于对传统城市发展模式的重新思考，既是对不可持续的传统发展模式的彻底摒弃，也是对未来转型发展模式的深切寄托。城市绿色转型坚持在可持续发展理论框架之下，通过持续构建城市独有资源禀赋之间的联动关系，从环境、经济、社会三个层面协同推动城市发展，并使城市在其生命周期中的整体效益最大化。具体而言，城市绿色转型首先不是单纯地指经济体制以及产业结构的转型，而是在环境、经济、社会承载能力之内的协同发展；其次，不同城市的转型路径会因城市的资源禀赋不同而异，即城市系统内部各要素转型所面临的轻重缓急各不相同，不能一概而论；再次，城市绿色转型是一个动态的过程，要随着城市的发展进行动态调整，并且要保证转型的过程及阶段性成果的"绿色"性；最后，衡量城市绿色转型的成果要从城市的整个生命周期出发，阶段性成果的衡量更应注重转型的成本支出，而不是通过消耗资源而取得的收益。

2.1.2 城市绿色转型的中国情境

中国城市发展（自 1950 年起）的前 30 年，城市化率基本停留在 20% 以下的水平。直至 1978 年，城市化水平才有了明显的提升，城市人口的年平均增长率在很长时间里基本保持在 4.2% 左右，城市人口数量不断攀升，并于 2011 年以 6.9 亿城市人口总量首次超越农村人口总量，约占全国人口总量的 51.27%（潘家华、魏后凯，2012）。根据国家统计局发布《2021 年国民经济和社会发展统计公报》显示，2021 年末中国常住人口城镇化率为 64.72%。这一比率虽然有了显著的提高，但依旧落后于西方发达国家的平均水平（85% 左右）。因此，在与西方发达资本主义国家也已基本完成城市化之后的城市转型相比，中国的城市转型需要长期伴随在城市化推进的过程中，这也使得中国的城市发展不能简单复制西方发达国家的发展模式，而是应当走一条适合中国国情的绿色转型之路。

城市化描述了人口从乡村向城市集中的过程，其转化水平的高低能够映射出经济发展的程度以及经济结构的变化，这也使得城市化具有了明显的阶段性特征。自改革开放以来，中国城市化经历了一个低起点、高速度的发展过程。首先，以经济特区、计划单列市、城市群为特征的城市化区域有效地带动了中国经济的快速发展，城市基础设施得到了充分的改善，公共服务水平也有了明显的提高；其次，以土地扩张和物质规模为导向的粗放型城市化，导致了中国经济社会发展与资源环境消耗之间的尖锐矛盾，环境污染范围扩大，城市生态安全亦受到严重威胁；最后，长期以经济指标为导向的政府绩效考核使得城市管理者在规划城市和制定政策时，更倾向于城市的经济发展，这也间接导致了城市生态文明建设水平的严重滞后，并且这种滞后在当前的中国城市表现得更为突出。为此，中国政府先后印发了《关于加快推进生态文明建设的意见》和《关于加快推动生活方式绿色化的实施意见》，提出要加快培育绿色生活方式，倡导勤俭节约的消费观，从生产和消费两个层面展开，倒逼生产方式绿色化和推动消费方式绿色化。

这也进一步说明了在进入全面建设小康社会的决定性阶段，中国城市更应该立足于时代前沿，站在以绿色、低碳、质量型、集约型为内涵的世界城市第三次转型的高度上（李程骅，2013），实现多方面协同推进的绿色转型，使产业体系轻型化，空间结构功能化，生态系统多样化，人文环境和谐化。特别是在国家加快推进新型城镇化建设的背景之下，在城镇吸纳大量农村人口转移的过程中，更应坚持城市绿色转型的理念，在安置好农村人口进城的同时，注重培育农民的市民化以及生活观念的转变，使新型城镇化变为绿色城镇化，进而实现经济结构合理优化，城市设施功能完善，生态环境秀美宜居，人与自然和谐共生的美丽中国。

2.1.3 城市绿色转型概念模型

城市是处于自然环境中的人类社会发展到一定阶段的必然产物。因此，理解并解决城市问题实际就是重新审视人与自然、人与社会之间的关系。可以预见的是，在信息化时代的未来，城市的中心议题不再是干净的空气和水，不再是物种濒危或环境污染，也不是能源紧缺或是交通拥堵，将城市发展所面临的这些棘手的问题拿出来单独解决既不合时宜，又会收获甚微。这些问题错综复杂且相互制约，它们应该且必须得到解决，但却不是最根本的问题。建设一个多功能、多系统统一协调发展的城市——让各自独立的城市系统有机地组合在一起协同发挥功能——是减缓和解决单个城市问题的必要条件，而将问题分开解决只能使人类陷入新一轮的恶性循环中。为此，本书结合当前中国急需城市转型的现状，尝试构建了区域城市绿色转型的概念模型，以此来深度衡量当前中国区域中心城市绿色转型的过程和效果，同时也为国家推进新型城镇化的建设以及城市群发展的推进提供理论依据。

城市绿色转型概念模型包括了环境、经济、社会三个维度，说明城市本身就是一个包含环境、经济、社会的有机复合系统。与此同时，在城市绿色转型概念模型的纵列上，排列着物理空间、资本与技术以及利益相关者三个部分；这三个部分是城市发展所构成的最基本的集合，更是城市转型的关键要素。因而在断定城市转型是否"绿色"时，首先就是要坚持转型要素在环境、经济、社会三个维度上的高度统一，每一转型要素都应从这三个维度去进行衡量；其次还要在三个维度的衡量程度上做到不偏不倚，更不可顾此失彼，片面追求在某一维度上的转型不会使城市的发展走向可持续，应基于城市的实际情况去追求三个维度综合效益的最大化（李程桦，2013），这才是城市未来发展的必经之路。就物理空间、资本与技术以及利益相关者三个城市转型要素的探讨，详述如下：

其一，物理空间是城市存在的基本形态。物理空间包括城市的整体布局、建筑物以及各类基础设施等。就目前国内的许多城市而言，尤其是经济落后地区的城市，正在经历着街区杂乱、建筑衰败以及基础设施老旧的窘态，城市的部分功能濒临丧失或已经丧失。因此，无论是翻修旧城区或是扩建新城区，都要根据城区的实际功能重新布局整个城市。在"经济"维上，实现城市布局集约、紧凑，能与周边形成优势互补，注重城市基础功能的完善，同时还要节约建设成本，减少不必要的浪费；在"社会"维上，城市的布局及建筑样式应保持着显著的人文风格，传承城市的发展文化，杜绝千篇一律的"复制"建筑；在"环境"维上，城市布局既要保持城市内部生态系统的稳定，又要与城市外部的生态环境互补，根据实际用地情况合理评估，尽量减少因城市规划建设而带来的生态破坏。

其二，资本积累、技术进步是城市发展的原动力。无论过去或现在，资本积累与技术进步在人类社会的发展过程中都扮演着重要的角色，它们是城市发展和社会革新的基础和推动力。然而，在提倡城市绿色转型的今天，虽然其源动力的地位并未改变，但对于资本与技术的思考应需重新定位。在"经济"维上，应创造出一条绿色产业价值链，以绿色资本为导向，在绿色经济体系的辅助下，加大低碳、循环技术的研究以及新能源的探索开发；在"社会"维上，资本与技术存在的意义在于推动人类社会的"真实"进步，所谓"真实"，是指资本的利用与技术的开发既要基于时代背景，又要符合伦理规范，要为全人类的发展创造福祉，而不是成为少数权力集团牟利的工具；在"环境"维上，要通过绿色资本的开发以及低碳、循环技术的应用，加快已经遭受破坏的城市生态系统的修补与恢复速度。

其三，利益相关者的观念转变是城市绿色转型的关键。城市利益相关者大体包含着政府、企业、居民以及城市外围的腹地，这些利益相关者的存在才使城市的各个功能系统得到有效运转。因此，利益相关者也成为城市绿色转型的关键结点。在"经济"维上，利益相关者的存在是为了促进协同效应的释放，政府、企业以及居民都应作为城市的管理者直接参与到城市问题的治理当中，尤其对于政府而言，应加大对绿色产业扶持的力度，这包括制度与法律上的保障以及资金与政策上的支持（李周，2016）；在"社会"维上，应体现的是政府、企业以及居民可持续发展意识的整体提升，是体现政策和法律以外的存在，企业加深对企业社会责任内涵的认识以及居民生活方式（包括态度、价值观、行为等）的转变至关重要；在"环境"维上，政府、企业以及居民作为城市绿色转型受益者的同时，还应肩负起保持和维护绿色成果的重任，努力降低人类生态足迹对自然界的影响，永葆城市环境的健康、宜居。此外，城市发展并不是孤立的，城市绿色转型还要充分考虑到城市对其腹地（包括经济腹地和环境腹地）的影响，即要产生正的外部性。

从对城市绿色转型概念模型构建的过程中可以看出，不同城市要素（物理空间、资本与技术、利益相关者）之间相互渗透、相互制约，只有从整体的概念模型出发，不孤立、片面地追求某一要素的转型，才能抓住城市绿色转型的深刻内涵，促进城市的可持续发展。

2.1.4　区域中心城市绿色转型的相关研究

区域中心城市作为绿色转型的主要载体，对于实施国家绿色发展战略发挥着重要的作用。目前关于区域中心城市绿色转型的研究主要集中在以下方面：（1）区域中心城市转型的内涵界定，涉及区域中心城市转型的驱动因素、方向和模式方面。（2）区域中心城市不同的转型类型，如经济转型、发展模式转型、产业结构转型等，大量的研究学者认为区域中心城市的转型需要依托城市产业结构的调整和优化。（3）不同类型区域中心城市的转型和升级，目前的研究包括资源型城市、工业型城市以及发达城市等。

通过对国外学者对于区域中心城市转型升级的研究成果进行梳理，本书发现，当前研究主要集中在产业层面。学者格雷勃（Grabher，2015）重点研究德国鲁尔区的产业发展，通过对比 20 年区域内的产业变革，最终认为德国鲁尔区的绿色转型需要不断完善区域内的产业结构和基础设施建设。学者左金（Zukin S，2012）在研究中指出，城市绿色转型需要注重产业结构的调整，尤其是要重视第三产业的培养，为城市转型提供重要的产业基础。欧洲的部分城市较早地进行了城市绿色转型实践，以挪威为例，在 20 世纪 60 年代随着国内矿产资源和石油资源的开发，城市也逐渐向人才、技术产业转变，为城市的绿色转型奠定了基础。学者斯科罗（Schloss P D，2019）在研究中对比了美国、英国和日本等国家中心城市的发展和转型路径，认为区域中心城市的转型和升级需要依托信息技术，从传统的制造型城市转换为信息型城市。学者多扬（Doyon Y，2016）认为，由于区域中心城市发展惯性造成较难改变城市的发展路径，必须要进行产业结构的优化升级才能为转型升级提供思路。

国内关于区域中心城市的研究主要集中在转型过程、动力以及路径等方面，研究对象多以东部地区的中心城市为主。如学者夏华东（2013）将北京市为研究对象，认为北京市作为国家的经济和政治中心，需要大力发展文化产业，推动第三产业大力发展。学者赵沛楠认为，城市转型升级的最主要目标是补短板，将城市原本的弱势产业不断发展壮大，摆脱"木桶效应"。此外，学者姚德文和张晖明（2018）的研究对象是上海市，该研究指出，上海市的转型和升级需要依托上海市政府的力量，通过政府对区域内的产业和资源进行优化配置，解决产业资源匹配的问题。而江西省为了进一步增强区域内中心城市的竞争力，大力扶持第三产业和基础设施建设，为城市转型提供了新方向。学者刘俊杰（2011）认为，区域中心城市的绿色转型不能仅仅站在区域内或国内的视角，需要将眼光放到国际城市，为天津市的绿色转型提供了具体的思路。此外，学者刘纯彬和张晨关注的重点是国内的资源型城市，为山西省的区域中心城市的转型实践提出具体的策略。学者孙毅和景普秋在论述资源型城市内涵的基础上，对其绿色转型的思路进行了分析，认为资源型城市转型的核心是协调资源和环境的关系。学者张振佳（2013）将研究视角放在了东部沿海城市，认为东部沿海城市较为发达，需要利用新技术对环境和资源之间的矛盾进行化解，实现区域中心城市的可持续发展。

此外，区域中心城市所产生的效应包括关联产业效应、梯度转移效应、城市化效应、城市群联动效应（王佳宁、罗重谱等，2016），是区域内经济发展的核心。目前国内学术界对于区域中心城市的研究视角包括：被动转型、东部中心城市转型和单一城市转型。第一种转型模式指的是工业型城市由于资源匮乏和环境问题突出，从而需要进行产业调整和优化环境，王何和逢爱梅（2013）比较了京津冀、长三角、珠三角三大都市圈中心城市的功能；陈雯和范朝礼等（2012）重点阐述了长三角地区中心城市的产业转型和升级效应。学者李学鑫（2010）探究了区域中心城市的产业转型驱动力和路径；学者张振佳（2019）探究了厦门市绿色转型的路径和规律，以期为其他地区的转型升级提供借鉴。同时，目前以区域中心城市绿色转型为对象的生态效率评价研究相对较少。结合中国区域中心城市目前的发展仍旧是以工业发展为主导，第三产业发展水平滞后。因此，非常有必要对区域中心城市的绿色转型进行评价，这不仅关系到区域中心城市的发展，而且关系到区域整体的发展。

2.2 生态效率理论

2.2.1 基本概念

生态效率即"eco‐efficiency"，其中"eco"指代的是 ecology（生态）和economy（经济），因此也有人称为生态经济效率，能同时反映经济与环境两个方面。生态效率这一概念简单而且政策意义极强,一经提出,许多学者专家开始致力于生态效率的应用和研究,随着研究生态效率的定义和内涵的不断深入,出现了一些有深远影响的生态效率的概念。

生态效率指经济体量的增加值与所产生的生态压力和环境污染的比值。具体而言,生态效率指的是以较小的资源和环境投入,得到较大经济产出的生产过程。世界可持续发展工商业联合会(WBCSD)于1992年发表了研究报告《改变航向:一个关于发展与环境的全球商业观点》,首次提出生态效率的概念,将生态效率定义为"提供具有价格竞争力的产品和服务的同时,满足人类需要并带来有品质的生活,并在整个生命周期内将生态影响和资源强度降低到至少与地球估计的承载能力一致的水平"。1998年,世界经济合作与发展组织(OECD)指出,生态效率是满足人类需求使用生态资源的效率,是对投入产出关系的度量。OECD认为"人类使用生态资源进行生产以满足需求,这种使用生态资源的效率就是生态效率,可以看作产出与投入的比值"。布勒(Buhler,1999)认为,生态效率就是指生产过程中对生态环境造成破坏与经济产出的比值。我们认为生态效率指生态资源用于满足人类需要的效率,即用更少的资源投入获得更多的价值产出,在最大经济目标和最优环境目标之间建立一种最佳的链接。刘丙泉等认为生态效率是衡量区域经济可持续协调发展的重要指标。

城市生态效率可以认为是在给定的技术条件不变的情况下,整个城市中的生产生活等各个要素中所有关于城市生态环境资源的要素的有效产出情况或产出值与总的城市投入情况或投入值之间的比。城市生态效率体现了一个城市各要素的整体协调度,包括城市资源、能源、管理、经营、基础设施等的综合配备水平和管理的合理程度,是城市综合状态的体现。而生态效率则可认为是从经济收益的角度来测算环境绩效,强调提高经济效率的同时确保环境利益,现在对生态效率的研究从宏观上的可持续发展慢慢演变到微观和中观尺度,这已经成为生态经济学和环境地理学研究的热点和前沿问题。研究者们于20世纪90年代初提出了生态环境效率的概念,之后便成为衡量经济可持续发展的重要指标之一。

中国的生态效率研究起步比较晚。福斯勒(Fussler,1995)首先将生态效率的概念引入中国,经过十多年的发展,中国的生态效率研究已经取得了一定的成就。李丽平(2000)等把OECD提出的生态效率理念引入中国全新的环境管理方式中。此后，国内开展了一系列不同层次的生态效率研究，初步形成了一些适合中国国情的理论和方法。中国学者结合国外，特别是 WBCSD 提出的生态效率的定义，对生态效率的概念进行了进一步的研究，这些研究大多是在生态效率评价指标选取方面的探讨。周国梅（2003）认为，生态效率可以用投入和产出的比值来衡量，简单地将生态效率定义为单位生产消费对环境产生的影响。部分学者在生态效率定义的基础上也对生态效率的具体指标进行了概括。如汤慧兰（2003）认为，生态效率就是在满足人类的生活需要和提升生活品质的服务和产品的同时，能够生产有竞争优势而又不降低产品和服务的品质和资源强度。戴铁军（2005）将生态效率表述为单位产出的原材料消耗和污染物排放量。诸大建（2005）认为，生态效率就是环境与经济的协调发展关系，他把生态效率定义为经济发展所创造的价值量与环境资源的消耗量的比值。刘丙泉等（2011）认为，生态效率是区域经济发展过程中有效利用资源、减轻环境的压力所产生的效率，是区域经济可持续协调发展的重要指标。由于中国对城市生态建设、新型城镇化建设，以及"新常态"的提出，国内学者对城市生态效率越来越重视，研究思想和方法也日趋增多。刘勇等运用层次分析法对绵山城市化进程中效率进行了评价，得出绵山风景区发展旅游资源是最为有效的途径。乌东峰（2009）等对城市化过程中的 31 个省市现代多功能农业进行模糊综合评价，得出了中国城市化过程中的农业效率。戴永安（2010）运用 DEA 方法对 2002～2007 年中国 266 个地级市的城市化效率进行了研究，并在此基础上分析了影响中国城市化效率的影响因素。王亮（2011）选取盐城市为研究对象，在城市化效率的评价上，对其生态效率进行了评价，认为盐城市城市化过程中处于一种不可持续的状态。孙露等（2014）综合能值分析和数据包络分析方法，以沈阳为例，测算了沈阳市的能值和生态效率值，综合分析了研究区城市系统各要素的可持续发展情况。

通过梳理国内外学者对生态效率的概念和内涵，本书认为生态效率需要平衡投入和产出的关系，在单位产品的投入中产出更多期望产出和更小的非期望产出，提高资源环境的利用效率，创造更多适合人类生活需求和生活品质的产品。虽然有关生态效率的定义并不完全一致，但总体而言，都是指提升资源的利用效率，最大化经济效益的同时尽可能减少对环境的不利影响。生态效率的基本思想是以更少的资源投入获取更大的经济价值，同时尽可能减少环境代价，旨在实现经济与环境的协同发展，可以用来衡量经济与环境的协调发展程度。生态效率是衡量生态文明水平的重要手段，提高生态效率是契合"两山理论"并实现经济、资源、环境三者协调健康发展的客观要求和必然选择。如何衡量生态效率、提高生态效率成为当前生态研究的重点之一。纵观国内外生态效率概念的有关研究，虽然对生态效率的定义表述不同，但其基本思想是一致的，即生态效率就是用最少的资源消耗和最低的环境代价获取最大的经济效益，即少投入、多产出。表 2 - 1 即为不同组织提出的生态效率定义。

表 2 - 1　　　　　　　　　不同组织提出的生态效率定义

组织名称	定义
世界可持续发展企业委员会	通过提高具有价格优势的服务和商品，在满足人类高质量生活需求的同时，把整个生命周期中对环境的影响降到至少与地球的估计承载力一致的水平上
经济合作与发展组织	生态资源满足人类需求的效率
欧洲环境署	以最少的自然投入创造更多的福利
巴斯夫集团	通过产品生产中尽量减少能源和物质的使用以及尽量减少排放以帮助客户保护资源
国际金融组织环境投资部	通过更有效率的生产方式提高资源的可持续性
联合国贸易与发展会议	增加（至少不减少）股东价值的同时，减少对环境的破坏
澳大利亚环境与遗产部	用更少的能源和自然资源提供更多的产品和服务
加拿大工业部	一种使成本最少化和价值最大化的方法

2.2.2　生态效率相关理论

生态效率涉及经济、资源、环境等多个方面，研究生态效率的最终目的是实现经济、社会、资源和环境的绿色可持续发展，因此本节主要介绍包括生态经济学、资源经济学、人地关系和可持续发展理论这三大涉及多个方面的主要理论基础的概念、内涵和理论发展现状。

1. 生态经济学理论

"生态经济学"的概念最早由美国经济学家肯尼斯（Kenneth，1966）在他的论文《一门科学——生态经济学》中正式提出，确定生态经济学的研究对象为生态非资源化、经济逆生态化、经济与生态对抗问题，提出"生态经济协调理论"。由于对经济系统和生态系统的侧重不同，国内外学者对生态经济学概念的界定不大相同，著名生态经济学家罗伯特（Robert，1997）认为，生态经济学是一门全面研究生态系统与经济系统之间关系的科学，这些关系是当今人类所面临的众多紧迫问题（如可持续性、全球变暖、物种消失、财富分配等）的根源。梁山（2001）等学者在编著的《生态经济学》中，将其定义为：通过对生态系统中自然再生产过程的解析，同时研究经济系统中经济在生产中的作用机理和运动规律，即从符合生态经济系统的各种因素的解析和对该系统的综合性研究这两个方面出发，探索持续提高人类社会发展的途径，并用于具体指导经济发展的一门学科。该定义强调了生态经济学的解析性、规律性和指导性。综合不同学者对生态经济学的阐述，可以将生态经济学概括为：为实现经济生态化、生态经济化和生态系统、经济系统、生态经济系统之间协调发展的一门社会科学。经济生态化是指任何经济活动要遵循生态规律，绿色经济、循环经济都属于经济生态化；生态经济化是指自然生态的物质不仅要考虑其生态价值，还要考虑其经济价值。

目前，生态经济学已经形成了自身的学科群，区分为理论和应用两方面，应用生态经济学又区分为专门性、部门性和区域性生态经济学，其中专门性生态经济学又区分为人口、资源、环境三方面。生态经济学通过研究生态经济系统中的物质循环、能量传递、信息流动和价值增值为实现经济与资源环境的协调可持续发展提供了重要的理论基础。

2. 资源经济学理论

资源经济学产生于 20 世纪初期，美国学者伊利和莫尔豪斯（Ely and Morehous，1937）合作出版了《土地经济学原理》一书，把自然资源学与经济学紧密结合起来研究，成为资源经济学的奠基之作，1930 年，章植发表了《土地经济学》一书，成为中国第一本土地经济学研究专著，这一时期为资源经济学的产生阶段，主要局限于对单种资源和单一门类资源的经济学研究；20 世纪 80

年代可持续发展问题提出后，资源经济学理论蓬勃发展，资源经济学开始被设为大学学科课程。国内外学者对资源经济学的概念的界定各有不同，主要分两个方面：一方面是将资源经济学当作应用经济学的分支，从纯经济学角度研究自然资源的优化配置问题；另一方面认为资源经济学是一门资源学与经济学的交叉学科，同时属于边缘性应用学科。总体来说，资源经济学是一门研究资源概念及其分类、资源生产配置及收入分配和经济福利、资源消费和分配、资源的制度结构、资源承载力、资源经验分析的方法、区域资源开发战略、开发资源的具体案例剖析等问题的以经济学理论为基础、综合性和应用性都很强的学科，旨在运用资源生态经济发展规律研究，通过对资源的经济分析，探讨资源的自然和经济社会属性，各种资源之间的相互关系及合理配置等有关问题，最终实现人口、资源、环境三者的协调以及社会经济可持续发展。

由于资源经济学学科的交叉性和边缘性，目前学科体系尚未成熟，但其研究的系统性、前瞻性和应用性对经济社会发展具有重要指导意义。近些年资源经济学研究出现新的研究趋势，研究重心开始由单个到整体自然资源系统、由国内到国际、由资源配置到可持续性转变。

3. 人地关系与可持续发展理论

人地关系问题由来已久，一方面，地理环境深刻影响着人类经济活动，是经济活动的自然基础，自然资源可直接投入或参与生产过程，性质优劣影响部门产业的生产力水平高低，不同的自然环境又影响着不同的社会分工和劳动地域分工，进而影响产业分布和经济地域的形成、发展和未来的经济活动；另一方面，人类在地表的所有活动也都在影响着地理环境，改变地理景观，开采调配自然资源、改变物种、减少生物多样性、破坏生态系统等都在影响着自然。随着社会经济的发展，人类社会与自然环境经历了农牧业产生以前的原始共生阶段、小农经济时期人类顺应自然的阶段、工业革命后人类对自然大改造阶段，到现在人类开始重新注重与自然环境的协调共生阶段，相应地，人地关系理论也经历了地理环境决定论、可能论、适应论、文化景观论到人地共生论。随着城市化的迅速发展，人地矛盾越来越突出，不断被破坏的地理环境已经严重阻碍了经济社会的发展，解决人地问题的出路就是要实现人类与环境的协调共生的可持续发展。

可持续发展的概念来源于生态学，最初用于林业和渔业，是对资源的一种管理策略，1991年，国际生态学联合会和国际生物科学联合会认为可持续发展是寻求一种最佳的生态系统以支持生态完整性和人类愿望，将可持续发展定义为"保护和加强环境系统的生产和更新能力"；世界自然保护同盟（INCN）、联合国环境规划署（UNEP）、世界自然基金会（WWF）共同发表《保护地球——可持续生存战略》，从社会属性方面将可持续发展定义为"生存于不超出维持生态系统涵容能力的情况下，改善人类的生活品质"，强调资源环境的承载力。1992年，布伦特兰夫人提出可持续发展概念为"满足当代人需求，又不损害子孙后代满足其需求能力的发展"，体现了公平性、共同性和持续性原则，在联合国环境与发展大会上达成了共识。可持续发展是"以人为中心的自然—社会—经济复合系统的可持续，生态持续是基础，经济持续是条件，社会持续是目的"，应该把发展与环境看作一个有机整体，实现社会进步、经济增长和环境保护三者间的协同。可持续发展既是指导当前经济社会与资源环境协调发展的理论基础，也是发展要实现的最终目标，具有重大的理论价值与现实意义。

4. 中国生态文明观

中共十九大以来，习近平总书记对生态文明建设和生态环境保护提出了一系列新理念、新思想和新战略，与时俱进，丰富、拓展和深化了中国生态文明思想，为做好新时代生态环境保护工作提供了重要指引和根本遵循。

首先，"绿水青山就是金山银山"。这一理念深刻揭示了生态环境保护与经济社会发展之间辩证统一的关系，阐明了保护生态环境就是保护生产力、改善生态环境就是发展生产力的道理，丰富和拓展了马克思主义生产力基本原理的内涵，已经成为新发展理念的重要组成部分。因此，必须牢固树立和践行"绿水青山就是金山银山"的理念，贯彻落实新发展理念，协同推进经济高质量发展与生态环境高水平保护。

其次，"发展经济是为了民生，保护生态环境同样也是为了民生"。这一重要论述阐明了生态环境在民生改善中的重要地位，是对人民日益增长的优美生态环境需要的积极回应。实现国家经济发展和社会进步的目标，必须坚持以人民为中心的发展思想，加快改善生态环境质量，提供更多优质生态产品，满足人民日益增长的优美生态环境需要。

再次，"山水林田湖草是生命共同体，这个生命共同体是人类生存发展的物质基础"。这一论述为推进生态文明建设提供了重要的思想论和方法论，即须按照生态系统的整体性、系统性及其内在规律开展生态文明建设。这要求必须从系统工程和全局角度推进生态环境治理，统筹兼顾、整体施策、多措并举，全方位、全地域、全过程开展生态文明建设，推动长江经济带发展要坚持"共抓大保护，不搞大开发"，推进黄河流域生态保护和高质量发展要做到"共同抓好大保护，协同推进大治理"。

最后，"建设美丽家园是人类的共同梦想。面对生态环境挑战，人类是一荣俱荣、一损俱损的命运共同体，没有哪个国家能独善其身"。生态文明建设必须秉持人类命运共同体理念，坚决维护多边主义，建设性参与全球生态环境治理，为实现全球可持续发展贡献中国智慧和中国方案。[①]

2.2.3　生态效率测度方法

1. 系统动力学

系统动力学是基于系统行为与内在机制间的相互依赖关系，通过数学模型的建立，逐步挖掘出产生变化形态的因果关系的一种方法。孙振良和宋绍成（2017）提出，系统动力学是运用"凡系统必有结构，系统结构决定系统功能"的系统科学思想，根据系统内部组成要素互为因果的反馈特点，从系统的内部结构来寻找问题发生的根源，而不是用外部的干扰或随机事件来说明系统的行为性质。从系统方法论来说，系统动力学是结构的方法、功能的方法和历史的方法的统一。陈虎、韩玉启和王斌（2005）认为，它是基于系统论，吸收了反馈理论、控制论、信息论的精髓，并借助计算机模拟技术，是一门综合自然科学和社会科学的横向学科，是在总结运筹学的基础上，为适应现代社会系统的管理需要而发展起来的。系统动力学方法由美国麻省理工学院的福莱斯特（J. W. Forrester，1957）教授首创，并在1961年发表的经典著作《工业动力学》中阐明了系统动力学的原理与典型应用，奠定了系统动力学的科学基础。之后福莱斯特（1969）又在《城市动力学》一书中介绍了系统动力学在社会科学领

---

① 习近平. 习近平谈治国理政（第三卷）[M]. 北京：外文出版社，2020.

域的应用前景。陈国卫、金家善和耿俊豹（2012）对系统动力学的应用进行研究综述，发现该方法正在逐渐走向成熟发展，广泛应用于生态、经济、社会领域的关系研究。如今，系统动力学几乎遍及各种领域，在社会经济发展的各类系统中发挥着重要作用。

　　本书主要关注系统动力学在城市发展等可持续领域的研究。比如科迪斯波蒂（Codispoti L A.，1972）在《增长的极限》一书就以系统动力学为技术基础，利用 World3 模型指出以盲目工业化和严重资源浪费为手段的发展方式将导致的毁灭性后果，是系统动力学在可持续领域的典型性报告。霍斯和巴盖里（Hjorth and Bagheri，2006）将系统动力学方法用在可持续发展领域，并给出了应用成功的例子，采用适应性的方法，通过设置动态的改进目标来提高系统性能。帕克（Park，2013）导出了与自给自足城市发展有关的关键因素，并构建因果环路图来分析自给自足城市发展的要素之间的相互作用，建立一个系统动力学模型对城市发展政策进行定量分析。李兵（Li，2017）通过调查对资源枯竭型城市的社会、资源、经济、人口、环境方面进行了深入研究，在构建资源型城市转型体系的基础上，运用系统动力学方法，对资源型城市的长期发展方向和发展路径进行了详细的预测。佟贺丰（2015）利用系统动力学方法分析了发展绿色经济对中国经济、社会、环境系统的潜在影响。郭玲玲（2017）等构建了中国绿色增长系统的动力学模型，模拟设置了四种不同的发展模式。姜国新（2020）运用系统动力学理论，从能源、经济、科技、社会和环境等系统要素出发，探讨了资源枯竭型城市的可持续发展模式。刘（Liu，2005）基于可持续发展理论建立了城市系统动力学模型，以郑州市为例探讨城市可持续发展系统的建模与调控问题。李杰、明石和高崎（Lee J，Akashi Y，Takaguchi H，2021）考虑人口、建筑面积、工业、车辆使用和环境等变量之间的关系建立预测模型，以检验二氧化碳减排政策的效果并支持有效的政策制定。苏甘达等（Suganda E et al.，2014）构建了城市经济增长与二氧化碳排放的系统动力学模型，以期找到在不影响 GDP 增长或经济增长的情况下减少二氧化碳排放的解决方案。邢（Xing，2019）建立了经济—资源—环境（ERE）系统的动态模型，设计了自然发展、经济、资源和环境四种典型情景，并基于耦合协调度模型（CCDM）进行协调性评价。

　　系统动力学方法通过思考整体运作本质，结合系统的结构与功能，分析系统中各要素之间的因果反馈关系，它强调问题发生的根源在于系统内部结构，

并不是以外部的干扰或随机事件的形式来影响系统的行为性质。因此按照目前
成熟的流程步骤，系统动力学在研究整体问题时采用了定性与定量相结合的方
式，首先明确研究对象及其边界，根据内部结构划分不同维度子系统，然后识
别各子系统下的影响要素，根据各要素之间的因果反馈联系，构建系统因果回
路图。在此基础上，通过定量方法确定相关影响因素间关系方程并进一步绘制
系统流图，完成模型的初步构建。对于构建完毕的模型，需要进行模型检验以
验证其真实性和稳定性，若结果符合预期，则可以进一步设计情景方案并模拟
仿真；若偏差较大，则需要返回上一步骤，重新调整模型结构及变量间关系，
直至通过检验。具体流程如图 2-1 所示：

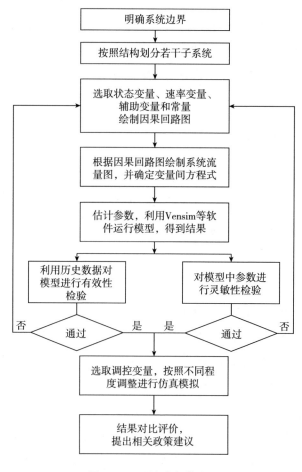

图 2-1　系统动力学流程

其中，钟永光（2016）在《系统动力学前沿与应用》中详细描述了因果回路图和系统流图是系统动力学中的关键步骤；因果回路图（causal loop diagram，CLD）是表示系统反馈结构的工具，它表达了系统动态形成原因的假说，用于对模型结构与相互作用的定性分析，是系统思考的一种手段。如图 2 - 2 所示，因果回路图包含多个变量，变量之间的关系用带箭头的连线表示，箭头上 + / - 代表关系分别为正相关和负相关，并用加文字的图标表示回路的种类。在 CLD 的基础上可以绘制系统流图，主要涉及的变量有状态变量、速率变量、辅助变量、常量和系统自有变量等。其中，状态变量是积分量，会随着时间不断积累，如人口总量、GDP 等；速率变量是微分量，是单位时间的变化量，如人口年出生量、年 GDP 变化量等；辅助变量也是随时间变化的量，但一般不直接作用于状态变量，而是通过速率变量和其他辅助变量间接影响其他变量，如出生率、GDP 增长率等；常量是系统的初始变量，一般在模型建立时设定，是系统的外部变量，也是系统的控制变量；最后系统的自有变量是指时间起始长短以及步长等模型控制变量。

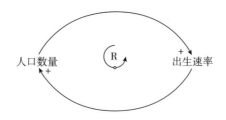

图 2 - 2　因果回路图示例

2. 能值分析

能值分析（energy analysis，EMA）是目前新型的可持续性评价方式，该评价方法的依据是系统生态学和热力学，评价的整体范围包括了各种资源要素，能够有效弥补传统分析评价方法无法将不同能值之间进行换算的缺陷，实现了不同方法之间的联合，提高了分析和评估的科学性。能值分析方法来自美国学者奥德姆（H. T. Odum，1995）的研究，该学者将"能值"界定为"一种流动或储存的能量所包含另一种类别能量的数量"，该定义第一次将能值进行界定，为后续能值分析的创新和发展奠定了基础。在实际的生产过程中，一种产品或者劳务在形成的过程中所投入的效能（available energy），该效能的产生模式可以通过能值转化率（unit energy value，UEV）进行量化，量化的统一单元是太阳能值（solar energy），这种形式的转换能够有效评估产品和劳务形成所产生的贡献，较常用于评价投入产出的效益以及可持续发展水平。

能值分析作为一种可持续发展的评价方法，其基本指标包括：

（1）能值转换率（energy conversion ration）：作为一种量化系数，代表形成一种能量所需要的另一种能量，采用太阳焦耳（J）表示。该转换率越高，代表着能量等级的阶层越高，是一种热力学的概念。

（2）能值投入率（energy investment ration）：代表的是社会经济系统中的反馈能力与环境系统中的投入能值之间的比率，作为衡量资源环境承载力的水平。

（3）能值/货币比率（energy/money ration）：表示单位货币的能值，比值越高代表资源耗费越大；反之资源耗损越小，是能值与国民生产总值的比值。

（4）能值货币价值（energy value）：是指将生态经济系统中的各类物质和能量折算成货币价值，以所产能值除以当年的能值/货币比率的比值为折算方法。此指标能反映某一产品的实际价值，即包括其投入的人类劳动和环境资源的价值。

（5）人均能值占有量：即为地区产出能值与人口数量的比值。此指标能够反映在社会、经济、生态层面的发展状况，也便于分析和比较。

3. 能值分析的计算方法

（1）自然资源的计算公式：

太阳光能＝系统面积×太阳年平均辐射量，其中：系统面积为各地市区的行政面积；太阳年平均辐射量各有不同，从北到南依次递减，以陕南的西部山区最低。

风能＝系统面积×空气密度×涡流扩散系数×（风速）^{3}（空气密度：1.29 千克/立方米，涡流扩散系数：0.001）

雨水势能＝系统面积×平均海拔×平均降水量×水的密度×重力加速度（水的密度为 106 克/立方米，重力加速度为 9.8 米/秒的平方）

雨水化学能＝系统面积×平均降水量×雨水吉布斯自由能×水的密度（雨水的吉布斯自由能：4.94 焦/克）

地球循环能＝国土面积×热通量（热通量：1.45E＋6 焦/平方米）

表层土壤损耗＝净土壤损耗量×土壤有机质含量×吉布斯自由能

（2）物质能值计算：

物质流在发生过程中产生一定的损耗，导致物质质量无法表示物质的可用能，需要进行一定的换算。因此物质能值的计算公式如下（式中 m 表示某种物质的实际质量，k 表示能值折算系数，t 表示能值转换率，E 表示该物质所最终转换的拥有的太阳能值）：

$$E = m * k * t$$

公式中的能值转换率 t 数值会根据不同的情景发生变化，而且变化幅度较大，具体会受到区域、环境、生产方式等因素的影响。因此，必须明确能值转换率的使用情景，确定好准确的能值转换率。计算使得各类物质转变为统一量纲，基于统一量纲进行进一步的比对和计算。

（3）能值计算的一般步骤：

第一步：构建复合系统，确定研究区范围；

第二步：收集研究区域的系统内资料，包括有资源、经济等的各项要素，进行分类整理和归档；

第三步：绘制能量系统图，明确系统内能量流的流动方向；

第四步：编制能值分析表，计算系统中各能量流要素所对应的能值；

第五步：构建能值综合测评的指标体系；

第六步：对系统做出发展评价及策略分析。

能值理论作为一种评估可持续发展水平的重要工具，依托城市的生态系统，将系统内的各种物质转换为太阳能，可以量化系统内部物质，为研究的深入提供了方法，同时能值在发展的过程中也产生了自己的指标体系，并广泛应用于资源环境承载力和可持续发展研究中。

能值分析方法经过不断创新，逐渐成为一种成熟的评价分析方法，有效弥补了传统评价方法过于单一的缺陷。能值分析方法以其自身的优势在可持续发展评估领域得到了广泛的应用。学者王小龙（2016）基于国内外学术界 1988～2015 年的能值分析文献，采用 Citespace 软件进行文献分类，发现能值分析从1988 年开始逐渐增加，是从国外学者奥德姆（H. T. Odum，1995）提出了能值概念之后，能值分析成为当时的研究热点。能值分析的研究阶段主要划分为

1988~2002 年，这一阶段主要是能值分析的探索阶段，这一阶段的研究主要集中在能值分析的框架、指标和方法等，对能值分析是一个不断完善的过程。第二个阶段是从 2002 年至今，研究成果逐渐增多，研究的内容也不断拓展，例如韩增林等（2017）；卡瓦雷特（Cavalett，2011）在宏观领域上的可持续发展程度评价；易松（2019）和王毅（2016）在微观尺度上的工农业系统评估，但是总体来看中观程度的研究较少，尤其是针对城市层面的研究更是少之又少，成为目前的研究空白区。

4. 数据包络分析

（1）基础 SBM 模型。查恩斯等（Charnes et al.，1978）提出的数据包络分析（DEA）模型是一种非参数技术，它利用线性统计方法，在各种输入和输出的基础上，评估同质决策单元（DMUs）的相对效率。传统的径向 DEA 方法由于没有考虑松弛变量问题，无法区分有效决策单元的效率差异。托恩（Tone，2001）提出了 SBM 模型来避免松弛变量问题，不同之处是 SBM 模型将投入产出松弛直接引入目标函数中，有助于基于投入产出数据以非径向方式估算效率，可以更深入地处理 DMU 投入与产出的效率问题。

假设有 n 个 DMU（$k=1$，2，$\cdots$，n），每个 DMU 有 m 个投入变量（$i=1$，2，$\cdots$，m）和 n 个产出变量 n（$j=1$，2，$\cdots$，n）。对应的相关投入矩阵可表示为 $X=(x_{ik})\in R^{m\times l}$，产出矩阵可表示为 $Y=(y_{ik})\in R^{m\times l}$，并满足 $X>0$ 和 $Y>0$。定义生产可能集为：

$$P = \{(x,y) \mid x \geq X\lambda, y \leq Y\lambda, \lambda \geq 0\} \tag{2-1}$$

在式（2-1）中，λ 为一非负向量，且 $\lambda \in R^l$。则 P 中某一点（x_0，y_0）可以表示为：

$$x_0 = X\lambda + s^- \tag{2-2}$$

$$y_0 = Y\lambda - s^+ \tag{2-3}$$

式（2-1）和式（2-3）中，$s^- \in R^m$，$s^+ \in R^n$，且满足 $s^- \geq 0$ 和 $s^+ \geq 0$，称为松弛向量，分别表示投入的冗余（excess）和产出的不足（shortfall）。利用松弛变量，DMU 的效率值可以通过如下目标函数进行测算：

$$\min\rho_0 = \frac{1 - \dfrac{1}{m}\sum_{i=1}^{m}\dfrac{S_i^-}{x_{i0}}}{1 + \dfrac{1}{n}\sum_{i=1}^{n}\dfrac{S_j^+}{y_{j0}}} \tag{2-4}$$

在式（2-4）中，$\dfrac{S_i^-}{x_{i0}}$ 表示所有投入的平均非效率水平，$\dfrac{S_i^+}{y_{j0}}$ 表示所有产出的平均非效率水平。可以看出，效率值 ρ_0 为松弛变量 s^- 和 s^+ 的单调递减函数，其取值范围介于 0 和 1 之间，当且仅当：$s^- = s^+ = 0$ 时，$\rho_0 = 1$ ，即 DMU（x_0，y_0）位于生产前沿面上，视为有效。

SBM 模型的优势在于它考虑了传统径向模型（CCR 模型和 BCC 模型）不能解决的无效松弛变量改进的问题。另外，周沛等（2006）学者认为，SBM 模型同时从投入和产出两个角度对 DMU 进行效率评价，因而可以说是非导向的（non-oriented），这可以避免因角度选择的不同而造成一定的偏差。然而，SBM 模型也存在一定问题，如式（2-4）所示，函数的期望目标为效率值 ρ_0 的最小化，根据目标函数的单调递减性，则要求投入、产出得无效率值最大化。那么，从距离函数的角度来看，生产前沿面上的投影点，即改进后的目标值点，却是与被测 DMU 距离最远的点，这也是 SBM 模型较为明显的不足之处。

（2）非期望产出 SBM 模型。戴克霍夫和艾伦（Dyckhoff H. and Allen K.，2001）提出，在应用 DEA 模型对 DMU 进行相对效率评价时，通常基于这样的假设—若 DMU 有效，则说明一定满足：产出一定时，投入最小；或投入一定时，产出最大。也就是说，在全部被测 DMU 中，有效 DMU 获得了最大的产出—投入比。尽管基础 SBM 模型严格遵循了这一规则，同时如前文所言，它在处理一些具体问题时，较传统 DEA 模型有一定的优势。然而，在某些特殊情况下，DMU 的产出中往往还包括一些具有负面效应的附加产品，如工业"三废"，这些产出实际并不是被测 DMU 所希望获得的，被称为非期望产出或坏产出（bad outputs）。从 DEA 测算原理中直接可以看出，如果将非期望产出按正常产出来对待，势必会高估被测 DMU 的效率值，从而偏离其真实的效率水平。因此，在处理一类含有非期望产出的 DEA 模型时，需要采取必要的方式进行调整，通常会考虑宋敏等（2012）提出的三类方法——将非期望产出作为投入处理法、数据转换函数处理法以及（方向性）距离函数法，其中，距离函数法是较常用的方法，而且相对于其他方法，从直观上也更易于理解。

SBM 模型的构建如下。假设一个系统有 n 个决策单元（DMUs）。每个 DMU 有 m 个输入因子，S_1 个期望输出因子，S_2 个非期望输出因子，可以分别表示为三个主向量：

$$X = [x_1, x_2, x_3, \cdots, x_n] \in R^{m \times n}$$

$$Y^g = [y_1^g, y_1^g, y_1^g, \cdots, y_1^g] \in R^{s_1 \times n}$$

$$Y^b = [y_1^b, y_1^b, y_1^b, \cdots, y_1^b] \in R^{s_2 \times n} \tag{2-5}$$

式（2-5）中，$x_i > 0$，$y_i^g > 0$，$y_i^b > 0$

包含非期望产出的 SBM 模型公式如下：

$$\rho^* = \min \rho = \min \frac{1 - \frac{1}{m} \sum_{i=1}^{m} \frac{S_i^-}{xi_0}}{1 + \frac{1}{S_1 + S_2} \left(\sum_{r=1}^{s_1} \frac{S_r^g}{y_{r0}^g} + \sum_{r=1}^{s_2} \frac{S_r^b}{y_{r0}^b} \right)} \tag{2-6}$$

$$\text{s. t.} \begin{cases} x_0 = X\lambda + s^- \\ y_0^g = Y^g \lambda - s^g \\ y_0^b = Y^b \lambda + s^b \\ \lambda \geq 0, \ s^- \geq 0, \ s^g \geq 0, \ s^b \geq 0 \end{cases}$$

式（2-6）中，λ 表示权重向量；s^-，s^g，s^b 为松弛变量，分别代表投入和期望产出和非期望产出的冗余。式（2-6）中的解 ρ^* 即为 DMU 在 SBM 模型的区域中心城市生态效率值，$\rho^* \in [0, 1]$。当 $\rho^* = 1$，s^-，s^g，s^b 都等于 0 时，则称 DMU 为 DEA 有效，当 $\rho^* < 1$ 时，DMU 为非 DEA 有效，需要改进投入和产出。

（3）包含非期望产出的超效率 SBM - DEA 模型。在效率测算中，运用上述包含非期望产出的 SBM - DEA 模型测算的效率值仍然会出现多个 DMU 效率值同时为 1 的情形，限制了对有效 DMU 的进一步排序和比较。为此，托恩（Tone，2001）又进一步提出了修正松弛变量的超效率 SBM - DEA 模型允许效率值大于 1 或等于 1，以此来解决多个决策单元完全效率的问题。在超效率 SBM 模型基础上，包含非期望产出的超效率 SBM - DEA 模型构建如下：

$$\delta^* = \min \frac{\frac{1}{m} \sum_{i=1}^{m} \frac{\overline{x_i}}{x_{i0}}}{\frac{1}{S_1 + S_2} \left(\sum_{r=1}^{s_1} \frac{\overline{y_r^g}}{y_{r0}^g} + \sum_{r=1}^{s_2} \frac{\overline{y_r^b}}{y_{r0}^b} \right)}$$

$$\text{s. t.} \quad \bar{x} \geqslant \sum_{j=1, \neq 0}^{n} \lambda_j x_j$$

$$\bar{y}^g \leqslant \sum_{j=1, \neq 0}^{n} \lambda_j y_j^g$$

$$\bar{y}^b \geqslant \sum_{j=1, \neq 0}^{n} \lambda_j y_j^b$$

$$\bar{x} \geqslant x_0, \quad \bar{y}^g \leqslant y_0^g, \quad \bar{y}^b \geqslant y_0^b, \quad y_0^g \geqslant 0, \quad \lambda \geqslant 0 \qquad (2-7)$$

区域生态效率的本质是以最少的资源投入和最小的环境代价获得最大的经济价值，这与式（2-7）对投入与产出指标的要求相符，另外式（2-7）所测得效率值不受1限制，便于后文进行经济计量模型设置。因此，根据本研究需要，采用包含非期望产出的超效率 SBM – DEA 模型测算 31 个区域中心城市生态效率。

3 中国城市发展现状

自改革开放以来，中国经济以近10%的年均增长率实现了40多年的飞速增长，在文明发展史与世界经济史上书写了前无古人的东亚增长奇迹。但与此同时，中国的资源人均占有量却呈现出连年递减的态势，而环境污染虽然在近年来取得了一定程度的控制，但持续恶化的势头仍然没有扭转。因此，如何在资源环境约束下保持中国经济的持续增长，是中国各级政府、学术机构与专家学者研究的热点与难点问题。

3.1 中国城市经济发展现状

城市综合经济竞争力作为城市发展的基石，衡量着城市经济发展的实力，较高的城市经济竞争力表明城市具有较强的经济发展空间和经济发展活力。为了更客观、更准确地表达城市的综合经济竞争力，用城市的综合经济增量和综合经济效率衡量中国 284 个城市的综合经济竞争力，以研判中国城市经济竞争力格局演变，从城市视角审视中国经济发展。研究发现，2020 年综合经济竞争力排名前十名的城市分别为：深圳、上海、北京、广州、苏州、南京、武汉、无锡、杭州、成都；排名第 11 到第 20 的城市为：宁波、佛山、长沙、青岛、常州、东莞、郑州、合肥、厦门、珠海；从总体格局看，大都市圈格局主导全国，经济增量竞争力差异是导致综合经济竞争力差异的主要原因；综合经济竞争力总体呈现"东高西低，南高北低，东升西稳，南升北降"的状态格局；从区域角度来看，"南强北弱，东中一体"更加强化，区域中心城市主导的多中心经济竞争力格局引领全国，特别是中心城市引领周边城市形成的大都市圈格局，如北京及周边城市、青岛及周边城市、济南及周边城市、郑州及周边城市、西安及周边城市、武汉及周边城市、长沙及周边城市、成都及周边城市等成为主导中国城市综合经济竞争力的中坚力量；从层级角度来看，一线、二线城市内部差异较小、竞争激烈；从省份角度来看，各省份基本均呈现"一擎驱动、多擎驱动"格局；从城市群角度来看，辽中南城市群综合经济竞争力大幅降低，长三角、珠三角城市群稳步提升，中部城市群迅速崛起。①

3.1.1 综合经济竞争力格局

1. 从总体格局看，大都市圈格局主导全国

2020 年综合经济竞争力排名前十名的城市分别为：深圳、上海、北京、广州、苏州、南京、武汉、无锡、杭州、成都；排名第 11 名到第 20 名的城市为：宁波、佛山、长沙、青岛、常州、东莞、郑州、合肥、厦门、珠海。中国综合经济竞争力前十强格局基本稳定，中部仍然只有武汉进入前十强，其余均为东部城市。值得注意的是，在前二十强内，杭州、宁波、郑州上升幅度最大，其中杭州由 2015 年的第 18 名上升到 2020 年的第 11 名，宁波由第 19 名上升到第 13 名，郑州由第 25 名上升到第 20 名，进入 20 强以内；而青岛、长沙的综合经济竞争力则相对有所下降。

从全国城市综合经济竞争力分布角度来看，综合经济竞争力较强的城市主要分布在京津冀城市群、山东半岛城市群、长三角城市群、珠三角城市群、成渝城市群以及中部的中心城市，特别是中心城市引领周边城市形成的大都市圈格局，如北京及周边城市、青岛及周边城市、济南及周边城市、郑州及周边城市、西安及周边城市、武汉及周边城市、长沙及周边城市、成都及周边城市等成为主导中国城市综合经济竞争力的中坚力量。

2. 经济增量竞争力是导致综合经济竞争力差异的主要原因

总体来看，全国的综合经济竞争力的核密度曲线呈现右偏分布（见图 3 - 1），表明大部分城市的综合经济竞争力水平较低，总体经济竞争力均值为 0.305。从综合经济竞争力的组成角度来看，经济密度竞争力的总体分布格局与综合经

---

① 本小节的所有数据均引用了《中国城市竞争力报告 No.18》，http：//gucp. cssn. cn/yjcg/zcjy/202010/t20201027_5201693. shtml.

济竞争力基本相一致；而经济增量竞争力更为右偏，表明只有少数城市的经济增量竞争力较强。经济密度竞争力的分布格局则较为均衡；经济增量竞争力的总体分布格局则更为显著，中心城市上海、北京、深圳、广州、重庆、成都、武汉、杭州、苏州、南京的经济增量竞争力更大，主导作用更明显。

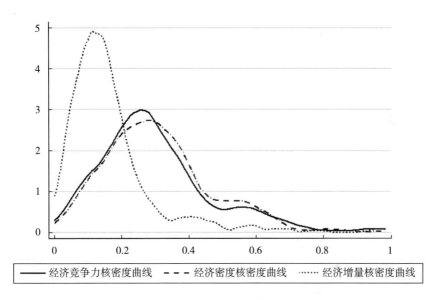

图 3 - 1　经济竞争力核密度曲线

资料来源：http：//gucp. cssn. cn/yjcg/zcjy/202010/t20201027_5201693. shtml.

3. 经济竞争力总体呈现"东高西低，南高北低"状态

从表 3 - 1 可以看出，当前中国城市经济竞争力的总体格局呈现"东高西低，南高北低"。北方省份只有山东的经济竞争力水平较强，北方城市经济竞争力的衰退已经由辽宁、吉林、黑龙江、内蒙古扩散到河北、山东，目前正向着河南逼近，大有扩散到南方的趋势，徐州的经济竞争力处于降低状态，北方衰退正在向南方扩大。从南方城市综合经济竞争力来看，广东、广西、云南的四线小城市正在降低，南方沿海区域，如长三角、珠三角已经开始向外辐射，带动周边城市经济竞争力提升，处于高—高状态，而中西部的城市仍然处于向中心城市集聚状态，中心城市的经济竞争力一枝独秀，显著高于区域其他城市，处于高—低状态。

表 3 – 1　　　2020 年中国 284 个城市综合经济竞争力指数及排名

城市	指数	排名	城市	指数	排名
深圳	1.000	1	潮州	0.269	143
上海	0.975	2	湛江	0.268	144
北京	0.894	3	黄冈	0.267	145
广州	0.825	4	十堰	0.266	146
苏州	0.749	5	包头	0.266	147
南京	0.708	6	晋城	0.263	148
武汉	0.704	7	乐山	0.263	149
无锡	0.700	8	三门峡	0.263	150
杭州	0.685	9	萍乡	0.263	151
成都	0.670	10	周口	0.262	152
宁波	0.661	11	南阳	0.262	153
佛山	0.646	12	咸宁	0.261	154
长沙	0.639	13	嘉峪关	0.260	155
青岛	0.629	14	上饶	0.260	156
常州	0.626	15	石嘴山	0.256	157
东莞	0.613	16	大庆	0.255	158
郑州	0.604	17	眉山	0.253	159
合肥	0.600	18	丽水	0.252	160
厦门	0.596	19	驻马店	0.251	161
珠海	0.581	20	宿州	0.250	162
南通	0.579	21	信阳	0.250	163
福州	0.576	22	阳泉	0.249	164
泉州	0.570	23	邯郸	0.248	165
西安	0.561	24	鄂尔多斯	0.246	166
济南	0.559	25	保定	0.246	167
重庆	0.558	26	孝感	0.242	168
扬州	0.552	27	长治	0.241	169
烟台	0.544	28	南充	0.240	170
泰州	0.541	29	鞍山	0.238	171

续表

城市	指数	排名	城市	指数	排名
镇江	0.538	30	遂宁	0.238	172
中山	0.531	31	广安	0.238	173
嘉兴	0.518	32	汕尾	0.235	174
徐州	0.495	33	商丘	0.234	175
南昌	0.495	34	渭南	0.234	176
绍兴	0.485	35	南平	0.234	177
台州	0.472	36	钦州	0.234	178
芜湖	0.468	37	邢台	0.233	179
太原	0.453	38	滁州	0.232	180
天津	0.443	39	韶关	0.230	181
舟山	0.442	40	淮南	0.227	182
东营	0.437	41	锦州	0.226	183
盐城	0.432	42	梧州	0.226	184
贵阳	0.429	43	防城港	0.226	185
惠州	0.428	44	玉林	0.225	186
廊坊	0.425	45	娄底	0.225	187
威海	0.422	46	邵阳	0.225	188
济宁	0.421	47	内江	0.223	189
唐山	0.420	48	安庆	0.223	190
淄博	0.419	49	延安	0.222	191
潍坊	0.417	50	景德镇	0.222	192
昆明	0.415	51	大同	0.221	193
湖州	0.414	52	宜春	0.221	194
长春	0.411	53	清远	0.220	195
莆田	0.409	54	朔州	0.220	196
温州	0.408	55	宣城	0.219	197
大连	0.402	56	永州	0.218	198
洛阳	0.395	57	汉中	0.215	199
宜昌	0.395	58	抚顺	0.214	200

城市	指数	排名	城市	指数	排名
淮安	0.393	59	桂林	0.213	201
鄂州	0.391	60	吉林	0.212	202
襄阳	0.388	61	吉安	0.212	203
乌鲁木齐	0.387	62	辽阳	0.210	204
岳阳	0.386	63	黄山	0.208	205
漳州	0.382	64	资阳	0.207	206
常德	0.381	65	运城	0.205	207
许昌	0.378	66	池州	0.204	208
日照	0.377	67	阜阳	0.202	209
金华	0.371	68	随州	0.200	210
马鞍山	0.370	69	晋中	0.196	211
连云港	0.366	70	安顺	0.195	212
汕头	0.366	71	本溪	0.191	213
江门	0.365	72	百色	0.187	214
海口	0.363	73	亳州	0.187	215
焦作	0.359	74	辽源	0.187	216
株洲	0.358	75	梅州	0.186	217
湘潭	0.358	76	达州	0.183	218
临沂	0.355	77	贵港	0.181	219
黄石	0.355	78	张家口	0.181	220
南宁	0.355	79	怀化	0.180	221
沈阳	0.353	80	抚州	0.178	222
石家庄	0.351	81	崇左	0.174	223
兰州	0.349	82	承德	0.173	224
榆林	0.345	83	曲靖	0.168	225
宿迁	0.343	84	云浮	0.166	226
三明	0.341	85	松原	0.166	227
枣庄	0.340	86	佳木斯	0.165	228
克拉玛依	0.338	87	安康	0.164	229

城市	指数	排名	城市	指数	排名
铜陵	0.337	88	六安	0.162	230
衡阳	0.337	89	吕梁	0.162	231
遵义	0.337	90	广元	0.162	232
德州	0.335	91	临汾	0.159	233
鹰潭	0.334	92	白山	0.156	234
龙岩	0.334	93	齐齐哈尔	0.150	235
呼和浩特	0.332	94	铜川	0.146	236
德阳	0.331	95	河源	0.145	237
盘锦	0.331	96	牡丹江	0.144	238
咸阳	0.330	97	金昌	0.142	239
濮阳	0.329	98	张家界	0.139	240
银川	0.329	99	雅安	0.139	241
茂名	0.325	100	通化	0.134	242
宁德	0.324	101	来宾	0.133	243
柳州	0.320	102	葫芦岛	0.131	244
荆门	0.319	103	绥化	0.129	245
滨州	0.318	104	贺州	0.128	246
漯河	0.316	105	昭通	0.126	247
揭阳	0.315	106	天水	0.124	248
北海	0.314	107	商洛	0.123	249
聊城	0.312	108	吴忠	0.119	250
安阳	0.310	109	忻州	0.119	251
新余	0.309	110	河池	0.118	252
郴州	0.309	111	丹东	0.117	253
自贡	0.308	112	朝阳	0.116	254
淮北	0.307	113	保山	0.113	255
六盘水	0.303	114	赤峰	0.110	256
衢州	0.303	115	铁岭	0.109	257
鹤壁	0.303	116	七台河	0.103	258

续表

城市	指数	排名	城市	指数	排名
营口	0.302	117	中卫	0.102	259
平顶山	0.301	118	普洱	0.101	260
三亚	0.299	119	临沧	0.100	261
秦皇岛	0.297	120	通辽	0.098	262
宝鸡	0.297	121	丽江	0.098	263
乌海	0.295	122	四平	0.091	264
宜宾	0.293	123	庆阳	0.088	265
菏泽	0.291	124	巴中	0.088	266
西宁	0.291	125	巴彦淖尔	0.086	267
肇庆	0.289	126	阜新	0.083	268
沧州	0.287	127	平凉	0.082	269
绵阳	0.286	128	白城	0.077	270
玉溪	0.285	129	乌兰察布	0.076	271
蚌埠	0.284	130	白银	0.071	272
泰安	0.282	131	固原	0.065	273
九江	0.278	132	双鸭山	0.062	274
新乡	0.277	133	呼伦贝尔	0.061	275
哈尔滨	0.277	134	武威	0.054	276
荆州	0.275	135	鸡西	0.051	277
开封	0.275	136	张掖	0.045	278
衡水	0.273	137	黑河	0.038	279
攀枝花	0.273	138	鹤岗	0.036	280
赣州	0.271	139	定西	0.029	281
阳江	0.269	140	陇南	0.026	282
益阳	0.269	141	酒泉	0.009	283
泸州	0.269	142	伊春	0.000	284

3.1.2 各区域综合经济竞争力格局与变化

1. 从区域角度来看，"南强北弱"更加强化

综合经济竞争力依旧呈现"南强北弱"状态，南方城市的经济竞争力水平要显著高于北方，并且南方城市之间的差异程度要低于北方。具体而言，在前10强城市中北方仅有北京1个城市，前20强中仅有北京、青岛、郑州3个城市，前50强中仅有北京、青岛、郑州、西安、济南、烟台、太原、天津、东营9个城市，在综合经济竞争力头部北方城市显著较弱。从各区域角度来看，城市综合经济竞争力呈现东部、中部、西部、东北由大到小变化趋势，东部区域城市综合经济竞争力最强，东北区域城市综合经济竞争力最弱，并且只有东部城市的综合经济竞争力高于全国水平，而中部、东北、西部城市的综合经济均要低于全国水平，内部分化表现为中部城市之间差异最低，随后为东部城市、西部城市，东北城市之间差异最大（见表3-2）。

表3-2　　　　　　　　　　各区域综合经济竞争力分布比较

区域	样本量	综合经济竞争力		经济密度竞争力		经济增量竞争力	
		均值	变异系数	均值	变异系数	均值	变异系数
全国	291	0.305	0.572	0.312	0.518	0.169	0.823
东部	93	0.443	0.423	0.443	0.379	0.248	0.706
中部	80	0.293	0.374	0.297	0.343	0.169	0.526
东北	34	0.173	0.600	0.203	0.585	0.062	0.664
西部	84	0.218	0.571	0.226	0.505	0.124	0.863
南方	161	0.353	0.519	0.353	0.476	0.203	0.734
北方	130	0.246	0.583	0.261	0.528	0.126	0.886

2. 区域中心城市主导的多中心经济竞争力格局引领全国

总体而言，经济竞争力的分布格局与GDP的分布格局相一致，特别是头部城市，GDP和经济竞争均表现为强烈的多中心格局，且经济竞争力的多中心格局要显著强于 GDP 的多中心格局,深圳、上海、北京、广州、苏州、南京、武汉等城市分别在各区域均占举足轻重的地位。详细来看,总体 GDP 的规模位序指数为 0.919,较为接近奇普夫法则,而经济竞争力的规模位序指数仅为 0.547,这表明总体而言经济竞争力呈现明显的多中心格局。从区域角度来看,各区域也均存在显著的多中心格局,如东部的深圳、上海、广州、北京,中部的武汉、长沙、郑州,东北的长春、大连、沈阳,西部的成都、西安、重庆,各区域的区域中心城市引领区域多中心格局(见表 3-3)。

表 3-3　　　　　　　　　　各区域规模位序回归系数

	回归系数	全国	东部	中部	东北	西部
GDP	前两个城市	0.121	0.121	0.432	0.142	0.408
	前三个城市	0.351	0.351	0.377	0.116	0.968
	总回归系数	0.919	0.898	0.658	0.961	0.889
经济竞争力	前两个城市	0.027	0.027	0.169	0.430	0.209
	前三个城市	0.067	0.067	0.189	0.401	0.296
	总回归系数	0.547	0.353	0.486	1.191	0.940

3. 综合经济竞争力呈现"东升西稳,南升北降"状态

在 284 个样本城市中,北方城市占 130 个,南方城市占 154 个。从北方城市来看,北方的 130 个城市中有 78 个城市的经济竞争力排名处于下降状态,占 60%;有 52 个城市的经济竞争力处于上升状态,占 40%。大部分城市的经济竞争力均处于下降状态,并且下降的幅度要显著高于上升的幅度。从南方城市来看,在 154 个南方城市中,仅有 27 个城市的经济竞争力排名处于下降状态,南方有 134 个城市的经济竞争力排名处于上升状态,占比高达 83%。从东部、中部、东北、西部区域角度来看,东部城市经济竞争力"南升北降",总体排名平均上升 3.5 名,中部城市经济竞争力普遍上升,总体排名平均上升 15.5 名,东北城市经济竞争力普遍下降,总体排名平均下降 50.8 名,西部城市经济竞争力有升有降,总体平均上升 1.9 名。总体而言,经济竞争力呈现"东高西低,南高北低,东升西稳,南升北降"状态(见表 3-1)。

3.1.3 各层级综合经济竞争力格局与变化

1. 从层级角度来看，一线、二线城市内部差异较小、竞争激烈

从层级角度来看，"一、二、三、四"状态定型，一线、二线、三线、四线城市的综合经济竞争力分别为 0.903、0.559、0.371 和 0.211。一线城市北京、上海、广州、深圳综合经济竞争力差距最小，二线城市之间的差异次之，总体一线、二线城市内部综合经济竞争力较为接近，竞争激烈（见表 3-4）。

表 3-4　　　　　　　　　各区域综合经济竞争力分布比较

区域	样本量	综合经济竞争力		经济密度竞争力		经济增量竞争力	
		均值	变异系数	均值	变异系数	均值	变异系数
一线城市	6	0.903	0.114	0.782	0.178	0.694	0.425
二线城市	35	0.559	0.196	0.546	0.178	0.330	0.528
三线城市	69	0.371	0.267	0.385	0.247	0.188	0.431
四线城市	181	0.211	0.417	0.224	0.414	0.113	0.478

2. 一线引领全国，四线城市排名上升

一线城市的经济竞争力显著引领着全国经济竞争力的提升。深圳、上海、北京、广州经济竞争力在全国分别排第 1、第 2、第 3、第 4 名，北京引领京津冀地区，上海引领长三角地区，深圳、广州引领珠三角地区，特别是珠三角地区竞争非常激烈。从北京、上海、广州、深圳一线城市来看，总体经济竞争力指数有所降低，分化有所加剧，变异系数从 0.083 上升到 0.114（见表 3-5）。

表 3-5　　　　　　　　各层级经济竞争力排名变化统计分析

城市	2020 年经济竞争力		2015 年经济竞争力		2020 年各层级排名变化	
	均值	变异系数	均值	变异系数	幅度	变异系数
一线城市	0.903	0.114	0.917	0.083	0.167	4.517
二线城市	0.559	0.196	0.596	0.182	-3.828	4.828
三线城市	0.371	0.267	0.376	0.244	-3.899	9.607
四线城市	0.211	0.417	0.202	0.443	2.221	16.335

二线城市的经济竞争力差异较大且处于分化阶段，变异系数也从2015年的0.182上升到2020年的0.196，分化加剧。从变化角度来看，北方的二线中心城市均处于下降状态，其中东北下降幅度最大，山东的济南、青岛虽然下降幅度不大，但也在下降；西部的重庆下降幅度较大，下降了10名，成都则上升了3名，此外，中部的长沙经济竞争力排名也下降了2名。从分布角度来看，长三角地区和中部中心城市的经济竞争力均较强，特别是长三角地区的苏州、无锡、常州、南京、杭州、合肥、宁波等强二线城市已经形成"恒强恒升"格局。

从三线城市和四线城市来看，三线城市经济竞争力稍微有所降低，但变化不大，但各城市间经济竞争力差异有所加剧。四线城市则完全相反，四线城市虽然也存在有升有降状态，但是总体各个城市经济竞争力之间的差异缩小，变异系数从五年前的0.443降低到2020年的0.417，经济竞争力指数均值从5年前的0.202上升到2020年的0.211，这也导致其总体上升了2.2名（见表3-5）。

3.1.4　各省（区、市）综合经济竞争力格局及变化

1. 从省域视角看，各省呈现"越强越收敛、越弱越分化"状态

从各省（区、市）综合经济竞争力角度来看（见表3-6），上海、北京、重庆、天津等直辖市、自治区的综合经济竞争力要显著较高。除此之外，江苏、浙江、福建、山东、广东等省的综合经济竞争力分别处于前列，排名较低的为云南、内蒙古、宁夏、黑龙江、甘肃等省，从省内综合经济竞争力差异角度来看，各省（区、市）呈现经济竞争力越强，省内差异越小；经济竞争力越弱，省内差异越大。结合省（区、市）城市经济竞争力最大值来看（见图3-2），可以发现中心城市经济竞争力的上限决定了省份综合经济竞争力的上限，省份较低城市的下限决定了省份综合经济竞争力的下限。

表 3 – 6　　　　　　　　　各省（区、市）综合经济竞争力

省（区、市）	样本量	综合经济竞争力		经济密度竞争力		经济增量竞争力	
		均值	变异系数	均值	变异系数	均值	变异系数
上海	1	0.975		0.705		1.000	
北京	1	0.894		0.619		0.968	
重庆	1	0.558		0.349		0.686	
江苏	13	0.540	0.246	0.518	0.218	0.337	0.353
浙江	11	0.456	0.292	0.446	0.231	0.273	0.531
天津	1	0.443		0.543		0.068	
福建	9	0.418	0.313	0.413	0.298	0.247	0.393
山东	16	0.404	0.250	0.421	0.230	0.198	0.480
广东	21	0.394	0.576	0.391	0.499	0.231	0.810
新疆	2	0.363	0.094	0.402	0.002	0.139	0.590
湖北	12	0.339	0.389	0.339	0.316	0.198	0.662
海南	2	0.331	0.136	0.380	0.082	0.105	0.457
河南	17	0.316	0.278	0.316	0.256	0.187	0.428
贵州	4	0.316	0.307	0.316	0.269	0.187	0.401
湖南	13	0.310	0.410	0.310	0.374	0.183	0.497
青海	1	0.291		0.324		0.115	
河北	11	0.285	0.298	0.290	0.307	0.163	0.233
安徽	16	0.280	0.414	0.287	0.387	0.156	0.558
江西	11	0.277	0.307	0.283	0.339	0.156	0.474
陕西	10	0.264	0.489	0.263	0.418	0.163	0.644
四川	18	0.259	0.459	0.264	0.356	0.151	0.815
山西	11	0.226	0.385	0.237	0.388	0.124	0.363
广西	14	0.217	0.336	0.230	0.313	0.115	0.443
辽宁	14	0.216	0.468	0.258	0.465	0.061	0.361
吉林	8	0.179	0.581	0.211	0.483	0.063	0.937
云南	8	0.176	0.653	0.177	0.610	0.117	0.675
内蒙古	9	0.175	0.617	0.196	0.663	0.079	0.418
宁夏	5	0.174	0.649	0.200	0.590	0.070	0.743
黑龙江	12	0.118	0.737	0.133	0.729	0.062	0.758
甘肃	12	0.107	0.953	0.123	0.943	0.055	0.891

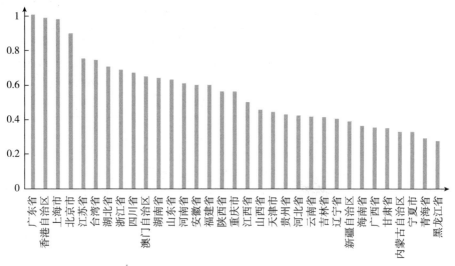

图3-2 各省(区、市)经济竞争力最大值排名

2. 各省份基本均呈现"一擎驱动、多擎驱动"格局

从各省份的综合经济竞争力的格局来看（见表3-7），河北、福建、浙江的总体城市格局较为接近，均表现为扁平双中心格局，省内的廊坊和唐山、厦门和福州、杭州和宁波的综合经济竞争力均较为接近；江苏、山东、广西的总体格局较为接近，均表现为扁平化多中心格局，不同的是江苏和山东为强—强状态，广西为弱—弱状态；宁夏、甘肃、云南表现为典型的双中心格局，除了两个中心城市以外，其他城市的经济竞争力均较弱；河南、陕西、湖南、山西、湖北、吉林、四川则表现为一定的单中心格局，特别是吉林和四川，其首位城市除第二位城市分别为1.934、2.021，城市群内长春、成都处于绝对主导地位。

表3-7   各省(区、市)综合经济竞争力格局

省(区、市)	首位除第二位	首位除第三位	首位除第四位	首位除第五位	首位除第六位
河北	1.012	1.209	1.430	1.480	1.555
福建	1.035	1.045	1.459	1.559	1.751
浙江	1.037	1.322	1.411	1.452	1.549
江苏	1.058	1.070	1.197	1.294	1.359
黑龙江	1.085	1.678	1.845	1.921	2.150
广西	1.110	1.128	1.517	1.570	1.573

省(区、市)	首位除第二位	首位除第三位	首位除第四位	首位除第五位	首位除第六位
山东	1.126	1.157	1.442	1.492	1.496
内蒙古	1.126	1.250	1.351	3.008	3.375
辽宁	1.141	1.215	1.333	1.687	1.778
广东	1.212	1.547	1.631	1.720	1.885
贵州	1.274	1.414	2.198		
安徽	1.282	1.623	1.778	1.954	2.110
宁夏	1.289	2.765	3.232	5.050	
甘肃	1.343	2.462	2.814	3.974	4.282
云南	1.455	2.460	3.289	3.674	4.089
江西	1.481	1.601	1.780	1.831	1.885
河南	1.529	1.596	1.683	1.834	1.913
陕西	1.624	1.701	1.888	2.393	2.522
湖南	1.655	1.677	1.782	1.784	1.895
山西	1.719	1.818	1.877	2.046	2.062
湖北	1.784	1.798	1.816	1.982	2.207
吉林	1.934	2.195	2.478	2.631	3.063
四川	2.021	2.176	2.286	2.343	2.455

注：北京、天津、上海、重庆、青海、新疆、海南、西藏由于城市较少，并未列出。

3. 河北、山东、黑龙江综合经济竞争力处于收敛下降状态

总体而言，新疆处于第一象限，即处于分化加剧，经济竞争力增强状态。一般而言，资源向省份内中心城市积聚，导致省份内中心综合经济竞争力增强，而省份内其他城市综合经济竞争力上升并不显著；黑龙江、河北和山东处于第三象限，即差异收敛，综合经济竞争力降低，处于"收敛、下降"状态，表现为省份内头部城市综合经济竞争力降低，尾部城市经济竞争力有升有降；辽宁、吉林、内蒙古则处于第四象限，即分化加剧，经济竞争力降低，处于"分化、降低"状态，表现为省（区、市）内城市经济竞争力普遍降低，但是尾部城市下降幅度非常大。除此之外，江苏、浙江、福建、湖北、湖南等城市均处于第

二象限，即差异减少，经济竞争力增强，处于"收敛、上升"状态，表现为城市综合经济竞争力大幅提升，并且尾部城市提升幅度更大（见图 3－3）。

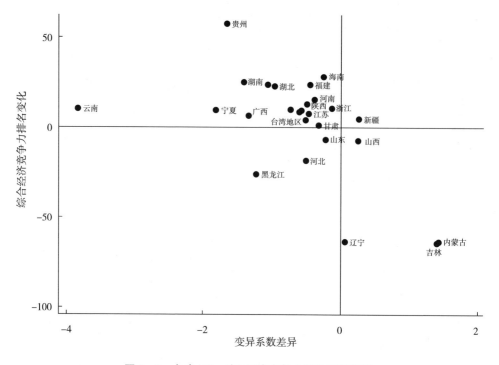

图 3－3 各省（区、市）经济竞争力指数变化格局

注：横坐标表示变异系数相对于 5 年前差异，反映省份内部是处于分化还是处于收敛，大于 0 表示变异系数扩大，即省份内部城市经济竞争力差异扩大，处于分化状态，小于 0 则处于收敛状态；纵坐标表示经济竞争力排名变化，大于 0 表示综合经济竞争力排名上升，小于 0 表示综合经济竞争力排名降低。

3.1.5 各城市群综合经济竞争力格局及变化

1. 均衡发展促使山东半岛城市群、长株潭城市群总体经济竞争力较强

从城市群角度来看（见表 3－8），综合经济竞争力排名前五的城市群分别为长三角城市群、珠三角城市群、山东半岛城市群、长株潭城市群和京津冀城市群。相对而言，长三角城市群的综合经济竞争力要显著高于其他几个城市群，分化程度也相对较低，并且长三角城市群、珠三角城市群、山东半岛城市群分处三个等级，长株潭城市群、京津冀城市群、武汉城市群的综合经济竞争力较为接近，差距不大。总体而言，城市群综合经济竞争力已经由中心城市引导转向为城市群内

城市集体引导，如京津冀城市群中的北京、武汉城市群中的武汉、中原城市群中的郑州、成渝城市群中的成都，其综合经济竞争力均处于较强状态，但是总体综合经济竞争力要弱于山东半岛城市群和长株潭城市群，其关键在于这两个城市群中城市处于同步均衡发展，总体要强于其他城市群的单点发展。

表 3 - 8   各城市群综合经济竞争力

城市群	样本量	综合经济竞争力	
		均值	变异系数
长三角城市群	23	0.530	0.317
珠三角城市群	23	0.439	0.560
山东半岛城市群	10	0.398	0.294
长株潭城市群	8	0.355	0.375
京津冀城市群	12	0.348	0.560
武汉城市群	11	0.345	0.394
中原城市群	14	0.320	0.300
成渝城市群	14	0.299	0.482
环鄱阳湖城市群	6	0.274	0.416
关中平原城市群	8	0.268	0.504
合肥城市群	8	0.267	0.524
辽中南城市群	7	0.250	0.392
北部湾城市群	11	0.223	0.345
太原城市群	6	0.222	0.541

2. 中部各城市群迅速崛起

辽中南城市群综合经济竞争力大幅降低。具体而言，辽中南城市群、京津冀城市群、山东半岛城市群和太原城市群的平均排名均处于降低状态，其中辽中南城市群相比于 5 年前而言，所有城市的经济竞争力排名均在降低，平均降低了 78 名，甚至城市群中心城市大连和沈阳均分别降低了 46 名和 65 名。而京津冀城市群，除了北京、廊坊和衡水三个城市以外，其他城市的经济竞争力排名也均在降低，这一点从京津冀城市群综合经济竞争力的空间分布图可以显著看出（见图 3 -4 和图 3 -5）。其中值得注意的是太原城市群，虽然总体排名变化不大，总体排名仅降低 0.5 名，但是内部排名分化特别严重，上升和下降分化明显，中心城市太原相对于5年前上升23名，而吕梁、临汾、长治均下降十几名。

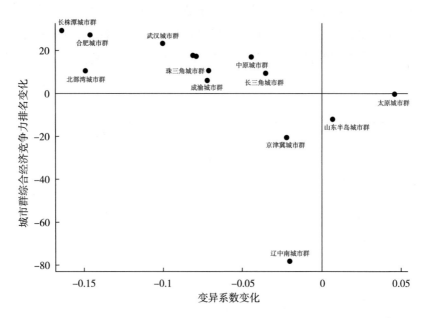

图3-4　各城市群综合经济竞争力排名及差异变化

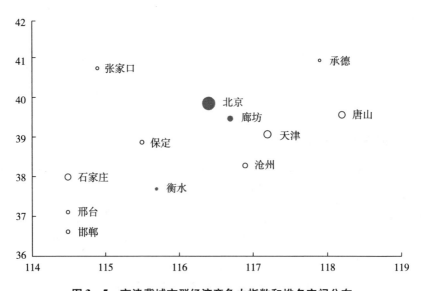

图3-5　京津冀城市群经济竞争力指数和排名空间分布

注：横坐标表示经度，纵坐标表示纬度，图中点越大表示城市的经济竞争力指数越强，灰色点表示城市的经济竞争力排名上升，白色点表示城市的经济竞争力排名下降。

长三角、珠三角城市群稳步提升。就上升城市群而言，中国最大的两个城市群长三角城市群和珠三角城市群综合经济竞争力稳步提升，长三角城市群综合经济竞争力排名平均上升了9名，珠三角城市群综合经济竞争力平均上升了10.6名，虽然城市群内也有个别城市经济竞争力排名有所降低，如珠三角城市群中的肇庆、茂名、阳江、清远等城市，长三角城市群中的绍兴、徐州、镇江等城市，但是城市群内上升的城市更多。

中部城市群迅速崛起。从上升幅度最大的城市群角度来看（见图3-6），长株潭城市群、合肥城市、武汉城市群、环鄱阳湖城市群、关中平原城市群、中原城市群的综合经济竞争力排名上升最多，分别上升了29名、27名、23名、17名、17名、16名，各城市群内城市综合经济竞争力大幅提升，特别是城市群内非中心城市的综合经济竞争力。此外，各城市群内部城市综合经济竞争力差异也处于降低状态。总体而言，中部城市群综合经济竞争力已经崛起，6个经济竞争力排名上升最多的城市群中，有5个城市群属于中部，虽然总体经济竞争力水平要低于东部的长三角城市群和珠三角城市群，但是随着其逐步崛起，中部和东部差异定会缩小，逐步融为一体。

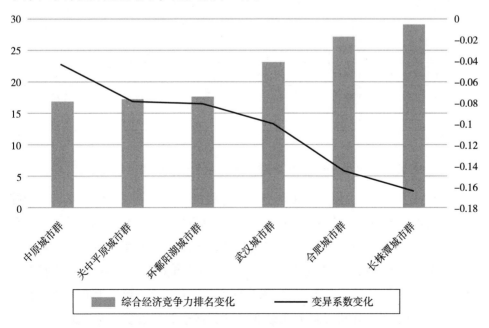

图3-6　上升幅度较大城市群排名及变异系数变化

3.1.6 核心要素经济增量的格局与变化

1. 城市经济增量竞争力内部差异较大，分化严重

本书重点对经济增量竞争力进行分析。表3－9为中国城市经济增量竞争力前10强，具体来看，上海、北京、深圳、广州、重庆位列前5强。从区域分布角度来看，前10强城市中，东南区域有6个城市，中部有1个城市，西南有2个城市，环渤海有1个城市，均为省会城市或中心城市。此外，中国城市经济增量竞争力内部差异较大，分化严重，总体均值仅为0.169，变异系数高达0.823。

表3－9　　　　　　　　　中国城市经济增量竞争力前10强

城市	经济增量竞争力	排名	所属省份	区域
上海	1.000	1	上海	东南
北京	0.968	2	北京	环渤海湾
深圳	0.790	3	广东	东南
广州	0.690	4	广东	东南
重庆	0.686	5	重庆	西南
成都	0.617	6	四川	西南
武汉	0.590	7	湖北	中部
杭州	0.585	8	浙江	东南
苏州	0.581	9	江苏	东南
南京	0.515	10	江苏	东南

2. 中部城市经济增量竞争力全面提升，东北大幅下降

从经济增量竞争力排名变化角度来看，经济增量竞争力总体变化格局与综合经济竞争力相一致，北方大幅下降，南方稳步提升。具体而言，南方的154个样本城市的经济增量竞争力排名平均上升21名，有136个城市的经济增量竞争力排名处于上升状态，占比高达84.47%；而北方130个城市的经济增量竞争力排名平均下降26名，仅有58个城市的经济增量竞争力处于上升状态，有高达72个城市处于下降状态且下降幅度要显著高于上升幅度，占比达55.38%，这也表明了北方城市经济增量竞争力排名变化差异较大，分化严重。从各区域经济增量排名变化也可以看出，东部南方城市普遍上升，东部北方城市普遍下降，西部南方城市普遍上升，西部北方城市普遍下降，中部城市普遍上升，东北城市普遍上升。

3.2　中国城市可持续发展竞争力状况

《中国城市竞争力报告 No.18》由中国社会科学院财经战略研究院倪鹏飞研究员领衔，多位城市竞争力专家共同携手联合完成，详细评价了中国 284 个城市的综合经济竞争力、可持续竞争力以及影响城市竞争力的方方面面。2020 年度该报告聚焦从城市看中国，迈向"十四五"及未来 15 年的城市化中国，有新理论与新假设、新动力与新红利、新格局和新趋势、新对策与新建议。

该报告通过可持续竞争力总得分以及其指标人才密度、人才增量对中国城市可持续竞争力进行分析。研究发现：从总体格局来看，东中一体迅速崛起，发达城市可持续竞争力格局逐步稳定。从各区域可持续竞争力来看，中部地区城市迅速崛起，东部仍然为中国城市竞争力的主要引领者。东北及西部地区除个别城市外，大多处于较低竞争力水平，资源型城市转型压力较大。从各省份可持续竞争力来看，省会城市为城市可持续竞争力的主要引领者，但少数城市的非省会城市反超省会城市形成双中心城市格局，东部省份可持续竞争力更强，西部省份可持续竞争力亟待提高。从各城市群可持续竞争力来看，人才增量的优势日益凸显。从各层级可持续竞争力来看，一线、二线、三线、四线城市格局趋于稳定。从可持续竞争力核心指标人才密度来看，南升北降格局已定。[①]

3.2.1　可持续竞争力总体格局分析

1. 头部城市可持续竞争力格局逐步稳定

深圳、上海、北京、广州和苏州位列中国城市可持续竞争力前 5 名，并且 5 年排名变化保持不变。从前 10 名分布来看（见表 3－10），东南地区占据 6 席，环渤海地区占据 3 席，中部地区 1 席，总体覆盖北京、福建、广东、湖北、江

---

① 本小节的所有数据均来自《2020 年中国城市可持续竞争力总报告》，http：// gucp. cssn. cn/yjcg/zcjy/202010/t20201027_5202025. shtml.

苏、上海等13个省市，发达城市可持续竞争力格局逐步稳定。从其分项角度来看，2020年全球城市可持续竞争力前10名的人才密度总体也较强。从全国城市可持续竞争力分布角度来看（见3-11），可持续竞争力较强的城市主要分布在京津冀城市群、山东半岛城市群、长三角城市群、珠三角城市群、成渝城市群以及中部的中心城市，特别是中心城市引领周边城市形成的大都市圈格局，如北京及周边城市、青岛及周边城市、郑州及周边城市、西安及周边城市、武汉及周边城市、长沙及周边城市等成为主导中国城市可持续竞争力的中坚力量。

表3-10　　　　　　　　2020年中国城市可持续竞争力前10名及其变化

城市	省市	地区	可持续竞争力		人才密度		人才增量	
			排名	5年排名变化	排名	5年排名变化	排名	5年排名变化
深圳	广东	东南	1	0	2	0	2	1
上海	上海	东南	2	0	5	0	4	1
北京	北京	环渤海湾	3	0	7	2	3	1
广州	广东	东南	4	0	6	0	7	0
苏州	江苏	东南	5	1	12	0	6	0
南京	江苏	东南	6	1	9	-1	11	-2
青岛	山东	环渤海湾	7	2	17	-1	8	2
武汉	湖北	中部	8	11	16	6	12	8
无锡	江苏	东南	9	5	10	4	18	4
天津	天津	环渤海湾	10	-1	22	-3	10	-2

表3-11　　　　　　　　2020年中国284个城市可持续竞争力

城市	指数	排名	城市	指数	排名
深圳	0.901	1	四平	0.222	143
上海	0.765	2	萍乡	0.222	144
北京	0.727	3	泸州	0.220	145
广州	0.685	4	遵义	0.220	146
苏州	0.656	5	攀枝花	0.216	147
南京	0.630	6	汉中	0.216	148

城市	指数	排名	城市	指数	排名
青岛	0.619	7	三明	0.215	149
武汉	0.601	8	荆州	0.215	150
无锡	0.597	9	商丘	0.215	151
天津	0.583	10	阳江	0.213	152
厦门	0.578	11	三门峡	0.213	153
东莞	0.577	12	咸宁	0.212	154
佛山	0.574	13	十堰	0.212	155
杭州	0.568	14	周口	0.211	156
成都	0.540	15	晋城	0.211	157
宁波	0.533	16	资阳	0.210	158
合肥	0.532	17	信阳	0.209	159
中山	0.523	18	娄底	0.208	160
常州	0.518	19	六盘水	0.208	161
郑州	0.513	20	宜宾	0.207	162
长沙	0.513	21	邢台	0.207	163
珠海	0.481	22	长治	0.207	164
大连	0.480	23	鹰潭	0.206	165
西安	0.478	24	滁州	0.206	166
南通	0.451	25	南充	0.206	167
济南	0.448	26	益阳	0.205	168
镇江	0.447	27	宜春	0.205	169
嘉兴	0.443	28	玉溪	0.205	170
福州	0.436	29	赣州	0.204	171
重庆	0.435	30	衡水	0.203	172
南昌	0.429	31	遂宁	0.203	173
淄博	0.424	32	延安	0.201	174
绍兴	0.424	33	驻马店	0.200	175
扬州	0.420	34	乐山	0.199	176
泉州	0.419	35	渭南	0.193	177

城市	指数	排名	城市	指数	排名
沈阳	0.419	36	上饶	0.193	178
烟台	0.418	37	辽阳	0.192	179
长春	0.411	38	本溪	0.192	180
太原	0.408	39	清远	0.190	181
徐州	0.403	40	钦州	0.189	182
泰州	0.392	41	南平	0.189	183
威海	0.389	42	承德	0.189	184
温州	0.387	43	晋中	0.187	185
唐山	0.379	44	黄山	0.186	186
惠州	0.374	45	汕尾	0.185	187
乌鲁木齐	0.374	46	抚顺	0.185	188
贵阳	0.367	47	朔州	0.183	189
石家庄	0.366	48	眉山	0.183	190
台州	0.365	49	宿州	0.182	191
东营	0.363	50	佳木斯	0.181	192
潍坊	0.360	51	大同	0.180	193
昆明	0.355	52	宣城	0.180	194
金华	0.346	53	阳泉	0.180	195
汕头	0.346	54	克拉玛依	0.179	196
海口	0.343	55	黄冈	0.179	197
盐城	0.338	56	淮南	0.177	198
湖州	0.337	57	广安	0.176	199
焦作	0.337	58	铜陵	0.176	200
舟山	0.336	59	曲靖	0.174	201
洛阳	0.333	60	吉安	0.174	202
廊坊	0.330	61	松原	0.171	203
泰安	0.329	62	运城	0.171	204
哈尔滨	0.325	63	阜阳	0.171	205
兰州	0.325	64	营口	0.169	206

城市	指数	排名	城市	指数	排名
湘潭	0.322	65	临汾	0.168	207
济宁	0.321	66	玉林	0.168	208
淮安	0.317	67	达州	0.167	209
许昌	0.315	68	吕梁	0.162	210
漳州	0.313	69	抚州	0.161	211
芜湖	0.311	70	永州	0.160	212
莆田	0.305	71	邵阳	0.159	213
连云港	0.305	72	通化	0.159	214
江门	0.302	73	亳州	0.158	215
南宁	0.302	74	内江	0.157	216
呼和浩特	0.301	75	随州	0.157	217
宜昌	0.300	76	石嘴山	0.157	218
银川	0.300	77	六安	0.156	219
日照	0.298	78	云浮	0.156	220
聊城	0.296	79	贵港	0.155	221
安阳	0.294	80	河源	0.154	222
株洲	0.294	81	防城港	0.154	223
襄阳	0.294	82	安顺	0.151	224
德州	0.292	83	张家口	0.149	225
临沂	0.289	84	怀化	0.147	226
咸阳	0.286	85	辽源	0.145	227
岳阳	0.286	86	池州	0.144	228
德阳	0.283	87	牡丹江	0.143	229
新乡	0.282	88	梅州	0.142	230
沧州	0.279	89	安康	0.142	231
南阳	0.278	90	梧州	0.140	232
开封	0.275	91	嘉峪关	0.139	233
邯郸	0.275	92	葫芦岛	0.139	234
滨州	0.274	93	通辽	0.134	235

续表

城市	指数	排名	城市	指数	排名
茂名	0.273	94	丹东	0.132	236
常德	0.272	95	忻州	0.131	237
盘锦	0.272	96	白山	0.131	238
大庆	0.271	97	绥化	0.130	239
湛江	0.270	98	保山	0.125	240
锦州	0.269	99	齐齐哈尔	0.123	241
柳州	0.267	100	商洛	0.119	242
宿迁	0.267	101	阜新	0.119	243
桂林	0.267	102	百色	0.116	244
黄石	0.266	103	雅安	0.116	245
枣庄	0.266	104	张家界	0.115	246
马鞍山	0.264	105	赤峰	0.111	247
衡阳	0.263	106	贺州	0.108	248
秦皇岛	0.260	107	来宾	0.107	249
吉林	0.258	108	铁岭	0.107	250
濮阳	0.256	109	崇左	0.103	251
鞍山	0.254	110	广元	0.101	252
景德镇	0.252	111	天水	0.096	253
鄂尔多斯	0.252	112	朝阳	0.094	254
蚌埠	0.251	113	庆阳	0.093	255
漯河	0.250	114	巴中	0.089	256
揭阳	0.250	115	呼伦贝尔	0.088	257
包头	0.248	116	白城	0.087	258
平顶山	0.247	117	金昌	0.086	259
新余	0.245	118	昭通	0.084	260
九江	0.244	119	吴忠	0.084	261
北海	0.244	120	临沧	0.079	262
西宁	0.244	121	双鸭山	0.078	263
菏泽	0.243	122	鸡西	0.078	264

城市	指数	排名	城市	指数	排名
三亚	0.241	123	河池	0.073	265
肇庆	0.240	124	巴彦淖尔	0.072	266
榆林	0.236	125	白银	0.072	267
宝鸡	0.235	126	七台河	0.070	268
自贡	0.233	127	铜川	0.068	269
潮州	0.233	128	乌兰察布	0.065	270
宁德	0.232	129	乌海	0.064	271
鹤壁	0.231	130	平凉	0.063	272
绵阳	0.231	131	普洱	0.061	273
保定	0.231	132	中卫	0.059	274
龙岩	0.230	133	黑河	0.052	275
淮北	0.228	134	武威	0.048	276
安庆	0.228	135	丽江	0.048	277
韶关	0.226	136	张掖	0.045	278
鄂州	0.225	137	固原	0.043	279
郴州	0.225	138	鹤岗	0.039	280
荆门	0.223	139	定西	0.024	281
衢州	0.223	140	陇南	0.020	282
丽水	0.222	141	伊春	0.013	283
孝感	0.222	142	酒泉	0.000	284

2. 人才增量是导致可持续竞争力差异的主要原因

总体来看，全国的人才密度和人才增量曲线呈现右偏分布，表明大部分城市的人才密度及人才增量水平较低，而人才增量更为右偏，表明只有少数城市的人才增量竞争力较强。仅有 2 个城市的人才增量高于 0.85，仅有 12 个城市的人才增量高于 0.65，仅有 36 个城市的人才增量高于 0.5，人才增量的头部城市数量非常少。人才密度分布格局较人才增量来说较为均衡。

3. 中国城市可持续竞争力水平总体有所下降

2020 年全球城市可持续竞争力总体均值为 0.2598（见表 3 – 12），比 2015 年减少 0.0034，变异系数为 0.5984，比 5 年前下降 0.0102。与此同时，人才密度和人才增量的变异系数均有所下降，可以看出城市间差距有所减小。尽管城市可持续竞争力总体呈下降趋势，但人才增量均值由原来的 0.2682 增加到 0.3536，变异系数急剧下降，可见城市间人才增量的差距在逐渐缩小。

表 3 – 12　　　　　　　　　2020 年可持续竞争力统计分析

	变量	样本量	均值	标准差	变异系数
2020 年可持续竞争力	可持续竞争力	284	0.2598	0.1555	0.5984
	人才密度	284	0.3265	0.1522	0.4661
	人才增量	284	0.3536	0.1364	0.3857
2015 年可持续竞争力	可持续竞争力	284	0.2632	0.1602	0.6086
	人才密度	284	0.3275	0.1542	0.4708
	人才增量	284	0.2682	0.1595	0.5947

从表 3 – 11 可以看出，当前中国城市可持续竞争力的总体格局呈现"东中同升，南升北降"。具体而言，北方的 130 个城市中有 80 个城市的可持续竞争力排名处于下降状态，占 61.54%，有 49 个城市的可持续竞争力处于上升状态，占 37.69%。大部分城市的可持续竞争力均处于下降状态，尤其是东北地区。80 个可持续竞争力下降城市的排名平均降幅高达 27 名，可持续竞争力指数均值为 0.20，而 49 个可持续竞争力上升城市的排名平均上升仅为 23 名，可持续竞争力指数均值为 0.25，两者形成差异，这也导致北方城市总体降低。从南方城市来看，在 154 个南方城市中，仅有 58 个城市的可持续竞争力排名处于下降状态，有 91 个城市的可持续竞争力排名处于上升状态，占比达 56.52%。此外，无论是从可持续竞争力水平还是从可持续竞争力 5 年排名变化幅度看，南方城市内部的上升城市均要高于北方城市，其中南方上升城市平均上升 23 名，可持续竞争力指数均值为 0.272，南方下降城市平均下降 20 名，可持续竞争力指数均值为 0.266。

3.2.2 可持续竞争力区域格局分析

1. 东中优势凸显

从各个地区来看，东南地区 2020 年可持续竞争力前 100 名城市在数量上处于领先地位，共有 36 个城市处于前 100 名；其次为环渤海地区，共有 21 个城市处于前 100 名；再次为中部地区，共有 19 个城市处于前 100 名。从排名上升幅度角度来看，中部地区前 100 名城市较 2015 年增加 3 个，可见中部地区可持续竞争力迅速崛起；而受东部地区虹吸效应的影响，东北地区的可持续竞争力排名处于下降状态，平均下降 9.75 名（见表 3－13）。

表 3－13　　　　　　　　2020 年各地区可持续竞争力城市数量及变化

地区	2020 年可持续竞争力前 100 名城市数量	2015 年可持续竞争力前 100 名城市数量	2020 年可持续竞争力前 100 名城市 5 年排名变化统计分析		
			均值	标准差	变异系数
东北	4	9	－9.7500	2.6300	－0.2697
东南	36	36	8.0000	12.2241	1.5280
环渤海湾	21	19	3.2857	25.2471	7.6839
西北	6	5	23.0000	33.8585	1.4721
西南	7	8	5.5714	14.8308	2.6619
中部	19	16	11.8421	25.6261	2.1640

2. 东北地区城市可持续竞争力出现明显倒退

从表 3－14 的各地区可持续竞争力变化来看，东南地区以及环渤海湾地区引领全国可持续竞争力发展。东北地区的可持续竞争力出现明显倒退趋势，由原来的 0.2205 变为 0.1797；相反，东南地区凭借优越的经济、地理条件，其可持续竞争力由原来的 0.3707 变为 0.3800，其人才增量的显著提高是可持续竞争力变化的主要原因。

表 3-14 　　　　　　2020 年各地区可持续竞争力统计分析

地区	可持续竞争力		人才密度		人才增量	
	均值	变异系数	均值	变异系数	均值	变异系数
东北	0.1797	0.6106	0.2442	0.4173	0.2942	0.3524
东南	0.3800	0.4407	0.4447	0.3630	0.4486	0.3224
环渤海湾	0.3382	0.3820	0.3902	0.2906	0.4307	0.2898
西北	0.1528	0.7230	0.2121	0.5096	0.2798	0.4144
西南	0.1963	0.5020	0.2656	0.3481	0.3018	0.3219
中部	0.2401	0.3783	0.3134	0.2847	0.3310	0.2598

3. 双中心城市引导东北地区城市格局

东北地区前 10 强，辽宁占据 5 席，吉林占据 3 席，黑龙江占据 2 席，大连、沈阳和长春位列东北前 3 强，中国前 50 强。此外，东北地区城市不论可持续竞争力、人才密度还是人才增量总体处于下降状态（见表 3-15）。

表 3-15 　　　　　　东北地区前 10 名可持续竞争力排名及变化

排名	城市	省份	可持续竞争力		人才密度		人才增量	
			排名	5 年排名变化	排名	5 年排名变化	排名	5 年排名变化
1	大连	辽宁	23	-7	32	-7	25	-10
2	沈阳	辽宁	36	-12	49	-13	33	-9
3	长春	吉林	38	-8	55	-7	29	-4
4	哈尔滨	黑龙江	63	-12	135	-16	37	-6
5	盘锦	辽宁	96	-29	73	-18	167	-51
6	大庆	黑龙江	97	-60	130	-74	83	-50
7	锦州	辽宁	99	-7	107	-6	113	-13
8	吉林	吉林	108	-46	147	-40	82	-25
9	鞍山	辽宁	110	-49	119	-56	122	-46
10	四平	吉林	143	4	163	-4	134	3

4. 东南地区人才密度及增量优势凸显

东南地区可持续竞争力前 10 强分别为深圳、上海、广州、苏州等城市，来自广东、上海、江苏、福建和浙江，其中有 4 个城市来自广东，3 个城市来自江苏，其余省份各 1 个。从 5 年排名变化来看，东南地区前 10 强城市总体变化幅度不大；此外，人才密度以及人才增量均处于中国领先地位（见表 3 – 16）。

表 3 – 16　　　　　　　　　东南地区前 10 名可持续竞争力排名

排名	城市	省市	可持续竞争力		人才密度		人才增量	
			排名	5 年排名变化	排名	5 年排名变化	排名	5 年排名变化
1	深圳	广东	1	0	1	0	2	1
2	上海	上海	2	0	2	0	4	1
3	广州	广东	4	0	4	0	7	0
4	苏州	江苏	5	1	5	0	6	0
5	南京	江苏	6	1	7	– 1	11	– 2
6	无锡	江苏	9	5	10	4	18	4
7	厦门	福建	11	– 1	8	– 1	24	– 6
8	东莞	广东	12	3	11	2	23	7
9	佛山	广东	13	– 1	15	0	19	2
10	杭州	浙江	14	3	25	5	9	3

资料来源：本小节的所有数据均来自《2020 年中国城市可持续竞争力总报告》，http：//gucp. cssn. cn/yjcg/zcjy/202010/t20201027_5202025. shtml.

5. 山东优势凸显

环渤海湾地区城市可持续竞争力前 10 强分别是北京、青岛、天津、济南等城市，来自北京、山东、天津和河北 4 个省份，其中山东省包含 6 个城市。除了北京、青岛、威海以外，其他城市的可持续竞争力水平总体出现不同程度的降低趋势（见表 3 – 17）。

表 3 - 17   环渤海湾地区前 10 名可持续竞争力排名及变化

排名	城市	省市	可持续竞争力		人才密度		人才增量	
			排名	5 年排名变化	排名	5 年排名变化	排名	5 年排名变化
1	北京	北京	3	0	7	2	3	1
2	青岛	山东	7	2	17	-1	8	2
3	天津	天津	10	-1	22	-3	10	-2
4	济南	山东	26	-3	39	-6	28	0
5	淄博	山东	32	-4	37	-6	50	-4
6	烟台	山东	37	-15	47	-15	35	-12
7	威海	山东	42	1	42	1	63	4
8	唐山	河北	44	-1	58	0	47	2
9	石家庄	河北	48	-2	67	-8	49	-2
10	东营	山东	50	-10	51	-6	66	-11

6. 西北地区资源型城市优势不足

西北地区城市可持续竞争力前 10 强分别是西安、乌鲁木齐、兰州、呼和浩特等，分布在第 30 名到第 140 名。西北地区总体城市可持续竞争力偏低，其最强的城市的西安仅排 30 名，总体上，人才增量竞争力要高于人才密度竞争力（见表 3 - 18）。

表 3 - 18   西北地区前 10 名可持续竞争力排名及变化

	城市	省区	可持续竞争力		人才密度		人才增量	
			排名	5 年排名变化	排名	5 年排名变化	排名	5 年排名变化
1	西安	陕西	24	5	33	9	26	6
2	乌鲁木齐	新疆	46	33	68	58	41	23
3	兰州	甘肃	64	4	87	11	62	9
4	呼和浩特	内蒙古	75	-12	109	-6	67	-7

续表

	城市	省区	可持续竞争力		人才密度		人才增量	
			排名	5年排名变化	排名	5年排名变化	排名	5年排名变化
5	银川	宁夏	77	24	96	34	75	16
6	咸阳	陕西	85	84	97	69	96	72
7	鄂尔多斯	内蒙古	112	25	255	-6	34	10
8	包头	内蒙古	116	-35	182	-43	77	-26
9	西宁	青海	121	-15	125	-2	138	-29
10	榆林	陕西	126	21	204	1	78	10

7. 成渝引领西南地区

西南地区城市可持续竞争力前 10 强分别是成都、重庆、贵阳、昆明、海口、南宁等，分布在第 20 名到第 130 名。省会城市优势明显，成渝两地引领西南地区，优势明显。广西整体上竞争力较弱，其最强城市南宁仅排中国 81 名。此外，西南地区各城市间人才密度以及人才增量分化严峻（见表 3-19）。

表 3-19　　　　　　西南地区前 10 名可持续竞争力排名及变化

排名	城市	省(区、市)	可持续竞争力		人才密度		人才增量	
			排名	5年排名变化	排名	5年排名变化	排名	5年排名变化
1	成都	四川	15	-3	30	-2	13	0
2	重庆	重庆	30	19	86	24	14	13
3	贵阳	贵州	47	19	54	22	56	24
4	昆明	云南	52	0	81	0	46	2
5	海口	海南	55	21	46	18	104	6
6	南宁	广西	74	-19	120	-32	59	-9
7	德阳	四川	87	2	80	-5	124	-5
8	柳州	广西	100	-27	132	-20	91	-22
9	桂林	广西	102	31	146	30	72	26
10	北海	广西	120	-25	93	-20	203	-45

8. 中部地区崛起

中部地区城市经济竞争力前 10 强分别是武汉、合肥、郑州、长沙、南昌等，分布在第 10 名到第 80 名，总体可持续竞争力较强。中部地区省会城市可持续力优势明显，此外人才密度、人才增量总体也较强（见表 3 – 20）。

表 3 – 20　　　　　　　中部地区前 10 名可持续竞争力排名及变化

排名	城市	省份	可持续竞争力		人才密度		人才增量	
			排名	5 年排名变化	排名	5 年排名变化	排名	5 年排名变化
1	武汉	湖北	8	11	16	6	12	8
2	合肥	安徽	17	4	28	1	17	2
3	郑州	河南	20	6	27	8	22	7
4	长沙	湖南	21	– 7	29	– 6	21	– 4
5	南昌	江西	31	1	38	1	38	4
6	太原	山西	49	6	44	8	48	5
7	焦作	河南	58	68	52	73	92	78
8	洛阳	河南	60	5	82	7	57	11
9	湘潭	湖南	65	– 11	57	– 7	103	– 18
10	许昌	河南	68	– 4	63	– 3	102	– 5

3.2.3　可持续竞争力省份格局分析

1. 资源型省份面临转型阵痛

头位城市各省市可持续竞争力排名前 10 位的分别为广东、上海、北京、江苏、山东、湖北、天津及福建等（表 3 – 21）。其中山东的青岛、湖北的武汉凭借其自身的优势，跻身全国前 10 名。值得注意的是，安徽省、河南省分别排名第 11、第 12 位，合肥、郑州分别稳居安徽、河南"一哥"的位置。甘肃、广西、内蒙古、宁夏、青海位居各省区排名的后 5 位，可持续竞争力均较弱，其中甘肃、内蒙古、宁夏、青海均在西北，自身地理位置不占优势，经济发展较缓。广西处于西南地区，既包括沿海，也包括沿边城市，相对于同样处于西南地区的云南和贵州，云南的物流产业、贵州的大数据综合试验区，广西的优势明显发挥不足。重庆作为直辖市，其排名仅为 19 名，尽管处于上升阶段，但较其他直辖市可持续竞争力弱。唐山超石家庄引领河北可持续竞争力发展，非省会城市同样具有发展优势（如深圳、苏州、青岛、厦门、大连等）。新疆的可持续竞争力、人才密度以及人才增量均处于上升阶段。海南省的可持续竞争力处于上升趋势，但其人才增量较人才密度相差甚多。典型的机械老工业基地哈尔滨，其可持续竞争力处于下降阶段，其人才密度较人才增量来说，存在严重短板。

表 3 – 21　　　　　　　各省份头位城市可持续竞争力排名及变化

头位城市省份排名	城市	省（区、市）	可持续竞争力		人才密度		人才增量	
			排名	5 年排名变化	排名	5 年排名变化	排名	5 年排名变化
1	深圳	广东	2	0	2	0	2	1
2	上海	上海	4	0	5	0	4	1
3	北京	北京	5	0	7	2	3	1
4	苏州	江苏	7	1	12	0	6	0
5	青岛	山东	9	2	17	−1	8	2
6	武汉	湖北	10	11	16	6	12	8
7	天津	天津	13	−1	22	−3	10	−2
8	厦门	福建	14	−1	8	−1	24	−6
9	杭州	浙江	17	3	25	5	9	3
10	成都	四川	20	−3	30	−2	13	0
11	合肥	安徽	22	4	28	1	17	2
12	郑州	河南	25	6	27	8	22	7
13	长沙	湖南	26	−7	29	−6	21	−4
14	大连	辽宁	29	−7	32	−7	25	−10
15	西安	陕西	30	5	33	9	26	6
16	重庆	重庆	36	19	86	24	14	13
17	南昌	江西	37	1	38	1	38	4
18	长春	吉林	44	−8	55	−7	29	−4

续表

头位城市省份排名	城市	省(区、市)	可持续竞争力		人才密度		人才增量	
			排名	5 年排名变化	排名	5 年排名变化	排名	5 年排名变化
19	太原	山西	45	6	44	8	48	5
20	唐山	河北	51	-1	58	0	47	2
21	乌鲁木齐	新疆	53	33	68	58	41	23
22	贵阳	贵州	54	19	54	22	56	24
23	昆明	云南	59	0	81	0	46	2
24	海口	海南	62	21	46	18	104	6
25	哈尔滨	黑龙江	70	-12	135	-16	37	-6
26	兰州	甘肃	71	4	87	11	62	9
27	南宁	广西	81	-19	120	-32	59	-9
28	呼和浩特	内蒙古	82	-12	109	-6	67	-7
29	银川	宁夏	84	24	96	34	75	16
30	西宁	青海	128	-15	125	-2	138	-29

2. 从省域视角看（见表 3 - 22），大部分省份呈现"越强越收敛、越弱越分化"状态

从 2020 年各省（区、市）角度来看，广东、上海和北京等行政区、直辖市的可持续竞争力要显著较高。江苏 13 个城市的平均可持续竞争力指数为 0.4416，变异系数为 0.2860，表明江苏内部城市可持续竞争力水平均较高，特别是苏州、南京、无锡排在全国前 15 名，省内竞争力较低的淮安、连云港、宿迁在全国排名分别为第 67 名、第 72 名、第 101 名。广东省的深圳、广州在全国分别排第 1 名、第 3 名，但可持续竞争力较差城市云浮、河源、梅州分别排名第 220 名、第 222 名、第 230 名，拉低了广东整体可持续竞争力排名。排名较低的为云南、黑龙江、内蒙古、甘肃、宁夏等省区。从省内可持续竞争力差异角度来看，大部分省份呈现可持续竞争力越强，省内差异越小，可持续竞争力越弱，省内差异越大的状态。

表 3 - 22 　　　　　　　2020 年各省（区、市）可持续竞争力统计分析

排名	省(区、市)	可持续竞争力				人才密度	
		均值	变异系数	均值	变异系数	均值	变异系数
1	广东	0.3474	0.5835	0.4179	—	1.0000	—
2	上海	0.7651	—	0.7655	0.3869	0.4169	0.4893
3	北京	0.7265	—	0.6773	0.2334	0.5950	0.4162
4	江苏	0.4416	0.286	0.5068	—	0.8186	—
5	山东	0.3518	0.2667	0.4153	—	0.8452	—
6	湖北	0.2588	0.4465	0.3378	0.2221	0.4957	0.2403
7	天津	0.5825	—	0.5813	0.1982	0.4284	0.2178
8	福建	0.3241	0.3993	0.3872	0.3201	0.3390	0.3503
9	浙江	0.3803	0.2874	0.4421	—	0.6797	—
10	四川	0.2076	0.4633	0.2897	0.3468	0.4069	0.2459
11	安徽	0.2219	0.4242	0.3083	0.2017	0.4522	0.2754
12	河南	0.2741	0.2753	0.3495	—	0.3136	—
13	湖南	0.2437	0.4226	0.3024	0.2854	0.2960	0.3274
14	辽宁	0.2159	0.5323	0.2946	0.2750	0.3023	0.3112
15	陕西	0.2174	0.5127	0.2723	0.2045	0.3547	0.2093
16	重庆	0.4352	—	0.3738	0.3272	0.3505	0.2531
17	江西	0.2305	0.312	0.301	0.3527	0.3059	0.3504
18	吉林	0.198	0.5101	0.2598	0.3552	0.3345	0.3335
19	山西	0.1989	0.3651	0.2635	—	0.6344	—
20	河北	0.2607	0.2848	0.3104	0.2892	0.3267	0.2057
21	新疆	0.2765	0.4987	0.338	0.3187	0.3118	0.3369
22	贵州	0.2365	0.3893	0.3033	0.2867	0.3089	0.1904
23	云南	0.1414	0.7242	0.1918	0.2487	0.3737	0.1609
24	海南	0.292	0.247	0.418	0.2510	0.3730	0.4436
25	黑龙江	0.1253	0.7517	0.175	0.2889	0.3360	0.2445
26	甘肃	0.0843	1.009	0.1548	0.4783	0.2806	0.3301
27	广西	0.1709	0.4234	0.2364	0.1319	0.3110	0.2456
28	内蒙古	0.1483	0.6266	0.1828	0.4196	0.2690	0.3822
29	宁夏	0.1286	0.8187	0.2092	0.6258	0.2139	0.3319
30	青海	0.2439	—	0.3216	0.2918	0.2864	0.2476

3.2.4 可持续竞争力城市群格局分析

1. 人才增量是决定中国城市群可持续竞争力的主要原因

从 2020 年各城市群角度来看，中国长三角城市群的可持续竞争力水平最强且较为均衡，变异系数为 0.3218，其次为珠三角城市群，但城市群内部城市经济可持续力分化严峻，变异系数为 0.6089；而北部湾和太原城市群的可持续竞争力较弱，并且城市群内各个城市的可持续竞争力水平差异较大（见表 3－23）。从其分项角度来看，绝大多数城市群的人才增量均值高于人才密度，说明人才增量竞争力是影响总体可持续竞争力的主要原因。

表 3－23 2020 年各城市群城市可持续竞争力统计分析

各城市群	可持续竞争力		人才密度		人才增量	
	均值	变异系数	均值	变异系数	均值	变异系数
成渝城市群	0.2407	0.4709	0.3112	0.2656	0.3346	0.4019
合肥城市群	0.2319	0.5428	0.3011	0.3565	0.3294	0.3672
京津冀城市群	0.3265	0.5260	0.3610	0.4054	0.4414	0.3716
环鄱阳湖城市群	0.2343	0.4249	0.2813	0.3750	0.3563	0.1971
北部湾城市群	0.1810	0.4342	0.2408	0.3170	0.3006	0.2451
山东半岛城市群	0.3606	0.3083	0.4146	0.2359	0.4462	0.2311
辽中南城市群	0.2723	0.4891	0.3406	0.3294	0.3613	0.3580
太原城市群	0.2105	0.4753	0.2650	0.3913	0.3292	0.2220
武汉城市群	0.2631	0.4569	0.3447	0.3206	0.3392	0.3672
关中平原城市群	0.2338	0.4770	0.2835	0.3723	0.3528	0.2701
长三角城市群	0.4362	0.3218	0.4917	0.2497	0.5024	0.2682
长株潭城市群	0.2824	0.3827	0.3425	0.3003	0.3788	0.2477
中原城市群	0.2828	0.2844	0.3525	0.2199	0.3680	0.2027
珠三角城市群	0.3882	0.6089	0.4607	0.5311	0.4459	0.4345

2. 辽中南城市群可持续竞争力大幅降低

从图3-7各城市群的可持续竞争力变化来看,长三角、珠三角仍然是头部城市群,总体格局稳定。辽中南城市群由原来的0.3507变为0.2723,相对于其他城市群的变化而言,大幅降低,其人才密度由原来的0.4130变为0.3406,导致其可持续竞争力持下降趋势;相反,关中平原城市群经过5年的发展,其可持续竞争力显著提高,由原来的0.1921变为0.2338,其人才增量的显著提高是可持续竞争力变化的主要原因。

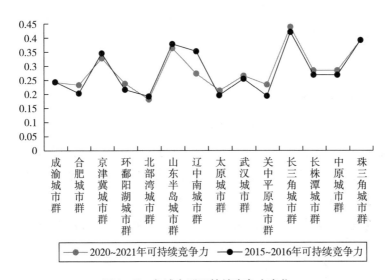

图3-7 各城市群可持续竞争力变化

3.2.5 可持续竞争力各层级格局分析

1. 一线、二线、三线、四线城市呈阶跃式格局

从2020年各层级角度来看,一线城市可持续竞争力显著引领着全国可持续竞争力的提升。深圳、北京、上海、广州的可持续竞争力位于全国前列,北京引领京津冀地区,上海引领长三角地区,深圳和广州引领珠三角地区,特别是珠三角地区有两个一线城市,导致珠三角地区竞争非常激烈。从二线、三线城市来看,其可持续竞争力、人才密度及人才增量均值较一线城市低,但二线城市较三线城市发展较均衡。四线城市可持续竞争力、人才密度及人才增量均值

较一线城市相差 4 倍左右，可持续竞争力水平较低（见表 3 –24）。

表 3 –24 2020 年各层级城市可持续竞争力统计分析

各层级	可持续竞争力		人才密度		人才增量	
	均值	变异系数	均值	变异系数	均值	变异系数
一线城市	0.8155	0.1438	0.8258	0.1591	0.8457	0.1054
二线城市	0.5067	0.1609	0.5572	0.1793	0.5623	0.1680
三线城市	0.3115	0.2339	0.3792	0.2097	0.3924	0.1740
四线城市	0.1739	0.3947	0.2453	0.3209	0.2822	0.2256

2. 四线城市差异缩小

从图 3 –8 各层级可持续竞争力变化来看，一线、二线城市位居头部且变化较小，总体格局稳定。三线、四线城市的可持续竞争力呈现回落趋势，尤其是三线城市，其人才密度由原来的 0.3877 变为 0.3792，变异系数由 0.1990 变为 0.2097，呈越低越分化的状态；四线城市虽然整体可持续竞争力水平不高，但其人才增量呈上升趋势，且变异系数变小，内部城市差距逐渐缩小。

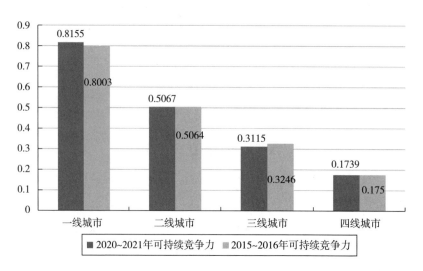

图 3 –8 各层级可持续竞争力变化

3.2.6　可持续竞争力核心指标分析

从表 3 - 25 可以看出，当前中国人才密度的总体格局为"南升北降"。具体而言，北方的 130 个城市中有 77 个城市的人才密度排名处于下降状态，占59.23%，有 50 个城市的可持续竞争力处于上升状态，占 38.46%。大部分城市的人才密度均处于下降状态，尤其是东北地区城市。从南方城市来看，在 161个南方城市中，仅有 58 个城市的人才密度排名处于下降状态，有 94 个城市的人才密度排名处于上升状态，占比达 58.39%。从人才密度 5 年排名变化幅度来看，南方城市内部的上升城市均要高于北方城市。从全国来看，2015 年人才密度的均值要高于 2020 年的人才密度，5 年来人才密度优势逐渐下降。

表 3 - 25　　　　　　　　　　人才密度统计分析

	变量	样本量	均值	标准差	变异系数
2020 年人才密度	南部城市	154	0.3620	0.1642	0.4536
	北部城市	130	0.2825	0.1228	0.4347
	全国	284	0.3265	0.1522	0.4661
2015 年人才密度	南部城市	154	0.3543	0.1676	0.4731
	北部城市	130	0.2944	0.1289	0.4376
	全国	284	0.3275	0.1542	0.4708

4　区域中心城市绿色转型系统研究

4.1　区域中心城市概念

4.1.1　区域中心城市

区域中心城市是一种行政性质的城市划分类型，是国家根据城镇发展规划对城市的性质进行界定，通过对区域中心城市的培养可以带动区域经济的全面发展，降低区域之间发展程度的不均衡程度。国家住建部在文件《全国城镇体系规划（2006—2020 年)》中将城市按照不同的级别划分为国家中心城市、区域中心城市、地区中心城市和县域中心城市四个层次。其中四个等级的城市都具有不同的特点，行政级别和区域面积多是递进关系。本书的研究对象是区域中心城市，将采用住建部文件《全国城镇体系规划（2006—2020 年)》对区域中心城市的界定：国内在区域内发挥主导和核心地位的城市，即区域中心城市达到31 个，具体见表 4 - 1。

基于当前学术界对区域中心城市的相关研究，本书结合苗建军和何建文的研究，将区域中心城市的概念进行进一步明确，认为：区域中心城市是在区域内具备经济、政治和文化多项功能，拥有资源汇集、经济辐射和多元服务能力，且能够对区域内的各种要素进行优化配置，承担着区域内的经济增长、政治控制和文化辐射的多重角色。

表 4 – 1 区域中心城市区域划分

地区	区域中心城市
东部地区	石家庄、南京、杭州、宁波、济南、青岛、深圳、厦门、福州、海口、哈尔滨、长春、沈阳、大连
中部地区	哈尔滨、长春、沈阳、大连、郑州、太原、合肥、武汉、长沙、南昌
西部地区	重庆、成都、西安、兰州、西宁、银川、乌鲁木齐、南宁、呼和浩特、贵阳、昆明

注：根据住建部文件《全国城镇体系规划（2006—2020 年)》整理得出。

4.1.2　区域中心城市的功能

城市功能是指城市在一个区域内所发挥的职能，包括生产、服务、管理、协调、集散、创新和其他功能。与一般普通城市的功能相比，区域中心城市承担的功能更加综合独特，主要承担以下三个功能：

1. 聚集中心功能

与一般城市相比，区域中心城市的功能优势主要体现在资本、技术、人才、信息等方面，其中城市聚集功能是区域中心城市最为突出的功能。在这种突出功能的作用下，区域中心城市对周边的城市产生了强大的聚集效应，促使各类经济要素、资源要素和生产要素不断向区域中心城市聚拢，从而形成区域的聚集中心。当聚集程度达到一定阶段，就会产生聚集的规模效益和经济效益，对外表现为极化效应。区域中心城市的极化效应可以进一步发展更多样的经济活动，形成新的经济活动集群，进而增强区域中心城市的能量，使区域中心城市的聚集功能在此过程中不断得到提升。

2. 辐射中心功能

区域中心城市的强大经济基础和产能优势使其具有较高的经济势能，并对周围城市逐渐形成辐射效应。区域中心城市的辐射功能源于产业结构的不断调整和技术的进步，该辐射效应沿其重要的交通干线呈放射状向外扩散，通过辐射效应可以带动技术、资本、人才、管理以及其他经济要素产生外溢效应，在促进区域中心城市的周围城市在形成合理的经济布局和区域经济持续健康发展方面发挥着非常重要的作用。

3. 创新中心功能

美国区域规划专家弗里德曼（J. R. Friedman，1994）在其"核心—边缘"理论中提出，区域的发展需要不断提高核心城市创新能力，从而提高核心城市的发展动力和综合能力。区域中心城市的"聚集功能"为其"创新功能"的实现提供了一定的基础，同时，区域中心城市的创新能力也需要人力、资源、技术等经济要素和生产要素的聚拢，只有区域中心城市在制度和科技等方面不断创新，才能促使区域中心城市在向周围城市产生"辐射效应"的过程中加强其在区域的"领头雁"地位。因此，区域中心城市应当不断提高城市的创新水平，提高技术创新能力，发展新兴科技产业，以创新驱动区域中心城市的发展，推动区域中心城市的经济和社会不断发展。

4.1.3 区域中心城市的特征

从区域中心城市的功能来看，区域中心城市表现出经济发达、交通便捷、科技文化领先等特征。主要表现在以下三个方面：

1. 功能的综合性

中心城市具备生产、服务、协调、集散、创新等多种功能的综合，这些功能形成了中心城市的吸引力和辐射力。专业化过强的城市不能成为中心城市。

2. 中心的层次性

中心的层次性体现在中心城市吸引范围的大小，而中心城市吸引范围的大小决定了中心城市具有不同等级，上一级中心城市的吸引范围覆盖下一级中心城市的吸引范围，具有明显的层次性。

3. 中心的开放性

区域中心城市通过商务流通、交通运输、产业合作等经济交流，不断与外部进行物质、能量、信息的交换，因此，区域中心城市具有强烈的对外开放性。同时，区域中心城市又是区域内各地区、各城市之间要素流动的枢纽，因此，它也具有内向开放性。随着经济全球化的发展，中心城市的开放性在一定程度上涵盖了跨国意义，促使某些级别较高或具备开放条件的中心城市拓展开放门户，向国际性城市发展。

4.1.4　区域中心城市绿色转型

目前关于城市转型的研究成果也非常丰富，通过对相关文献的梳理，本书发现城市转型的研究主要划分为三个阶段：第一个研究阶段主要集中在 20 世纪 30~70 年代，研究的重点集中在影响城市发展的各种因素，旨在为城市发展提供源源不断的动力，改善传统经济发展过程中的粗放式经营模式，但是这一阶段的研究者尚未将研究问题聚焦到城市发展带来的各种问题，主要还是将研究放在城市的快速发展上。第二个研究阶段的时间为 20 世纪 70~80 年代，研究的重点是城市发展过程中的集聚效应，将研究视角放在城市群之间的相互作用上，依托于各个城市之间的相互关系和作用实行经济的转型和升级。第三个研究阶段的时间为 20 世纪 80 年代至今，研究者将研究视角放在了城市发展过程中出现的各种资源和环境问题上，提出制约城市发展的各种限制要素，并倡导城市的发展模式要从粗放型模式向集约型模式转变，提出将绿色转型和绿色增长作为城市发展的重要理论指导，积极探索城市转型升级的主要路径。西方国家早期的发展多是依托于大量的矿产资源开发，产业结构多以重要工业为主，如美国的休斯敦、匹兹堡、伯明翰以及格拉斯哥等都是典型的重工业城市，在城市发展的后期出现了资源衰竭和后劲不足的问题，如何推动城市转型升级问题成为当时研究者关注的重点。学者罗杰·珀曼（Roger Perman，2003）在研究中指出，重工业城市休斯敦在对石油资源的开发过程中由于过度开发造成石油资源匮乏，为了能够为休斯敦城市的发展带来动力，该学者指出，要从石油的产业链进行入手，通过对石油资源下游的深加工业务进行拓展，为休斯敦城市的转型和升级提供了方向。随着全球信息与技术产业的快速发展，科技进步与创新为城市的转型和升级提供了重要支撑，也是解决资源和环境矛盾的核心工具。这一问题也引起国内学者的广泛关注，并开展了大量的研究，其中文件《太原市推进绿色转型条例》（2007）中将城市的绿色转型界定为"城市在发展的过程中要坚持以生态文明为导向，积极实践生态循环经济模式，建立绿色保障制度，实现可持续发展"。学者孙毅（2012）的研究将重点放在资源型城市的绿色转型路径上，认为资源型城市的转型和升级的重点是转变经济的发展方式，要以科技和创新为驱动力实现资源型城市的转型。学者刘纯彬和张晨

（2013）将研究重点放在绿色转型的概念和内涵上，通过国内外文献的总结和梳理，认为绿色转型是指"基于目前经济发展的现状以及资源环境状态，依托各种技术和手段优化企业经营管理模式，调整社会产业结构和转变政府的监督模式，形成企业—产业—政府为主体的绿色转型主体"。学者春友和郭玲玲（2020）的研究重心是绿色转型的概念和路径，认为绿色转型是提高资源消耗和产出的效率，改变现有绿色管理模式和绿色意识，即通过生产方式、生活方式和价值取向的绿色化进行绿色转型，实现经济的绿色增长。

中国区域中心城市自规划发展以来，产业结构是以工业为主，第三产业的发展较为缓慢，限制了整体产业层次的提升。通过对区域中心城市的产业结构进行优化，寻找城市新的经济增长点，推动区域中心城市的转型和升级，对于整个区域的绿色发展起到了积极的作用。在以上研究成果的基础上，本书将区域中心城市的绿色转型界定为：区域中心城市依托区域内的各种资源要素，重点进行城市发展模式的变革，逐渐摆脱资源依托，改善区域内的环境状况，实现人与自然的协调发展。其绿色转型的本质是将区域中心城市的发展形态进行转变，调整区域内资源配置方式，以绿色制度作为区域中心城市发展的保障，追求以最低的消耗实现最大的效益，实现较高的生态效率。

4.2　系统动力学建模原则

系统动力学建模有三个重要组件：因果反馈图、流图和方程式。因果反馈图描述变量之间的因果关系，是系统动力学的重要工具；流图帮助研究者用符号表达模型的复杂概念；系统动力学模型的结构主要由微分方程式所组成，每一个连接状态变量和速率的方程式即是一个微分方程式。系统动力学中以有限差分方程式来表示，再依时间步骤对各方程式求解，呈现出系统在各时间点的状态变化。

陈函馨（2002）将系统动力学建模程序分为以下几个步骤：（1）了解问题、界定问题、确认目标；（2）绘制系统的因果反馈图；（3）建立系统动力学模型；（4）测试模型、确认模型是否可以再现真实系统的行为；（5）使用模型进行策略的选择；（6）执行策略。其中步骤（2）所提到的因果反馈图是系统动力学最重要的部分，也是系统动力学模型发展的基础，建立系统的因果反馈图应包含以下步骤：第一步，确定系统边界：系统结构建构初期，为避免系统架构过于庞大或太小，必须先确定系统边界。系统边界的确定主要依据建模目的及解决问题的特性来决定，系统边界确定后，方可决定系统的内生变量及外生变量。第二步，找出系统中的反馈回路：反馈回路说明了系统内各变量的因果关系及其变化，系统动力学即是透过系统中各反馈回路的动态因果关系，描述与解释现实社会中的现象。第三步，找出反馈回路中的状态变量与速率：反馈回路中的状态变量与速率是组成系统动力学模型最重要的两种变量，是最终建立系统动力学模型的关键所在。第四步，决定速率的结构：速率的结构为系统结构的核心，速率为决策行动的起点，透过信息流及实体流的汇集与处理，为系统中主要的控制中心。

系统动力学模是为了预测各种情况下系统的动态行为，应用系统动力学原理分析系统的结构、行为和因果关系，并模拟系统的动态变化所建立的结构模型。而在建立系统动力学模型时需要大致遵循两个原则，分别是构思模型结构和建立模型方程。系统是结构与功能的统一体。

按系统动力学的观点，系统结构的含义包括两个方面；一是指组成部分的子结构及其相互间的关系；二是指系统内部的反馈回路结构及其相互作用。系统的结构与功能分别表示系统的构成与行为的特征，结构与功能有对立统一的关系，在一定条件下两者可相互转化。因此，分析研究一个系统时必须同时考虑系统的结构与功能，通过反复交叉地考察系统的结构与功能，才可能建立起在结构与功能两方面都较好地反映实际系统的模型。也就是说，建模人员必须与有关人员、专家紧密结合，深入地去洞察实际系统各组成部分同总体与局部之间与系统内外之间的种种联系，把系统的行为模式与其内部的反馈回路结构联系起来。通过分析、比较、鉴别，获得对系统的正确认识，并把它们反映到模型的结构中去。这样一种从系统的微观结构入手进行建模的过程也就是剖析系统的结构与功能的对立统一关系的过程，在系统动力学的建模过程中，人们将更充分地了解系统的结构与功能的相互关系。

由于系统动力学从系统的微观结构入手建立系统的模型，因此为我们研究系统结构与功能的关系提供了科学的方法。系统动力学模型的基本结构为反馈回路。反馈回路又可分为正反馈回路与负反馈回路，一个系统可能由这两种类型的反馈回路单独或以某种方式组合而成。比如，当系统行为出现指数规律增长趋势时，是因为系统中有起主导作用的正反馈回路，当系统受到干扰偏离原来状态又能自动返回并趋向起始状态时，则表明系统中至少存在一个很强的负反馈回路。系统发生振荡行为则表明系统存在二阶以上的反馈向路或者一个一阶负反馈回路加上一个一阶以上的延时环节。S 形增长特性则是正反馈回路与负反馈回路由非线性环节相联结而产生的。

在构思模型结构的时候首先要明确想通过系统动力学模型解决什么问题。在确定自己的研究问题后，根据自己所要解决的问题来确定系统边界。系统的界限（或边界）规定哪一些部分应该划入模型，哪一些部分不应归入模型。系统的界限是一个想象的轮廓，把建模目的所考虑的内容圈入，而与其他部分（环境）隔开。在边界内部凡涉及与所研究的动态问题有重要关系的概念与变量均应考虑进模型；反之，在界限外部的那些概念与变量均应排除在模型之外。在构模的进程中，人们应不断提出这样一个问题，已考虑的界限的充分性如何？假使系统的界限扩大以后，原来推荐的政策是否仍然有效？对于所考虑的问题，相应的界限总是存在的。如何决定界限之所在界限应划在何处？按照系统动力学的观点，正确地划出系统。

划分系统界限的一条准则是把系统中的反馈回路考虑成闭合的回路。应尝试把那些与建模目的关系密切、重要的量都划入边界，界限应是封闭的。必要时还可以在定性分析的基础上辅以定量分析，以确定系统的主要变量与回路。系统动力学认为，一个系统的动态行为的模式是由系统界限内部分的相互作用所产生的。也就是说，"界限"两字隐含着某一特定的动态行为，主要由系统内部所决定。为确定界限应先明确建模目的。面向问题，从确定所需研究的问题起步，而不是盲目地去建立所谓一个系统的模型。不明确建模目的，则无法回答哪些变量和子块是重要的这个问题，更无从确定系统的界限。

在确定系统边界后，要注意所构建的系统需要能比较完整地用状态变量加以描述。系统动力学以状态空间法描述系统的结构与其时域行为。系统的状态是一个最小的变量组，称为状态变量。状态是物质的表述，代表系统中累积或储存的量，它们能比较完整地、准确地描述由同一类物质组成的系统的状态变量组具有同一量纲。

同时要保证模型中每一反馈回路至少应包含一个状态变量，否则将产生同时辅助方程及不同速率直接连接的回路，这是不允许的。从原则上说，在模型中速率只取决于状态变量与模型中的常数，任一速率不能直接控制其他速率。

系统动力学模型要遵守物质守恒原则。状态的变化代表物质的变化与运动。当状态 A 流向状态 B，若 B 增大了，则 A 必定是减少了，这就是物质（流）守恒原则。某一地区人口的变化，增或减全然受出生率、死亡率与人口迁移率的控制。由于农村人口的城市化使农村人口减少了，而同时使城镇人口增加了。

系统动力学模型需要赖以信息系统的单元才形成结构，赖以信息单元的运动才形成系统统一的行为与功能。系统动力学以速率与辅助变量陈述信息。信息可从某一信息源传输至系统中其他变量或其他系统中去，但并不使信息源本身有所减少。

要保证所构建的系统动力学模型状态变量仅仅受其速率控制。系统中任一状态的变化仅受其输入与输出速率的控制与影响。任一状态变量不能直接影响另一状态变量。要保证有且唯有信息链能连接不同类型的物流守恒系统或子块。例如，雇员状况能影响产量进而影响库存的进货率，但雇员绝不能作为货物直接进入库存。因为雇员与库存是两种不同类型的物质系统，它们之间的相互影响必须借助信息链的作用。

模型方程左右两边的量纲必须一致。含有加或减的方程中诸项的量纲应该相同，也就是说唯有量纲相同的量才能相互加减。量纲检查虽然不能证实方程式本身是否正确，但若量纲不正确，则方程必定是有错的。不能仅仅从量纲的含义来判别系统中的状态变量与速率。包含有积累过程的变量有可能是状态变量，然而不要把凡是随时间变化的量都视作变化率（速率）。在同一物质系统（或子系统）中的状态变量组应具有相同的量纲。它们的速率的量纲都为状态的量纲除以时间。

参数与变量相同，模型中每一参数应该是有意义的或是在真实系统中能找出对应物。不应为了凑出量纲而生造出毫无实际意义的比例系数与换算系数。

速率方程即使在极端（或甚至在实际系统中不可能出现）的条件下，应仍然是有意义的。即使当其输入量超出正常范围时，仍能做出合理的反应，进而对期望情况与实际情况进行区分。比如当库存过多时，有人可能希望有负的产量，以便使库存减少，但是如此"期望"是不切合实际的，产量下极限能降为0，但根本不可能成为负值。区别实际情况和被人们已察觉到的情况。实际的情况与能被人们察觉到的情况是有差别的。反映决策与行动的速率（变化率）方程的结构应该考虑到在实际生活中决策者察觉到的信息是有时延与偏差的。

描述决策与行动的速率应基于可能得到的信息。实际系统中的信息十分丰富，但决策者一般只能得悉其中的一小部分而不是全部，因此描述决策的速率方程的结构应符合这一实际情况。应当指出，以上两方面的原则是基本的，其内容尚在不断发展和改进中。

建立好模型后确保模型的规范。从直观上看，系统动力学方法最注目的特点或许是它拥有规范的、定量的、用计算机语言书写的模型。这里所谓模型，本质上是真实的系统的简化和代表，是真实世界的某些断面与侧面。一个系统动力学模型就是一个实验工具。它可重复地做系统的实验，检验假设或改变经营管理的政策。运用模型的目的在于研究系统存在的问题，进而解决或缩小系统内存在的矛盾与问题。一个规范的模型较人们脑中的非规范脑力模型有两个优点。首先是它更加清晰，更便于人们沟通思想。系统动力学模型能揭示对存在问题的批评与实验的假设。相比之下，脑力模型则模糊不清晰。其模糊性来自客观事物的复杂性和多样性，而人脑往往只反映过多的直观细节，而且，思维模型不清晰性使人们之间有时发生误解，难于沟通，并导致应用错误。其次，规范模型易于处理复杂的问题。与脑力模型不同，系统动力学模型能一步一步可靠地把假设中任何隐含的凌乱与迷津摸索出来，而不带有人们言辞上的含糊、情绪上的偏颇或直观感觉上的差错。计算机模型有上述优点并非因为计算机如何聪明，在一定意义上，它是十足的傻子，能进行令人厌倦的重复计算。用适当的计算机模型进行实验，从而弄清楚我们所面临的有待解决的复杂问题，这一事实确实颇具吸引力。然而规范模型应用于政策问题研究，在过去尚未取信于所有的人，计算机模型的发展尚处年幼阶段，有些人仍倾向于自己固有的方法。事实已说明，借助计算机的建模、模拟与政策分析的一整套方法，与系统论的思想、信息论和控制理论中的反馈概念结合起来，也就是它们熔成一门新科学——系统动力学。

4.3 城市系统边界及基本假设

国家发改委城市和小城镇改革发展中心研究员冯奎在《经济日报》撰文指出：改革开放40多年来，城市边界不断扩展。城市发展再出发，要从高速增长转向高质量发展，需要重新认识城市边界。

扩展边界与收缩边界。城市边界可以扩张，也可以收缩。一些城市积蓄着发展的动能，存在扩张的必要性，要从核心城市走向都市圈，需要增加建设用地、扩充管理权限。但也有一部分城市，人口总量达到顶峰，面临城市人口持续流出，进入收缩通道。城市收缩边界，谋求高质量发展，是未来重要的课题。

行政边界与经济界。一个城市的行政边界、地理边界是确定的，但市场边界、经济边界是不确定的。这意味着未来研究城市边界，既要研究行政边界，又要研究经济边界。经济区经济而非行政区经济将是城市经济学的热点。

距离边界与时间边界。半个小时、一个小时等交通圈或通勤圈概念，在投资与生活上的意义越来越大。这意味着城市需要改善交通通信条件，打造城市文化与心理的认同感，为人流、物流、信息流、资金流的汇聚与发散创造最佳条件。

极化边界与组团边界。城市更多以组团形式出现，组团之间有快捷的交通联通，以水系或绿带联结。比组团更大的还有都市圈、城市群等，都可以看作城市可以有效利用的边界。过去的城市追求"独家""老大"，未来的城市更重要的是通过联结的手段，使更多城市进圈入群，共同分享城市群发展成果。

物理边界与数字边界。当前，越来越多的人口进入城市、越来越多的线下活动进入线上，以数字为核心的城市规划、建设、管理和运行，将成为未来城市发展的一根主线。理念先进的城市在打造物理城市的同时，已经开始打造数字城市。

红线边界与绿线边界。红线边界不可触碰，是底线。绿线边界则具有引领性、方向性，是发展的方向。红线更多表示为资源、环境、文物、安全、基础设施与公共服务配比等硬性要求。绿线则代表创新、绿色、低碳、智慧、人文等新型城市发展方向。有时红线的划定恰恰是为了逼迫我们走上绿色道路，从而无限增强城市的可持续力。

刚性边界与弹性边界。从基本方向上来看，国家会通过法律、规划等手段给城市划定边界，以制止各地城市无节制的扩张，表明城市的刚性边界注定会到来。同时，现代城市是开放的，资源条件是流动的，因而它的边界是弹性的。弹性边界的概念来源于新经济、新产业、新平台、新模式，来源于各类要素新的组合，来源于创新性理念与行为组合。

　　而随着中国城市的发展，在高速城镇化背景下，城市以"摊大饼"的形式"肆虐"扩张，是近30年来中国城市发展的常态。从20世纪90年代至今，中国城市建成区面积扩张超过3.5倍，而如京津冀、长三角、珠三角以及中、西部平原地区的大都市，其扩张规模更甚。以成都市为例，20世纪城市建成区面积为192平方千米，至2018年，成都城市建成区面积已达837平方千米，其城市规模较城镇化之初已逾四倍，且仍在持续扩张当中。中国人地矛盾本就十分尖锐，而扩张型的大城市大多位于膏腴之地的平原地带。随着城市的发展，曾经的沃野千里变成"钢筋混凝土森林"。近年来，中国耕地面积呈现持续性减少趋势，据数据统计显示：2013年中国人均耕地面积为1.497公顷，2017年下降为1.46公顷，短短四年时间，中国耕地人均减少0.04公顷，如此"触目惊心"的减速已拉响了"粮食安全"的警报。近年来，我们沉浸在高速城镇化取得的成就当中，津津乐道的是"城市让生活更美好"。但显而易见的是，良田越来越少已是不争的事实，人地矛盾更加尖锐。对城市（城镇）扩张的边界限定已是刻不容缓。事实上，早在2006年，建设部在《城市规划设施编制办法》中已提出制定城市总体规划，要"研究中心城区空间增长边界，确定建设用地规模，划定建设用地范围"；2015年，国土资源部拟以规划形式将城市发展边界固定化、制度化，但均未起到划定或是限制城市发展边界的效果。及至2017年，中共十九大报告明确指出，要完成"生态保护红线、永久基本农田、城镇开发边界三条控制线划定工作"，"城镇开发边界"的问题已上升至最高决策文件。

　　国土部方面设想，未来的"城市边界"将以规划形式落地，并通过立法形式确定下来，使之具备法律效力和权威性。而城市边界的划定，可能将通过强化土地利用总体规划对城市用地规模的管控作用来实现。

　　时任国土资源部副部长胡存智曾表示，今后将对城市的人均用地适当控制，按照大城市人均用地80~100平方米、中等城市90~110平方米、小城市100~120平方米为界限，避免出现大城市无限扩张，中等城市无序发展，小城市无力发展的情况。调减东部新增建设用地划定边界的同时，为倒逼地方政府盘活城市用地存量，国土资源部还在2014年调整供地结构，收紧对东部城市的供地。时任国土资源部部长姜大明要求，今后要逐步调减东部地区新增建设用地供应，除生活用地外，原则上不再安排人口500万以上特大城市新增建设用地。

所谓"生活用地"，主要以住宅用地为核心。国土资源部的一项调研显示，全国处于低效利用状态的城镇工矿建设用地有 5000 平方千米，占全国城市建成区的 11%。各地城市工业用地与商品房用地存在扭曲，地方政府为招商引资出台的低价出让工业用地政策，导致工业开发区占用土地过大；而商住用地则价格和利用密度过高，人居环境恶劣。

现有研究认为，城市绿色转型主要受产业结构、能源结构、技术发展等内部维度影响（连晓宇，2016），同时政策手段施加外部推力（崔伊霞，2020）。而系统动力学运用"凡系统必有结构，系统结构决定系统功能"的系统科学思想，根据系统内部组成要素互为因果的反馈特点，从系统的内部结构来寻找问题发生的根源。弗雷斯特（Forrester，1961）教授于 1957 年在其经典著作《工业动力学》中阐明了系统动力学的原理与典型应用，奠定了系统动力学的科学基础。此后，系统动力学逐渐走向成熟发展，广泛应用于生态、经济、社会领域的关系研究。本书从能耗和政策两方面建立城市低碳绿色转型系统动力学模型，首先要明确系统边界，区分内外部结构，确定城市系统内部影响结构变化的因素及其关系，建立因果反馈模型，并通过参数调控对未来城市发展进行仿真分析。

明确系统边界有利于保证研究对象的封闭性，避免突发事件影响，排除与建模目的无关的内容。根据行政划分界定城市系统边界，模拟城市绿色转型过程并预测城市碳达峰情况。系统动力学模型构建首先要明确城市系统边界来保证研究对象的封闭性，避免突发事件影响，排除与建模目的无关的内容。从空间上，根据行政划分界定城市系统边界，模拟城市绿色转型过程并预测城市碳达峰情况。从时间上，选取城市碳减排绿色转型的关键时间节点为研究阶段。因研究需要碳交易政策参与，故以碳政策实施后一年为研究时间起点。同时，研究目的之一是预测城市在政策目标下的碳达峰实现情况，时间跨度过大会降低预测结果真实性，故设置政策目标年为研究时间终点，并设置步长为 1 年，观察每一年城市转型发展的动态变化情况。

4.4 城市系统划分

城市系统指不同地区，不同等级的城市结合成为有固定关系和作用的有机整体。也就是说，一定地区内性质不同、规模不等的城市互相联系，互相依赖，互相补充，形成一个统一的城市地域系统，在内部不断地进行物质流、能量流、人员流、信息流的交换，是一个庞大而又复杂的系统，它可以包括城市生态系统、城市交通系统、城市指挥系统等多个系统，是由城市的各方面组建而成，是十分复杂庞大的。而将城市的所有方面融合到一起就构成了我们所说的城市系统。而侯汉坡（2013）以复杂论为基础，使用复杂适应系统（complex adaptive systems，CAS）当作核心理论，将城市作为一类典型的 CAS 进行研究，并构建理论模型。

人们一直在努力寻找解释城市形成及结构的方法。经济学从"一个单中心的环形城市"的抽象模型出发，解释城市经济活动的空间聚集（拉赫曼·赫沙姆，2012）。CAS 理论认为，复杂的事物是从小的、简单的事物中发展而来的；城市是从小到大、从简单到复杂逐渐发展而成的。其创建者约翰·霍兰（2012）认为，以适应性主体及围绕主体的 7 个特征（4 个特性和 3 个机制）为基础，可以建立起一个共同的理论框架来分析所有的复杂适应系统。

复杂城市系统理论的特色之一是同时兼顾个体与群体的相互影响关系。以城市产业的聚集现象为例，当产业聚集时，它影响了附近地区的土地利用决策的制定，并产生了外溢效果，扩散出去，造成整个城市的土地利用空间分布的重组，进而又回头影响了个别开发商的决策行为，周而复始。因此，本书所提出的复杂城市系统规划理论架构，尝试以整体的观点看待城市，而不是将城市切割为零碎的子系统，从片面的观点来理解城市并解决问题。从更宽广的角度来看，一反经典科学的化约论，将系统切割成基本构成单元，或整体论，忽略了这些构成系统的基本单元，本书所提出的复杂城市系统规划理论架构兼顾化约论及整体论，从个体及整体的对偶性（duality），来理解复杂城市系统。

城市主体（city agents）。具有主动性和适应性的元素。传统的系统观在以控制论、耗散结构论、协同论为指导的系统观中，元素要么是服从物理规律的机械元件，要么是服从概率统计规律的物质原子或分子，均没有个性和对环境的适应性，这不符合人类社会系统的基本特点。城市是复杂系统，然而目前学界对复杂性的定义及衡量方式并没有达成共识。比较有说服力的讲法是系统的复杂度是描述该系统的叙述的长度，长度越长，系统越复杂。如果以这个概念来描述城市，无疑地，城市系统是复杂的，试想我们如何来完整地描述上海市，其长度绝对不是一本书可以叙述清楚的。另外，我们也可以从网络科学来定义复杂性（Newman，2010）。网络大致分为三种：有序、混乱与复杂。假设有100个节点围成一个圆圈，有序网络指的是每一节点与左右相邻两个或数个节点相连；而混乱网络指的是节点之间以随机的方式相连；其余的网络称为复杂网络。如果我们将城市中的人们视为节点，显而易见地，城市网络不会是有序或混乱网络，人们之间的联系既非有序也非随机，它必定是复杂网络。此外，从复杂系统的组成分子来看，有同质性组成分子的复杂系统，比如水分子组成水；也有异质性组成分子的复杂系统，比如生态系统。城市系统无疑地属于后者，因为城市系统包含了建成环境、生态环境与社会环境，分别由物质构造、生物及人类所组成。从较专业的角度来看，基本元胞自动机（elementary cellular automata）的演变规则有256个，而不同规则演变出来的结果可分为四类：死寂、规律、复杂及混乱（Wolfram，2002）。城市系统不可能是一片死寂，也不可能是完全具有规律性，更不可能是一片混乱。它是处于混乱与有序之间，乱中有序的复杂状态。因此，以上说明可以论证城市系统是复杂的。

城市物质环境由许多开发项目在时间及空间上积累而成，比如小区的规划兴建、道路的建设以及各种形式的土地开发。当新的开发项目兴建完成，附近地区的土地利用亦因这新的开发项目而随之改变。杭州市浙江大学紫金港校区的兴建，导致附近地区住房的抢建；上海市新天地购物商圈的形成，造成附近地区土地利用的转变，都是明显的例子。而开发项目附近地区环境的改变，又造成其他地区土地利用的转变，一直迭代扩散出去。这种因某区位的开发项目兴建，造成其他地区环境改变的过程称为动态调整（dynamic adjustment）。在没有交易成本（transaction cost）的情况下，这些调整能快速地达到最优化，以至于城市复杂系统最终会呈现均衡的状态。但是实际上，开发商需要搜集信息以获取开发的利益，这些信息搜集的成本构成了交易成本。此外，开发决策具有相关性（interdependence）、不可分割性（indivisibility）、不可逆性（irreversibility）以及不完全预见性（imperfectforesight），或称"4个1"，阻碍动态调整的最优化，使得复杂城市系统无法达到均衡的状态。例如，某地的商场开发项目，会使得附近地区作为零售土地利用为最优化，但是由于拆迁既有建筑（不可逆性）以及其他重大设施如道路的兴建（相关性），使得零售使用无法立即实现，导致土地次优化的使用。因此，"4个1"的作用类似交易成本，但是比交易成本的意涵更宽广，使得动态调整失灵。此外，城市系统也因"4 个 1"的关系，使得它具有复杂网络的特性（Lai，2018）。

CAS 理论通过提出"适应性主体"（adaptive agent，简称"主体"）的概念，克服了上述缺点。主体的特点是具有主动性，能够感受环境，自我学习，能够感知外界信息刺激，通过学习来调整自己的行为。大量这样的主体相互作用，寻找和创建能够相互适应并共同适应外部环境所需的行为规则，便形成了复杂适应系统。人和由人组成的机构是城市复杂系统的重要主体。此外，我们将建筑物、交通路网、地下管廊等物体也作为主体，它们承载着人类在城市中的活动，体现了人类的智慧，因而也具有"活性"。

主体聚集（agent aggregation）。由简单生成复杂。与城市经济学中的"聚集经济"概念不同，CAS 理论中的聚集并不是单指空间层面的靠近，它还强调的是主体间通过一种非线性的结合形成一种更大的主体，涌现出原来主体所不具备的特质。单个主体在环境面前是脆弱的，通过相互之间的耦合聚集在一起之后，便涌现出协调性、适应性和持存性。任何 CAS 都是由大量简单的主体聚集而成的主体的聚集形成"介主体"（meta – agent），众多"介主体"再次聚集，形成更大规模的"介主体"（meta – meta – agent），如此多次聚集，形成 CAS 典型的层次结构。众多工人聚集成企业，众多企业聚集成产业，全体产业聚集成整个国民经济。

非线性发展（nonlinearity development）。复杂性的来源。非线性是指支配主体聚集的相互关系以及主体与环境之间的关系是非线性的，不适用于切分、加总分析方式。线性关系无法解释系统的涌现性，种子如何长成大树，胚胎如何发育成哺乳动物，小规模的人类聚落如何演变成超大城市。CAS 的复杂性是由非线性因素引起的。但遗憾的是，现在大多数城市研究模型和思维方式都还建立在线性假设基础上。城市发展源于城市系统的非线性，现代经济学注意到城市非线性的两个重要方面："共享"机制和"学习"机制。在大城市中，人们共享滑冰场、博物馆等昂贵的不可分设施；厂商可以共享工人的专业化技能；政府通过社会保险使市民风险共担。在学习机制方面，知识和信息在主体间的传播，促进学习、知识的积累和创新。

要素流（element flow）。主体间物质能值与信息的流动。"流"是指 CAS 中主体之间的物质、能量、信息的流动。以主体为节点，以相互作用为边，

CAS 可以表示成网络，而"流"就是其中流动着的资源。CAS 是一个非平衡系统，主体不断对资源进行分配，挑选有益的主体进行联系，淘汰不利的主体。其效果表现为：乘数效应（Multi-PlierEffect），资源通过网络得到放大；再循环效应（Re-cyclingEffect），提高资源在网络中循环利用率。城市发展离不开特定的"要素流"。城市的人口、产业政策对于其资源流和城市间、城市与农村间产生重要的影响。

目标多样性（target diversity）。复杂系统的重要特征。多样性是 CAS 的一种动态模式，是主体不断适应的结果。每个主体都存在于由其他主体提供的小生境中，每个小生境都可以被若干能够在其中适应和发展的主体所利用，每个行动者进入小生境后有可能打开更多的小生境，为更多主体开辟更大的可能性。

特点标识（character tagging）。引导主体的聚集。"标识"是引导主体辨别方向、选择目标、区分合作者与竞争者的一种贯穿始终的机制。标识是聚集体的一面旗帜，或一个组织纲领。它能够促进选择性相互作用，提供具有协调发展性和选择性的聚集体，揭示层次的产生。在个人与企业"求职—招聘"的双向互动中，个人的标识是其学历、工作背景、技能等，而企业的标识是其声誉、提供薪酬的水平、所在行业、工作环境等。当企业与企业之间进行合作时，又根据另外一套标识，如市场占有率盈利能力资产负债比等。

内部模型（internal model）和系统积木块（building blocks）。CAS 为了应付变化的环境，必须具有预知能力，即从过去的大量经验中预测未来。主体将过去与其他主体及环境间互动中得到的大量经验存储、提炼、挑选可行的"内部模型"。城市的规划准则、产业发展原则、基础设施建造标准、交通法规、道德规范等均可视为内部模型，它们来自过去大量经验，指导着人们的行动，使之更好地适应环境。

人们对复杂事物分解的产物。身处一个陌生的街道时，人类能够将其分解为树木、车辆、道路、房屋等若干熟悉的部分。人类的这种分解能力看似平常，但"积木块"的获得不是任意的，而是根据过去经验得到的可被再次使用的元素。使用积木块生成内部模型是复杂系统的普遍规律。同样，对于城市的研究可以找出最高层次的积木块，并逐层拆封，找到低层次的积木块，从而完善对于城市的理解。

我们对城市复杂系统的构建是从具有主性动和适应性的"城市主体"例如

人、由人构成的组织及人类活动的载体——开始的。小的主体在"特点标识"引导下聚集形成大的主体,并逐层聚集,直至形成整个 CAS。城市中,主体之间、主体与环境间的互动为"非线性"。大城市里,人们可以共享大型基础设施、共担风险,还能够更方便地交流、传播思想,促进创新,获得不以自然资源消耗为前提的经济增长。从"流"的角度来看,城市极大地促进了各类主体间物质、能量、信息等资源的流动。城市中的主体还呈现出"多样性",形形色色的产业构成复杂的、相互依赖的、类似于热带雨林的系统。此外,城市发展过程中还依靠"内部模型"来对环境进行预测,使用"积木块"来组织知识,调整自身以适应环境。

近年来对城市系统中着重研究的方向为智慧城市系统。智慧城市是运用信息技术来改造城市的核心系统、优化有限资源利用的城市。即通过创造一个互联、互通、智能化的城市系统,政策制定者和市民可以从大量数据中洞悉城市活动及其新趋势,从而做出更加明智的决策。与此类似,智慧城市是一种充分利用城市信息系统对城市基础设施和服务进行规划、设计、投资、建设、管理和运作的城市。同样,中国的很多学者也较为重视智慧城市的技术内涵。智慧城市就是让城市更聪明,它是通过互联网把无处不在的被植入城市的智能化传感器连接起来形成的物联网,实现对物理城市的全面感知,然后利用云计算技术对感知信息进行智能处理和分析,实现网上"数字城市"与物联网的融合,并发出指令,对政务、民生、环境、公共安全、公共服务、工商活动等在内的各种需求做出智能响应和智能化决策支持。智慧城市在城市全面数字化基础之上建立的可视化和可量测的智能化城市管理和运营,更为简练的说法就是"智慧城市 = 数字城市 + 物联网"。

很多学者认为信息技术只是智慧城市的基础,只有信息技术与城市的经济、社会、生态等主要发展领域实现良好的融合、整合时,这样的城市才能成为一个智慧的城市。一些学者提出智慧城市是通过有目的的、战略性的投资于新兴信息通信技术,以谋求繁荣、效率和竞争力等多重的经济社会目标的所有城市解决方案。在对北美、欧洲以及东南亚很多自我标榜为智慧城市的案例进行剖析之后发现,这些智慧城市涉及的主要因素有信息技术及网络、教育与学习、创业创新环境与经济发展、公共服务与治理模式转变、社会资本与社会融合、环境与可持续发展等多个方面,并且他指出,信息技术本身不会自然而然地带来城市的转变和发展，智慧城市发展应该从关注城市中人的现实状况（如需求、知识、技能等）和相应的人文资本（human capital）现状出发，在此基础上，要平衡信息技术在商业、政府、社区等领域与城市普通市民之间的应用状况，以及经济发展和可持续发展的平衡。那些将城市自身禀赋状况和城市中具有独立意识、具备自我决策能力的市民的活动巧妙地结合起来，在经济发展、人的素质和技能、社会参与和治理、交通和信息通畅性、自然资源和环境、生活质量六个方面以富有远见的方式发展，且在这些方面具有良好的表现的城市是智慧城市。

中国的部分学者也认为不能纯粹地从技术角度考虑智慧城市，应该从城市管理和公共服务角度来认识智慧城市。智慧城市建设既要通过物联网、云计算等新一代信息技术的应用实现全面感知和深度互联，更要营造一种可持续创新的制度、生态和社会环境。技术进步只是实现智慧城市的一个重要前提，如何使技术带给人类更智慧、更美好、可持续的生活，才是智慧城市的核心价值和内涵。与此同时，也有一些学者开始从城市发展角度来更全面地认识智慧城市，指出概念是对数字城市、知识城市、生态城市、创造城市的一种整合，是整合了以上几个概念的城市功能并凌驾于之上的综合体，智慧城市的战略愿景是实现经济、社会、环境的可持续发展。

智慧城市不是一个城市"智慧"程度的状态，而是该城市使其自身变得"智慧"的努力。因此，智慧城市的内涵是城市创新，它是城市在技术、管理和政策方面进行的创新，而使城市运作变得更加灵活的过程。将智慧城市看作一个跨学科的关于城市新陈代谢"城市新陈代谢"这一概念将城市看作一个生物物理系统，将城市的经济、社会方面和生态因素统一纳入该系统，将该系统中物质和能量的流动拟人化，视作由食物输入和废物输出所组成的人的新陈代谢所形成的循环系统的综合性的概念，拉斐尔（Raffaele，2011）[①] 认为，智慧城市之所以称为"智慧"，是因为它具有感知能力，这种感知能力使城市能够迅速发现它在社会、环境、技术等方面的薄弱环节，并通过改进和提升这些环节来激发城市的发展活力。综上所述，国内外学者从不同的角度对智慧城市的

---

① Raffacle Pé. Smart cities and the emergence of "sensitive" areas for urban reclaim [A]：Workshop "smart cities e sviluppo urbano sostenibile" [C]. Genoa：Congress Center "Magazzini del Cotone", 2011：56 - 58.

概念进行了较为广泛的分析，但具体什么样的城市是智慧城市，目前形成了较为明显不同的几类观点，并且相同观点当中不同学者之间的观点也不尽相同。对于智慧城市概念的界定，是进行智慧城市研究的起点，同时，不同的智慧城市概念定义对智慧城市建设实践具有重要的引导作用，如技术层面的定义容易使智慧城市建设进入唯技术论的误区。尽管如此，不同学者对智慧城市概念的界定反映了人们基于不同的视角对智慧城市这一新事物进行的理论定义，相关观点为今后深入剖析智慧城市这一新事物奠定了基础。

尽管学者们对智慧城市的定义各不相同，但从现有的文献来看，国内外学者们主要结合以下三个方面来分析智慧城市的基本内涵。

第一，技术层面：信息网络。信息通信技术（ICT）是智慧城市建设的核心驱动因素，信息基础设施的建设和各类信息技术（互联网、物联网、无线技术、移动通信等）的整合能够改变城市的面貌，创造大量潜在发展机会，并帮助加强城市的管理和促进城市各项功能的顺利实现。但它们实现的基础是由信息技术及相关基础设施进行连接所形成的智能的信息网络。这样一个信息网络将城市中所有的人、所有的物连接起来，使其能在任何时间、任何地点都能进行互连，实现信息的交流和共享，这是城市实现转变、创新、提升的技术基础。

第二，社会层面：社会网络和社会资本。在智慧城市中，用信息网络将人们联系起来，其主要目的是实现城市中知识、信息、经验、技能的共享以及城市发展战略、愿景的交流，从而帮助企业、政府和社区为市民提供更好的产品、服务以及政策措施。由此可见，城市的智慧发展离不开城市中各利益相关者的参与、合作和共同努力。同样，城市集聚发展所产生的各类问题的解决也是通过利益相关者的知识、创造性和合作来形成智慧解决方案。因此，社会网络的构建以及人们的积极参与需要充分了解、挖掘、激发、创造人们的需求，并在此基础上激发产生社会资本。社会资本主要由一定网络条件下的一组规范、制度、价值观、期望以及相应的制裁处罚组成，它对连接社会成员和社会组织、消除社会分割的具有重要作用，它促进社会成员交往的规范标准和价值观逻辑的形成，是产生集体智慧的基础。社会网络和社会资本的形成是智慧城市建设目标实现的社会基础。

第三，愿景目标层面：智慧城市致力于实现城市经济增长与竞争力提升、社会公平与社会融合、资源与环境可持续发展。信息技术的发展是智慧城市概念出现的基础。对于信息技术而言，最重要的不是它的先进性和创造智慧城市的能力，而是它能通过信息网络的构建和应用成为城市经济、政治、社会、文化整体发展中的重要组成部分。玛格丽塔（Margarita，2015）[①] 指出，对智慧城市的认识应该兼顾两个方面：一方面进入工业化时代以来，技术已经成为推动城市发展演进，进而推动智慧城市出现的一种主要驱动力量，它成为未来城市愿景展望中不可缺少的重要组成部分；另一方面，作为一种技术导向的城市发展模式，智慧城市中信息技术的发展及应用也深刻地影响了城市的发展政策及发展的优先级，使得知识和创新经济成为推动城市智慧发展的一股强大力量。对于很多城市而言，建设智慧城市的主要目的是将其视为城市经济发展的驱动力（基本思路：通过信息和社会网络促进社会学习和创新，促进知识的形成、积累、传播和转化，推动城市创新创业，并通过有培育利于商业发展的环境和投资人文基础设施以吸引资本投资和创意人才），从而在全球经济中保持较强的竞争力。这种经济导向的智慧城市必然会为了吸引更多的具有知识、技能和创造力的人才，而将城市打造成更加适宜这一阶层居住、生活和工作的环境，而那些缺乏技能和 IT 能力的人们则被忽略了，城市社会分化将会加剧。但城市发展的生态完整性和公平性要求城市加快民主决策议程，一方面加快推进政府管理和决策的民主化，建立基于 IT 网络的治理机制，发展电子治理，一般认为包括两部分，一是电子政务，依托 ICT 技术平台提供公共服务和进行政府政务管理，二是电子民主，依托 ICT 平台实现城市决策的公众参与。另一方面通过建设和发展信息网络和社会网络将所有市民都接入知识社会中来，为市民提供社会学习的平台，进一步提高他们积极参与电子政务和电子民主的能力，使他们能够通过这些网络平台更好地参与到当地的规划、设计、发展事务中，将城市建设成当地人们希望的居住场所。同时，社会的融合与公平也更好地促进城市经济的健康发展。可持续发展是未来城市发展的基本目标，但在人们对于智慧城市的讨论中，忽略了对智能的深刻理解，智慧城市的战略目标更多地在于充分利用新兴信息通信技术实现社会的可持续发展。在城市经济迅速增长的同时，城市也是大量资源的消耗者和大量环境垃圾的制造者，因此城市环境的可持续发展也非常重要，很多城市，尤其是欧洲地区，都将智慧城市建设看作达到一

---

① Margarita Angelidou. Smart cities：A conjuncture of four forces ［J］. cities, 2015（47）：95 – 106.

定节能目标实现可持续发展的重要手段。如阿姆斯特丹就建立了一个市民、政府、企业共同合作来节约能源的 ICT 网络系统。面对全球日益严峻的环境和能源问题，信息技术可以作为一种替代现有物质资源的数字资源，通过信息技术对相关信息的收集、传递、分析，帮助达到一定的环保和节能指标。总之，从现有的文献来看，智慧城市的建设的侧重点在于通过发展高新技术、创造性的产业以及营造有利的商业环境来促进城市经济的发展，通过发展电子治理（主要包括电子政务和电子民主）来实现社会公平和社会融合，通过信息技术运用和全民参与来实现可持续发展。

4.5　城市结构分析

城市复杂系统也由分工不同、彼此联系的子系统组成。可以将城市复杂系统解构为规划、基础设施、基本公共服务、产业四个子系统。

规划系统是城市复杂自适应系统的智慧子系统。规划应当展现同期城市人群在人文、科技、经济发展等方面的最高水准，并体现一个城市的学习能力、纠错能力和创造能力。无论普通市民还是专业机构，无论城市内外，规划系统需要将所有智慧收集、整理、集成、决策，最终用于城市运行。因此，我们将规划系统的主体划分为智慧提供者、智慧集成者和智慧实践者。平衡人类欲望无限膨胀与资源有限之间的矛盾，协调利益多样化的冲突的使命推动规划系统非线性发展。此时，规划主体应当成为联系空间载体规划和功能规划之间的桥梁，并注意规划系统内部各种规划之间的互动关系。

基础设施如同城市的骨骼，支撑着城市发展。但在一定阶段，在非理性的发展欲望驱动下，无限膨胀的需求与有限的基础设施供给展开博弈，基础设施经常成为发展失误的替罪羊。因此，我们从供给主体和需求主体两方面分析基础设施系统。给排水系统、交通运输、城市防灾、能源保障、邮电通信、环境卫生这些相对沉静的基础设施支撑着城市精彩的发展。基础设施系统应实现人与自然的平衡以及人类理想与欲望的平衡。

基本公共服务为人类在城市生存提供基本保障，在需求与欲望、平等与竞争、稳定与创新这三种截然相反的力量间维系着平衡。减少分化，体现人文关怀，体现人人平等的普世价值观，是一个不可或缺的城市子系统。但另一方面，它高度依赖城市的经济能力，且对于创新和竞争具有天然的迟滞作用，因而其平衡作用应当适度，过犹不及。我们从需求主体、供给主体、执行主体、监督主体来理解整个系统，认为它应具备全覆盖性、均衡性、同质性和伦理性。同时，必须考虑：第一，如何通过有效手段把资源做大；第二，按照公平和全覆盖的原则分配资源；第三，在单一领域中提高服务效率和服务效益；第四，要使所有的需求主体感受到城市服务的价值。

产业承载着人类对发展和利益的追求，有时产业甚至强大到可以缔造一座城市。然而，城市发展决不简单地等同于产业发展。产业是城市的动力系统，动力充足使城市生意盎然，力不足导致城市暮气沉沉；动力失控会使城市疯狂逐利，透支元气。因此，我们将产业系统主体划分为动力性主体、参与性主体、外部性主体。依据需求驱动与欲望驱动的不同，我们将产业划分为"必须产业"和"附加产业"。必须产业是指以人为中心，能够满足本地人群不同层次、具有差异性的需求的产业。附加产业指能够给城市人群提供基本生活以外的生产和生活服务的产业。产业发展模式可归纳为路径依赖和优势再造：前者是指着力打造与发展先天优势；后者指通过积极的城市发展政策，影响优质资源的流动，培育出过去自己不具备或不擅长的优势。

而在碳减排的目标下，现有研究认为，城市绿色转型与城市碳排放密切相关，是在政府、产业和企业等多方主体参与下，根据当前经济社会发展形势以及资源环境容量，以降碳为重要战略方向，以生态文明为主导，通过向节能减排、绿色经济的发展模式转变，实现人与自然的和谐发展。此外，能源消耗涉及生产消耗与生活消耗，经济基础也离不开人口劳动力的支撑，故社会人口也是碳减排城市绿色转型系统中必要一环。城市是一个包含经济、资源和环境等多个维度的复杂系统，要实现城市的低碳绿色转型，关键在于协调好城市内部经济发展与能源消耗之间的关系，同时政府通过政策引导作用于不同维度，影响整体系统的发展方向，是城市绿色转型系统的外部维度。因此，本书将城市系统划分为经济子系统、能源子系统、人口子系统和政策子系统，将能源消耗导致的碳排放与政府实施的碳交易政策结合，据此绘制系统因果回路图，如图4-1所示。

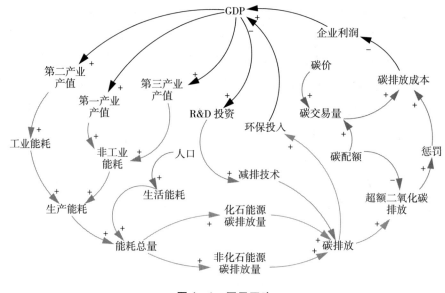

图 4 – 1　因果回路

图 4 – 1 中主要反馈回路如下：

（1）GDP→（＋）第二产业产值→（＋）工业能耗→（＋）生产能耗→（＋）能耗总量→（＋）碳排放→（＋）碳排放成本→（－）GDP。

（2）GDP→（＋）第一、第三产业产值→（＋）非工业能耗→（＋）生产能耗→（＋）能耗总量→（＋）碳排放→（＋）碳排放成本→（－）GDP。

回路（1）–（2）突出产业结构对系统的影响。地区 GDP 的增长离不开产值的增加，第一、第三产业生产消耗能源主要指非工业能耗，第二产业产值主要靠工业能耗进行，产值增加意味着工业能耗和非工业能耗的生产能耗总量增加，另外人口规模扩大使得生活能耗也逐渐上升，在生产和生活能耗共同影响下，能源消耗总量不断增多，用于治理产生的二氧化碳成本提高，对 GDP 增长产生负面影响。

（3）能耗总量→（＋）化石能源碳排放量→（＋）碳排放→（＋）碳排放成本→（－）GDP→（＋）产业产值→（＋）能耗总量。

（4）能耗总量→（＋）非化石能源碳排放量→（＋）碳排放→（＋）碳排放成本→（－）GDP→（＋）产业产值→（＋）能耗总量。

回路（3）–（4）突出能源结构对系统的影响。能源消耗总量由化石能源消耗和非化石能源消耗构成，化石能源包括煤炭、石油、天然气等，非化石能源包括新能源及可再生能源等，由于化石能源中的煤炭和石油在使用过程中污染性较强，碳排放系数较高，所以在碳排放量中占主要来源，而天然气等清洁能源以及其他可再生能源碳排放系数较小，产生的二氧化碳少。因此大力发展清洁能源及非化石能源的碳排放量远低于煤炭和石油能源，对 GDP 的影响也相对较弱，能源消耗量得到一定控制。

（5）碳排放→（＋）环保投入→（－）GDP→（＋）R&D 投入→（＋）排放效率→（－）碳排放。

回路（5）突出碳排放技术对系统的影响。面对碳排放量的不断增加，政府投入更多经费用于环境保护，因此碳排放治理会导致投入成本增加，这种环保成本的增加必然会对经济增长产生负效应。而地区的研发技术投资与经济发展水平又密切相关，GDP 总量的不断增加使得研发经费投入不断上涨，二氧化碳排放效率提高，企业虽然在能源消耗过程中产生了大量二氧化碳，但通过技术的应用对其进行吸收和再利用，有效地减少了实际的二氧化碳排放量。

（6）碳排放→（＋）超额二氧化碳排放→（＋）惩罚→（＋）碳交易成本→（－）企业利润→（＋）GDP→（＋）产业产值→（＋）能耗总量→（＋）碳排放。

回路（6）突出碳减排政策对系统的影响。在碳交易政策中，一项重要内容就是根据二氧化碳配额，对企业超额排放二氧化碳进行惩罚。当企业二氧化碳排放量超出有限配额，要根据当地政策进行处罚，所付出的罚金视为企业碳排放成本的一部分，成本增加对企业利润会产生负面影响，直接影响到地区经济增长水平，进而通过能源消耗和研发投入等影响城市碳排放总量。

4.6　城市绿色转型动态仿真

通过对现有研究发现，传统城市发展过程中，资源的过度开采与消耗让二氧化碳等温室气体大量产生，而绿色发展理念的忽视又让碳排放难以约束，导致城市绿色转型面临着经济与资源相互遏制的瓶颈。为突破发展瓶颈，更好地承担起碳减排责任，调查显示，能源消费总量的 70% 左右被城市所消费，其中 70% 以上的二氧化碳也由城市排放。中国在第 75 届联合国大会上宣布力争在 2030 年前实现碳达峰，2060 年实现碳中和，提出了"双碳"目标。之后在

《关于推动城乡建设绿色发展的意见》中又提出，到 2025 年城乡建设绿色发展体制机制和政策体系要基本建立，绿色转型成效显著，碳减排扎实推进，城市整体性、系统性、生长性增强，"城市病"问题缓解（姜国新，2020）。国家在《关于加快建立健全绿色低碳循环发展经济体系的指导意见》中指出，发展要以高效利用资源、严格保护生态环境、有效控制温室气体排放为基础，要建立健全绿色低碳循环发展的经济体系，推动中国绿色发展迈上新台阶。要解决城市问题、实现绿色发展，意味着传统发展模式的绿色转型，而城市作为绿色转型的主体，也是控制碳排放的主战场，只有对其经济活动和资源禀赋有充分了解，通过经济、资源、环境和社会间的协调互动，才能引导城市向可持续方向发展。因此，城市要发展，就必须进行绿色转型，必须以降碳为抓手，以绿色发展为导向，实现经济结构调整与生态环境质量改善协同增效。因此，探讨城市绿色转型过程中经济与资源发展情况，结合现有碳政策背景制定绿色转型方案，能够为城市未来实现绿色发展提供理论与现实依据，具有重要意义。

"绿色转型"产生于"绿色经济"内涵的不断深化（Pearce，1989）。国外城市绿色转型早期注重实践，如德国鲁尔区、日本北九州地区等资源型区域，通过发展规划、政策修订等手段实现了高耗能产业的改造与延伸。中国在《太原市推进绿色转型条例》中首次将绿色转型定义为"以生态文明为主导，以循环经济为基础，以绿色管理为保障，实现资源节约、环境友好、生态平衡，人、自然与社会的和谐发展"（任嘉敏，2020）。城市绿色转型面临的首要矛盾是经济高速增长与环境约束性和资源有限性之间的冲突（肖双，2018）。传统经济发展以能源大量消耗为代价，二氧化碳作为能耗直接产物，其排放量可以充分显示出城市目前的能源利用效率，进而推断出绿色转型程度（侯建，2020）。准确掌握碳排放变化趋势是有效开展各项碳减排工作、促进城市经济绿色转型的基本前提（李继锋，2020）。有研究估算比较了"十三五"碳减排目标对绿色转型中经济变量的变化造成的成本收益，总体来看，效益要远高于成本（钟永飞，2017）。事实上，低碳发展对于城市绿色转型所具有的积极意义，本质上是一种城市发展战略模式的转换，即摆脱工业文明下物质化的约束，转向生态文明的伦理价值追求，以体现城市的协调性和可持续性（蒋长流，2021）。故城市要想实现城市绿色发展，就必须尽快进入低碳发展模式，通过转变发展理念，创新技术手段等方式，减少城市碳排放，加快城市绿色转型。

　　围绕绿色转型，学者对资源型城市的转型模式及转型效果进行了研究。在转型模式方面，主要探讨了城市绿色转型发展的路径（车磊，2019），并提出了绿色转型模式（姜国新，2020）。在转型效果方面，通过对绿色转型过程进行阶段性分解与过程评价（Feng，2020），可以估算城市绿色转型的动态效率（Fu，2020）。从模式目标和评价结果来看，未来城市发展要想摆脱传统发展模式带来的难题，急需探索出一条绿色转型路径，帮助城市实现协调发展。

　　目前城市碳排放研究主要集中在能源消耗和碳交易政策两方面。能源消耗碳排放指生产生活中一次能源和二次能源消耗产生的二氧化碳排放量（梁昌一，2021），是二氧化碳最主要的产生途径。其产生过程主要受到经济水平（杨世杰，2019）、人口规模（Huang，2019）、产业结构（郝园园，2021）、技术水平（刘媛媛，2021）和能源结构（张翱祥，2021）影响。其中，经济增长是碳排放的主要驱动因素；而能源强度在碳排放增长的抑制上作用明显（邱蔓，2017）。各影响因素具有一定的空间特征（Yuke，2019），可以据此对城市能源消耗与碳排放进行趋势预测（唐德才，2015）。相比于能源消耗，碳交易政策对碳排放的影响通常是将碳排放转化为成本或直接将碳排放作为约束条件来进行优化（汤中明，2021）。例如，将低碳政策纳入城市建设指标体系（张莹，2011），利用政策仿真模型探索不同碳交易机制的影响作用等（张俊容，2016）。还有研究进一步设定碳交易价格，以平衡政策实施造成的国内生产总值（GDP）损失（Wu，2021），并对城市的低碳转型路径进行设计（徐君，2014）。

　　综上所述，国内外学者对城市绿色转型与碳排放进行了较为集中的论证，为本次动态仿真提供了重要的理论基础和借鉴意义。但是研究仍存在一些不足，主要表现在：第一，现有研究解释了城市绿色转型的内涵，但缺少对实现过程中城市发展的内在联系与动态分析，城市本身是一个动态的复杂系统，需要从系统的视角考虑绿色转型过程中的经济社会演化；第二，城市碳排放影响因素研究局限于能源消耗或碳排放政策的单一层面，二者联系不足，且普遍采用计量模型等进行实证分析，对碳排放影响因素间非线性关系描述不够清晰；第三，虽然低碳是城市绿色转型的重要途径，但多数文献在研究城市绿色转型中的经济、环境、资源等系统构成时，并未考虑到背后的碳流动，少有研究注意到碳排放等重要因素对城市绿色转型的影响。因此，为了更深入地探究城市绿色转型过程中的碳排放状况，本书根据城市特点，将能源消耗和政策引导两大影响因素结合，通过对城市系统划分，从系统角度剖析城市低碳绿色转型过程的长期动态变化，并根据不同发展目标进行情景方案设计，探索不同方案下的城市发展水平和碳达峰实现情况，以期为城市未来发展规划提供科学的参考依据。

在对城市系统边界进行界定以及城市结构分析之后，可在碳减排目标下，对城市绿色转型进行动态仿真。中国国土面积辽阔，各区域城市资源环境禀赋、经济发展规模不同，面临的外界条件约束不同，绿色转型过程也存在一定差异，因此，城市必须因地制宜地进行绿色转型。以先导城市上海为例，研究低碳目标下城市绿色转型方案。上海是长江经济带核心城市和国家中心城市之一，经济发展迅速，2020 年 GDP 达到 38700 亿元，位居全国第一，同时也是人口集聚中心，常住人口约为 2487 万人，国内排名第二。为实现到 2040 年努力建设成为具有全球资源配置能力、较强国际竞争力和影响力的全球城市，上海实现高质量发展，上海近几年不断进行生态文明建设。在上海"十四五"规划纲要中提出，要在国家碳达峰目标的基础上提前 5 年，努力在 2025 年前实现碳排放达峰。上海 2013 年启动碳排放权交易试点工作，成为全国碳交易试点城市之一，并积极制定碳排放达峰行动方案，进一步推进碳排放权交易市场建设，推动经济社会发展全面绿色转型，到 2040 年努力建设成为具有全球资源配置能力、较强国际竞争力和影响力的全球城市。以上海市为研究对象，是因为上海市承载着国家发展的战略和要求，是城市绿色发展的先行地，早日实现绿色发展有利于发挥先导市的辐射带动作用，引领中国城市进行绿色转型。

根据系统边界设定，研究以 2014 年为时间起点，2025 年为时间终点；根据因果回路图中变量关系，研究，以碳排放为研究线索，运用回归分析等方法对模型变量关系进行分析，得到的上海市绿色转型系统动力学模型关键变量及方程如表 4 - 2 所示，表中 L 为状态变量，R 为速率变量，A 为辅助变量。

表 4 - 2 系统关键变量及方程

名称	单位	性质	方程
国民生产总值（GDP）	亿元	L	GDP = INTEG（GDP 增量，25269.8）
R&D 投入比例	%	A	R&D 投入比例 = (0.01 × (0.113429 × (Time − 2013) + 3.24133))
超额碳排放量	万吨	A	超额碳排放量 = 碳排放量 − 碳交易总配额 × 10000

名称	单位	性质	方程
惩罚价格	元/吨	A	惩罚价格 = 3 × 碳交易价格
第二产业占 GDP 比重	%	A	第二产业占 GDP 比重 = WITHLOOKUP (Time, ([(2014, 0) – (2025, 0.5)] , (2014, 0.33) , (2015, 0.32) , (2016, 0.30) , (2017, 0.29) , (2018, 0.28) , (2019, 0.27) , (2020, 0.25) , (2021, 0.24) , (2022, 0.23) , (2023, 0.22) , (2025, 0.19)))
罚金	亿元	A	罚金 = IFTHENELSE (超额碳排放量 < 0, 0, IFTHENELSE (超额碳排放量 < (罚金上限/惩罚价格 × 10000) , 惩罚价格 × 超额碳排放量 × 0.0001, 罚金上限))
罚金上限	亿元	A	罚金上限 = 碳交易总配额 × 惩罚价格
非工业能耗	万吨标准煤	A	非工业能耗 = 第三产业产值 × 0.133908 – 2.67798 × 第一产业产值 + 3012.24
非化石能源消耗占比	%	A	非化石能源消耗占比 = WITHLOOKUP (Time, ([(0, 0) – (3000, 10)] , (2014, 0.11) , (2015, 0.12) , (2016, 0.13) , (2017, 0.14) , (2018, 0.15) , (2019, 0.16) , (2025, 0.2)))
工业能耗	万吨标准煤	A	工业能耗 = – 0.1883 × 第二产业产值 + 7346.71
免费配额比例	%	外生变量	免费配额比例 = 0.975
能源消耗总量	万吨标准煤	A	能源消耗总量 = 生产性能源消耗 + 生活性能源消耗
排放效率	%	A	排放效率 = (0.009 × "R&D 投入" + 52.1023) × 0.01
人均生活能源消耗	吨标准煤/人	A	人均生活能源消耗 = WITHLOOKUP (Time, ([(2014, 0) – (2025, 600)] , (2014, 474.16) , (2015, 505.7) , (2016, 489.27) , (2017, 500.54) , (2018, 529.65) , (2019, 528.92) , (2025, 500)))
生产性能源消耗	万吨标准煤	A	生产性能源消耗 = 非工业能耗 + 工业能耗
生活性能源消耗	万吨标准煤	A	生活性能源消耗 = 人均生活能源消耗 × 总人口 × 0.001
碳交易价格	元/吨	外生变量	碳交易价格 = WITHLOOKUP (Time, ([(2014, 0) – (2025, 60)] , (2014, 39.9997) , (2015, 20.7483) , (2016, 5.2343) , (2017, 23.2841) , (2018, 28.9083) , (2019, 41.4464) , (2025, 60)))
碳交易配额变化量	亿吨	R	碳交易总配额 = INTEG (碳交易配额变化量, 1.6)

根据统计年鉴分类进行化石能源二氧化碳产生量计算，碳排放折算系数和计算方法采用联合国政府间气候变化专门委员会（IPCC）2006 年《国家温室气体排放清单指南》中的相关标准，计算公式如下：

$$Q = \sum_{i=1}^{n} C_i = \sum_{i=1}^{n} \alpha_i \beta_i \qquad (4-1)$$

式（4-1）中，Q 代表上海市能源消耗二氧化碳产生总量，C_i 代表第 i 种化石能源的碳产生量，α_i 代表第 i 种化石能源的碳排放系数，β_i 代表第 i 种化石能源的消耗量。各能源二氧化碳排放系数如表 4-3 所示。

表 4-3　　　　　　　　　化石能源二氧化碳排放系数

二氧化碳排放系数	原煤	焦炭	原油	燃料油	汽油	煤油	柴油	天然气
kgCO$_2$/kg	1.9003	2.8604	3.0202	3.1705	2.9251	3.0179	3.0959	2.1622

在不考虑技术等因素对碳排放的影响下，通过计算，得到上海市 2014~2019 年化石能源消耗二氧化碳产生量（见表 4-4）。

表 4-4　　　　　　　　上海市各类化石能源二氧化碳产生

年份	煤炭	焦炭	原油	汽油	煤油	柴油	燃料油	天然气	合计
2014	9303	1873	9674	1688	1360	1698	1763	1123	28483
2015	8985	1804	10899	1778	1544	1739	1713	1201	29662
2016	8790	1708	10675	1866	1768	1741	1844	1226	29617
2017	8699	1694	10755	1938	1969	1704	2132	1291	30183
2018	8301	1778	10787	1967	2112	1690	2086	1403	30123
2019	7903	1820	10873	1967	2266	1732	2086	1516	30162

仿真所需经济、人口及能源消耗量等数据来源于 2015~2020 年《中国城市统计年鉴》、《中国能源统计年鉴》以及《上海统计年鉴》，碳交易总配额、免费配额量等数据来源于中国碳排放交易网，碳交易量、碳交易价格及拍卖价格等数据上海环境能源交易中心，惩罚价格借鉴中国相关碳交易政策，按照碳交易价格的

3~5 倍模拟。对于某些统计年鉴没有直接数据的指标，可以通过间接计算得出；对于一些原始数据缺失或异常的指标，采用均值法或回归法进行处理。

根据变量关系，在前人研究的基础上，综合考虑能源消耗和政策引导，从经济、能源、人口和政策多方面研究二氧化碳产生和排放的过程对城市绿色转型的影响，具体系统流如图 4-2 所示。

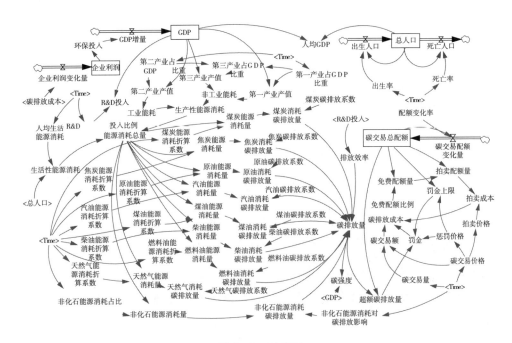

图 4-2　系统流

将模拟结果与历史数据对比，通过误差范围来判断模型的准确性的方法称为历史性检验，一般误差绝对值在 10% 以下即认为该系统动力学模型有较高的可信度（廖诺，2018）。选取 GDP、能源消耗总量、碳排放量三个主要变量，对 2014~2019 年数据进行历史检验，检验结果如表 4-5：

表 4-5　　　　　　　　　　上海城市系统历史检验结果

年份	GDP（亿元）			能源消耗总量（万吨标准煤）			碳排放量（万吨）		
	模拟值	真实值	误差值	模拟值	真实值	误差值	模拟值	真实值	误差值
2014	25270	25270	0.00%	11858	11790	0.58%	18993	18770	1.19%

续表

年份	GDP（亿元）			能源消耗总量（万吨标准煤）			碳排放量（万吨）		
	模拟值	真实值	误差值	模拟值	真实值	误差值	模拟值	真实值	误差值
2015	27878	26887	3.69%	12164	12161	0.02%	19970	18856	5.91%
2016	30429	29887	1.81%	12302	12436	-1.08%	20207	18940	6.69%
2017	32946	32925	0.06%	12526	12608	-0.64%	20817	19048	9.29%
2018	35385	36012	-1.74%	12911	12754	1.23%	21626	20318	6.44%
2019	37702	38155	-1.19%	13144	12997	1.13%	22123	21214	4.28%
均值			0.44%			0.21%			5.63%

可以看出，三个变量近6年来误差绝对值均不超过6%，低于误差允许阈值，证明此模型精度较高，能够真实反映出上海城市系统低碳绿色转型过程中的真实情况。

对结果进行稳健性检验。调整时间间隔，通过数值波动范围来判断模型准确性的方法称为稳健性检验，结果没有较大波动则认为该模型稳健性较高。依旧观察GDP、能源消耗量和碳排放量三个变量，如图4-3所示，当改变时间间隔为0.25年、0.5年、1年的情况下，运行结果没有出现大幅度波动，说明模型稳健性较好。

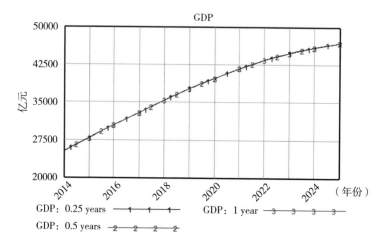

图4-3　稳健性检验结果

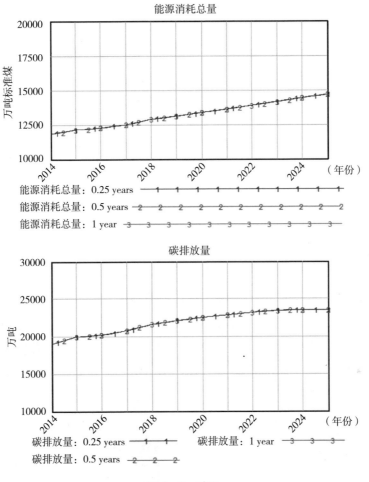

图 4 - 3　续图

　　碳达峰的实现需要以经济社会全面绿色转型为引领，而城市绿色转型是产业结构、能源结构、环保技术及制度政策不断优化与发展的过程，即转变对传统资源禀赋、产业结构和能源体系的路径依赖，通过技术的投入与创新、制度的完善与革新，实现经济产业、政策制度的合理化，能源结构、生产技术的绿色化。因此本书根据城市低碳绿色转型的方向和要求，设计不同的模拟方案，预测到 2025 年上海经济发展、资源消耗与碳排放情况。

　　为研究参数变化对系统影响程度，首先对模型进行敏感度分析，以识别关键变量作为调控变量（沈家耀，2016）。

$$S = \left| \frac{\Delta y}{y} \cdot \frac{x}{\Delta x} \right| \tag{4-2}$$

式（4-2）中，S 为观察变量 y 对调控变量 x 的敏感度结果，Δx 和 Δy 为两变量的变化幅度，则 S 可以表示为调控变量变化 1% 时观察变量的变化幅度，S 越大，则说明灵敏度越高。因为所选取的观察变量不止一个，为使敏感度结果更为稳定，计算各调控变量的敏感度均值。

$$\bar{S} = \frac{S}{n} \tag{4-3}$$

式（4-3）中，n 为观察变量个数，$\bar{S}$ 表示所有观察变量对某一调控变量的敏感度均值，当 $\bar{S}$ 低于 5% 时，认为系统对该变量的敏感性不足；当 $\bar{S}$ 高于 5% 时，认为该变量属于影响系统的关键调控变量。

本书以上海绿色转型系统以碳排放为核心，对城市的经济发展和能源消耗产生影响，故选择 GDP、碳排放量、能源消耗总量和碳排放成本作为观察变量，除产业结构和能源结构等多因素变量具有较高敏感度外（彭竞霄，2019），选取剩余 9 个可调控单因素变量进行分析，设置参数变化量，根据两点之间直线斜率，得到图 4-4 上海市低碳绿色转型系统中各调控变量敏感度结果。

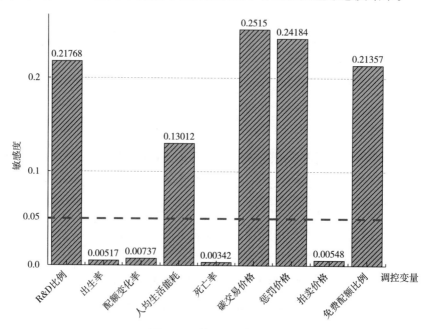

图 4-4 敏感度分析结果

可以看出，敏感度均值大于5%，对上海低碳绿色转型系统影响较大的可调控变量依次为碳交易价格、惩罚价格、R&D比例、免费配额比例以及人均生活能耗。关键变量的发展方向很大程度上决定着上海城市系统的运作状态，因此，根据敏感度分析结果和上海市"十四五"节能减排综合工作方案等相关政策规定，设置可调控参数组合，对未来进行多情景模拟研究，比较各情境优势劣势，选择最适合上海市的低碳绿色转型方案。

为探究绿色转型不同维度对城市发展影响，本书首先考虑到城市在现有状态下的自然发展情况；根据已有研究，将不同产业比例作为产业结构维度调节变量，不同能源比例作为能源结构调整维度调节变量；根据敏感度分析结果，将R&D比例和人均生活能耗作为环保技术维度下的调节变量，碳交易价格、惩罚价格和免费配额比例作为政策引导维度下的调节变量；同时在各维度变量的均衡参与下设置了协调发展方案。

因此，本书共设计6种发展方案，以城市现有状态为基准，设置自然发展方案；为加快产业结构调整，减少传统高耗能产业占比，提高三产比重，设置产业结构调整方案；为促进化石能耗向非化石能耗转变，降低煤炭、石油等占比，发展清洁能源使用，设置能源结构调整方案；为加快技术创新，加大研发投入，提高能源利用效率，设置环保技术进步方案；为完善碳交易市场建设，合理调控碳配额，激励约束企业二氧化碳排放，设置政策引导方案；在不考虑各方案优先级情况下，综合考虑产业结构、能源结构、技术进步以及政策引导对上海城市绿色转型过程碳排放的影响，设置协调发展方案。调整2025年各参数目标值，具体方案内容如表4-6所示。

表4-6　　　　　　　　　　　方案设计

调整变量	方案一	方案二	方案三	方案四	方案五	方案六
	自然发展	产业结构调整	能源结构调整	环保技术进步	政策引导	协调发展
第二产业占GDP比重（%）	19.3	17.3	19.3	19.3	19.3	17.3
第三产业占GDP比重（%）	80.5	82.5	80.5	80.5	80.5	82.5
煤炭能源消耗占比（%）	20.0	20.0	18.0	20.0	20.0	18.0

续表

调整变量	方案一 自然发展	方案二 产业结构调整	方案三 能源结构调整	方案四 环保技术进步	方案五 政策引导	方案六 协调发展
原油能源消耗占比（%）	28.5	28.5	23.9	28.5	28.5	23.9
天然气能源消耗占比（%）	14.5	14.5	21.2	14.5	14.5	21.2
非化石能源消耗占比（%）	20.0	20.0	22.0	20.0	20.0	22.0
R&D 投入比例（%）	4.6	4.6	4.6	5.0	4.6	5.0
人均生活能耗（吨标准煤/人）	500.0	500.0	500.0	450.0	500.0	450.0
免费配额比例（%）	97.5	97.5	97.5	97.5	90.0	90.0
碳交易价格（元/吨）	60.0	60.0	60.0	60.0	65.0	65.0
惩罚价格（元/吨）	180.0	180.0	180.0	180.0	260.0	260.0

按照上述方案对上海市低碳绿色转型系统动力学进行仿真分析，在不考虑系统外界因素影响下，6 种方案仿真结果如下（见图 4-5～图 4-7 和表 4-7）：

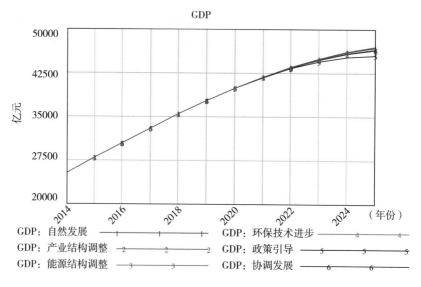

图 4-5　上海市 GDP 仿真结果

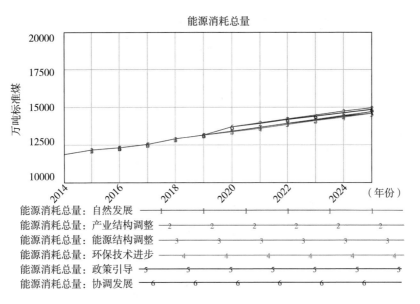

图 4 - 6　上海市能源消耗总量仿真结果

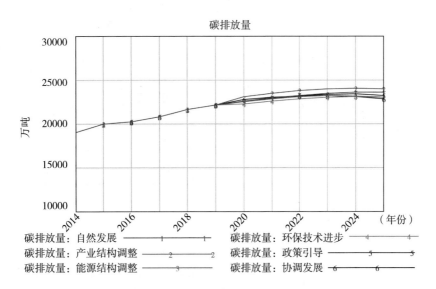

图 4 - 7　上海市碳排放量仿真结果

表 4 - 7　　　　　　　　　各方案下上海市仿真结果汇总

分类		2019 年	2020 年	2021 年	2022 年	2023 年	2024 年	2025 年
GDP （亿元）	自然发展	37702	39843	41773	43464	44887	46018	46833
	产业结构调整	37702	39841	41754	43412	44785	45848	46577
	能源结构调整	37702	39843	41774	43469	44903	46054	46903
	环保技术进步	37702	39843	41778	43485	44940	46117	46997
	政策引导	37702	39842	41725	43269	44431	45173	45463
	协调发展	37702	39840	41749	43393	44745	45780	46478
能源消耗总量 （万吨标准煤）	自然发展	13144	13396	13657	13923	14189	14449	14697
	产业结构调整	13144	13723	13982	14242	14497	14742	14970
	能源结构调整	13144	13396	13657	13923	14190	14451	14702
	环保技术进步	13144	13375	13616	13862	14109	14351	14584
	政策引导	13144	13396	13655	13913	14163	14397	14607
	协调发展	13144	13702	13941	14179	14412	14634	14839
碳排放量 （万吨）	自然发展	22123	22543	22915	23221	23442	23557	23548
	产业结构调整	22123	23093	23459	23747	23938	24011	23950
	能源结构调整	22123	22508	22824	23052	23171	23160	23001
	环保技术进步	22123	22237	22555	22812	22989	23069	23035
	政策引导	22123	22543	22905	23179	23339	23359	23218
	协调发展	22123	22745	22997	23150	23183	23075	22811

方案一：自然发展方案

在自然发展情况下，各决策变量指标值维持现有发展趋势。如图 4 - 8 所示，2014 ～ 2025 年，上海市 GDP 从 25270 亿元增长至 46833 亿元，能源消耗总量从 11858 万吨标准煤提高至 14697 万吨标准煤，碳排放成本增长近 5 倍，从 38.46 亿元增长为 152.28 亿元，且三者都呈继续增长的态势，但增长速度逐渐减小。与此同时，2025 年上海市碳强度相比 2014 年约下降 33.1%，二氧化碳排放量在 2024 年达到峰值，排放量为 23557 万吨，2025 年开始下降，基本完成上海市 2025 年前实现碳达峰的预期目标。

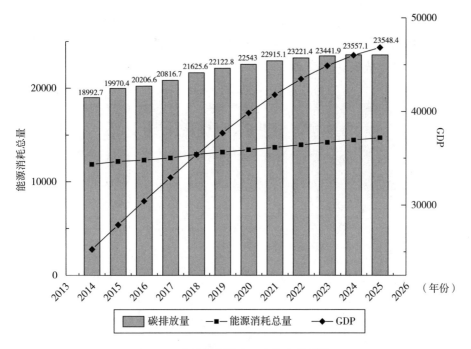

图 4 - 8 自然发展状态下上海市发展情况

方案二：产业结构调整

产业结构调整方案通过减少高耗能产业的能源使用量来影响二氧化碳排放。一般情况下，第二产业比重越高则能源消耗量越高。然而，将 2025 年上海市第三产业预期占比提高，地区 GDP 和自然发展状态相比并无明显提升，能源消耗总量反而出现上升趋势，增长至 14970 万吨标准煤；相应的碳排放量高出自然发展状态 402 万吨，碳排放成本为 159.51 亿元。事实上，上海市作为城市发展先锋，其第三产业占比在 2014 年就已超出 60%，2019 年更是提高至 72.7%，预计 2025 年接近 80%，而第二产业产值到 2025 年大约仅占 GDP 总量的 20%（见图 4 - 9）。在能源消耗总量逐年增加的总趋势下，上海市生活能源消耗基本稳定，工业能源消耗量反而减少，只有非工业能耗增长迅速，预计从 5000 万吨标准煤提高至 7800 万吨标准煤，成为能源消耗的主要占比（见图 4 - 10）。其实，产值比例的变化是上海市近年来产业结构持续优化的结果，虽然资源消耗型的重化工业是带动经济增长的传统主导产业，同时也是能源消耗的主要来源，但是上海通过加强第二产业的生产模式改造，提高第二产业能源利用效率，明

117

显地减少了第二产业单位产出的能源消耗。而产业重心的转移使电力，燃气和成品油等优质能源为主的第三产业发展迅速，促使能源消耗总量迅速提升，进一步增加了碳排放量。

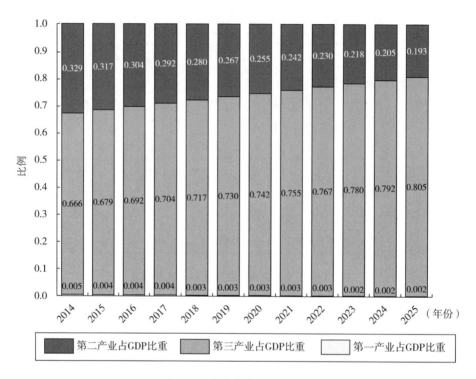

图 4 – 9　上海市产业结构变化

方案三：能源结构调整

能源结构调整方案通过减少能源消耗总量中煤炭、石油等化石能源产生的二氧化碳影响碳排放量。在能源消耗总量一定的情况下，保持其他能源比例不变，当煤炭和原油占比比预期降低 10%、天然气和非化石能源比例提高 10%时，整个上海市的碳排放量从 23548.4 万吨降低至 23001.4 万吨，且 2023 年实现碳达峰，单位能耗碳排放量从 1.60 吨/标准煤减少到 1.56 吨/标准煤，下降了 3.5%。根据图 4 – 11 和图 4 – 12，各能源中，原油和煤炭消耗是碳排放量的重要组成部分，而天然气消耗占比较小，2019 年不足 1%，非化石能源 2019 年约占 16%。通过方案调整可以看到，原油由于工业基础稳固，短时间内很难实

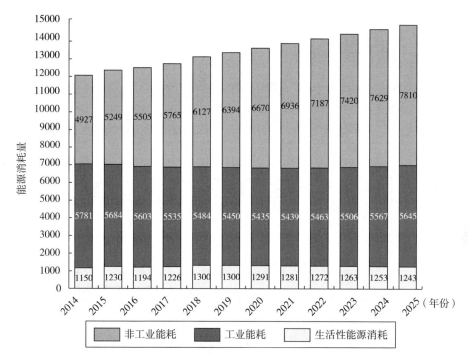

图 4-10　上海市不同种类能耗情况

现大幅度缩减，故在长期发展中应实现零增长；煤炭能源对二氧化碳排放的影响较为明显，也可以通过能源替代减少使用量；而非化石能源占比的提高并没有带来明显的额外碳排放，说明非化石能源的使用对二氧化碳排放量的影响小于化石能源。故上海市应努力促进化石能源向非化石能源使用转化，大力倡导清洁能源使用，从而有效实现碳排放增长控制（见表 4-8 和表 4-9）。

表 4-8　　　　　　　自然发展方案下上海市各能源消耗碳排放量

年份	2014	2015	2016	2017	2018	2019	2020	2021	2022	2023	2024	2025
原油能源消耗量	7099	7888	7779	7792	8033	8193	8303	8418	8534	8647	8756	8855
煤炭能源消耗量	9753	9289	9150	9004	8832	8507	8413	8315	8210	8094	7965	7820
天然气能源消耗量	1178	1242	1276	1336	1493	1631	1804	1983	2169	2360	2556	2755
柴油能源消耗量	1780	1798	1812	1764	1798	1864	1892	1920	1949	1977	2004	2030
汽油能源消耗量	1770	1838	1942	2006	2093	2118	2154	2191	2229	2266	2303	2337

续表

年份	2014	2015	2016	2017	2018	2019	2020	2021	2022	2023	2024	2025
焦炭能源消耗量	1964	1865	1777	1754	1892	1959	1992	2027	2062	2098	2132	2164
煤油能源消耗量	1426	1596	1840	2037	2246	2439	2506	2576	2648	2721	2793	2864
燃料油能源消耗量	1849	2195	1919	2207	2219	2245	2303	2363	2425	2487	2549	2609
非化石能源消耗量	4979	5132	5142	5112	5063	4866	4495	4054	3539	2944	2265	1500

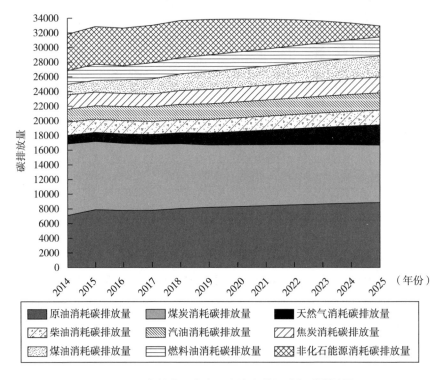

图 4-11 自然发展方案下上海市能源消耗碳排放量

表 4-9 能源结构调整方案下上海市各能源消耗碳排放量

年份	2014	2015	2016	2017	2018	2019	2020	2021	2022	2023	2024	2025
原油能源消耗量	7099	7888	7779	7792	8033	8193	8086	7975	7857	7728	7586	7428
煤炭能源消耗量	9753	9289	9150	9004	8832	8507	8294	8073	7840	7591	7326	7040
天然气能源消耗量	1178	1242	1276	1336	1493	1631	1997	2378	2772	3179	3599	4029
柴油能源消耗量	1780	1798	1812	1764	1798	1864	1892	1920	1949	1977	2005	2030

续表

年份	2014	2015	2016	2017	2018	2019	2020	2021	2022	2023	2024	2025
汽油能源消耗量	1770	1838	1942	2006	2093	2118	2154	2191	2229	2267	2303	2338
焦炭能源消耗量	1964	1865	1777	1754	1892	1959	1992	2027	2062	2098	2132	2165
煤油能源消耗量	1426	1596	1840	2037	2246	2439	2506	2576	2648	2721	2793	2865
燃料油能源消耗量	1849	2195	1919	2207	2219	2245	2303	2363	2425	2487	2549	2610
非化石能源消耗量	4979	5132	5142	5112	5063	4866	4585	4210	3735	3154	2461	1650

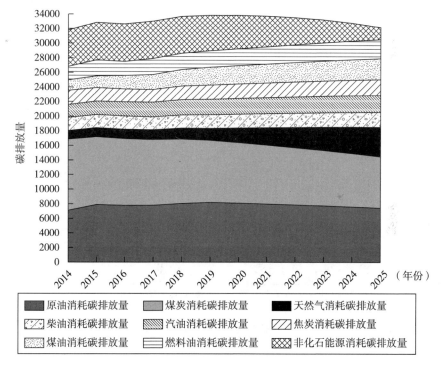

图 4 - 12　能源结构调整方案下上海市能源消耗碳排放量

方案四：环保技术进步

环保技术进步方案通过提高企业二氧化碳排放过程中的吸收效率并减少居民日常生活中的能源消耗，以此减少能源消耗总量以及实际的碳排放量。将研发投入比例提升至5%、人均生活能耗降低至450吨标准煤/人后，整个上海市碳强度变化如图5-13所示，到2025年，环保技术进步方案下的上海市碳强度为0.49吨/万元，低于自然发展状态下碳强度3%。低碳技术能够有效提升能源效率和排放效率，降低单位能源消耗来达到低碳发展的目标，同时碳排放增量的减少，使得上海市企业在有限碳配额限制下的超额碳排放量减少，减少了企业罚金、交易成本等一系列负担，有利于企业利润的增加，且长期来看，企业利润的增加对 GDP 的影响要高于研发投入所产生的成本，所以环保技术的投入不仅能够实现碳排放的减少，也能够提高上海市 GDP 的长期增长，促进上海市经济发展。

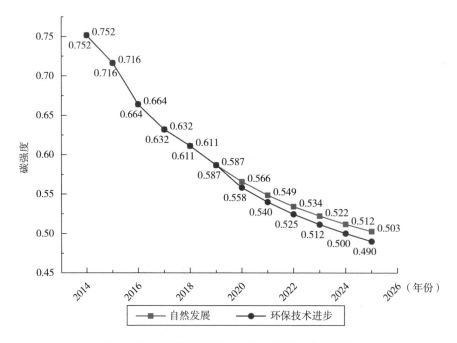

图 4－13　环保技术进步对上海市碳强度变化影响

方案五：政策引导

政策引导方案通过政策手段提高企业进行碳交易的成本，加强超额二氧化碳排放的惩罚力度，逐渐缩小碳交易配额，进而督促企业减少二氧化碳排放。上海自 2013 年进行市场运作，经过两年的试行后，于 2016 年进行碳交易市场产品的变更，此后碳交易市场开始常规运转。方案将碳配额中的免费配额比例缩小至 90%，引导碳市场交易价格提升到 65 元，并将惩罚价格由 3 倍碳交易价格变为 4 倍后，上海市 2025 年预计碳排放为 23218 万吨，比自然发展方案降低 330 万吨，表明政策引导确实对上海市碳排放量有一定的约束作用；但是单靠政策手段导致企业碳排放成本从 152.28 亿元显著提高到 216.61 亿元（见图 4-14），加重了企业负担，进而影响到公司利润。在这种情况下，虽然能源消耗总量略微降低，但可能是企业碳排放成本上升、生产能力下降造成的，并不意味着节能减排能力的增强。

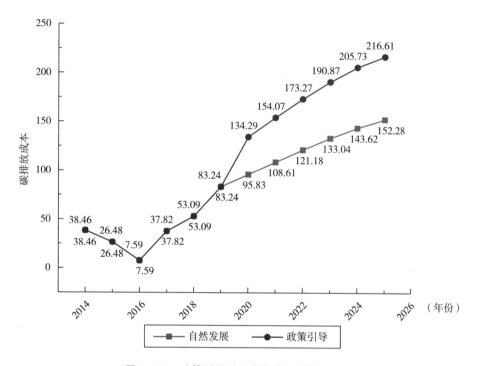

图 4-14 政策引导对上海市碳排放成本影响

方案六：协调发展

协调发展方案既要稳定经济发展，又要强调节能减排，减少碳排放。因此，将 4 种调控方案综合后发现，在产业结构、能源结构、技术进步以及政策引导的综合引导下，上海市预计比自然发展方案提前 1 年实现碳达峰，且减排幅度最为显著，预计到 2025 年二氧化碳排放量为 22811 万吨，2023 年的碳达峰值为 23182.8 万吨，在 6 种方案的碳达峰值中处于最低。事实上，虽然政策手段的实施和研发经费的成本会减缓上海 GDP 增长速度，但技术进步也帮助企业提高能源利用效率，减少碳排放成本，促进了上海市经济的长期高质量发展。由于上海产业结构优化程度较高，为保持经济增长，当继续提高第三产业占比时，服务业等造成的能源消耗要高于第二产业降低减少的能源消耗，故短期内上海市协调发展所需要的能耗总量可能会提高，但能源消耗曲线斜率逐渐降低，表明能源消耗的短时间增长会被技术和政策的长期作用平衡。

如图 4 - 15 所示，在 6 种方案的调控下，上海市碳达峰情况呈现不同情况。以自然发展为基准状态，协调发展为实现城市绿色转型的理想状态。则理想目标下的上海市绿色转型，在维持经济持续增长，能源消耗稳中有降的状态下，不仅能够在 2023 年实现碳达峰，而且碳达峰值显著减少。为探究不同维度方案对城市绿色转型的影响程度，将产业结构调整、能源结构调整、环保技术进步和政策引导四种单一维度调整方案对上海经济发展和节能减排影响进行排序。

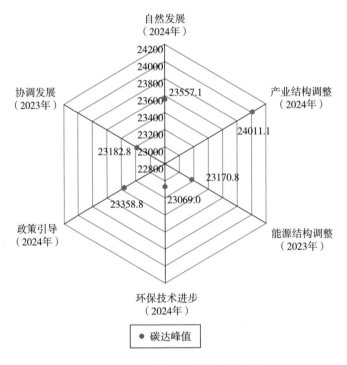

图 4 - 15　各方案下上海市碳达峰值

从表 4 - 10 中可以看到，四种单维度方案中，环保技术进步无论对上海市GDP 增长还是能源节约以及碳排放减少的幅度均具有一定优势；政策引导在节能减排方面具有积极作用，但会减缓经济发展增速；在不同产业产值持续增长状态下，通过能源结构调整，能源消耗总量稳中有降，提高清洁能源和非化石能源的使用减少的碳排放量最多；由于上海产业结构特殊性，通过产业结构调整提高第三产业比例会对碳排放量产生一定负向作用，增加上海地区能源消耗量，但第三产业作为未来经济发展重心，不仅是上海市的经济支柱产业，更是提高上海市竞争力和国际地位的保障，同时，产业结构并非一个孤立系统，第三产业的发展表面上看提高了碳排放量，但实际能源利用效率和技术水平的提高都离不开产生高新产业的支持，而从方案三和方案四可以看出，能源结构调整和环保技术进步对降低碳排放起到了关键性的作用，因此，上海市应该继续优化产业结构，大力发展第三产业中的高新技术，促进地区低碳发展，提高国际竞争力。另外，考虑到能源结构调整和环保技术进步方案也存在实施周期长、难度大等问题，相比之下政策的实施效果能够立竿见影。所以各个方案中，要以技术进步为突破口，政策手段加以辅助，优化产业结构和能源结构，各方面协调发展才能保证上海市经济绿色发展，加快城市绿色转型。

表 4 − 10 单一维度下各方案对城市绿色转型影响程度

	GDP 增长	能源消耗总量减少	碳排放量降低	程度顺序
产业结构调整	**	*	*	4
能源结构调整	***	**	****	2
环保技术进步	****	****	***	1
政策引导	*	***	**	3

注：* 越多代表影响程度越高，**** 为影响程度在四种方案中最高，* 为影响程度在四种方案中最低。

通过对碳减排目标下的上海市绿色转型过程进行了仿真模拟，具体包括三个过程：首先，采用 IPCC 通用方法计算了上海市 2014～2019 年包含煤炭、原油、天然气等共 8 种化石能源在内的二氧化碳排放量。其次，将上海城市系统划分为经济—能源—人口—政策子系统，识别系统中关键变量，构建了上海市低碳绿色转型系统动力学模型。再次，选取碳交易价格、GDP 增长率等 9 个调控参数，通过敏感度测试筛选出有效调控参数。最后，通过情境方案设计，进行仿真模拟，探究不同方案下的上海市绿色转型情况，并预测上海市实现碳达峰时间。研究结果验证了模型的有效性及鲁棒性，为上海市实现低碳绿色转型政策制定提供了参考。具体来说，可以得到以下结论：

（1）基于系统动力学的城市低碳绿色转型研究具有可行性。本书以低碳目标下上海市绿色转型过程为例分析了能源消耗和政策引导两方面的碳排放情况，将城市系统划分为经济—能源—人口—政策子系统，基于历史检验结果和稳健性测试结果可知，该系统动力学模型结果具有真实性和稳定性。因此，将系统动力学模型用于上海市低碳绿色转型动态仿真模拟是可行的，为城市绿色转型研究提供方法支持。

（2）对碳排放约束下的城市绿色转型系统的关键影响变量进行了识别。敏感性分析结果表明，除产业结构和能源结构外，碳交易价格、惩罚价格、R&D比例、免费配额比例以及人均生活能耗可以被识别为影响上海绿色转型碳排放的调控参数。在制定城市绿色转型调整方案时，从完善调整产业结构、倡导清洁能源使用、碳排放交易市场制度、提高技术创新水平方面入手，可以提高政策有效性。

（3）现有绿色转型状态下上海市能够实现预期碳排放目标。若系统未发生任何显著性变化，上海市绿色转型过程中的碳排放总量将在2024年达到峰值，为23557万吨，从2025年开始下降，能够实现上海市在2025年前实现碳达峰的目标，且2025年上海市碳强度相比2014年约下降33.1%，超额完成了碳强度下降的目标，绿色转型取得了显著成效。

（4）单一维度方案难以平衡经济发展与环境保护，实现城市绿色转型。产业结构调整方案有扩大上海市碳排放的趋势，但作为经济发展保证和技术水平支撑，仍要不断优化，大力发展高新技术产业；能源结构调整方案对上海市能源消耗碳排放量减少最为明显，其中，提高天然气比例和非化石能源比例的作用效果相对显著，应努力促进化石能源向非化石能源使用的转化，大力倡导清洁能源使用；环保技术进步方案对上海市低碳绿色转型的积极影响最为全面，既减少了生产成本，又降低了能耗水平，是提高效率和减少污染的主要手段，但其背后离不开产业和政策的支撑与引导；碳交易市场的健全和完善直接关系到政策实施效果，对低碳发展有一定的辅助作用，但同时也给企业带来一定负担。

（5）在产业结构、能源结构、技术水平和政策引导的协同作用下，城市能够加速城市绿色转型进程，提前实现碳达峰。由于子系统并非相互独立，而是共同影响城市系统，因此协调发展方案更符合现实情况。在产业结构、能源结构、技术水平和政策引导的综合作用下，上海市在保障经济发展、能耗稳中有降的同时，有效提前碳排放峰值时间到 2023 年，且碳达峰值明显减少，有效地实现了上海市的绿色转型中的低碳目标。同时，上海市研究结果也对城市绿色转型起到引导作用。目前中国大多数城市产业重心仍为重工业等第二产业，绿色化水平不高，更应该实现多方面协调优化，且在各维度中，要突出技术进步关键地位，利用政策手段的辅助作用，根据发展要求调整产业结构和能源结构，努力实现各方面协调进步，加快城市绿色转型。

5 区域中心城市社会—经济—
自然复合生态系统能值分析

5.1 区域中心城市复合生态系统的能量流通与指标选取

5.1.1 能值分析理论的应用与发展

能值分析方法来自美国学者奥德姆（H. T. Odum, 1996）的研究，该学者将"能值"界定为"一种流动或储存的能量所包含另一种类别能量的数量"，该定义第一次将能值进行界定，为后续能值分析的创新和发展奠定了基础。能值分析方法经过不断创新，逐渐成为一种成熟的评价分析方法，有效弥补了传统评价方法过于单一的缺陷。能值分析方法以其自身的优势在可持续发展评估领域得到了广泛的应用。学者王小龙（2016）基于国内外学术界 1988～2015 年的能值分析文献，采用 Citespace 软件进行文献分类，发现能值分析从 1988 年开始逐渐增加，是从国外学者奥德姆（H. T. Odum, 1996）提出了能值概念之后，能值分析成为当时的研究热点。能值分析的研究阶段主要划分为 1988～2002 年，这一阶段主要是能值分析的探索阶段，这一阶段的研究主要集中在能值分析的框架、指标和方法等，对能值分析是一个不断完善的过程。第二个阶段是从 2002 年至今，研究成果逐渐增多，研究的内容也不断拓展，包括了宏观领域的可持续发展程度评价（韩增林等，2017；Cavalett et al., 2011）、微观尺度的工农业系统评估（Cheng et al., 2019；Wang et al., 2016），但是总体来看中观程度的研究较少，尤其是针对城市层面的研究更是少之又少，成为目前的研究空白区。此外，虽然目前关于能值分析的方法和实践在不断增多，但是在实际的操作中由于能值分析方法"操作简单"的特点，造成研究者往往忽略了能值分析法的一系列计算准则，尤其是表现在能值转换率上的高度不统一问题，造成研究结果不能够精确地反映实际情况，严重限制了能值分析方法的进一步创新和发展。

5.1.2 区域中心城市复合生态系统能量流通

本书根据奥德姆（Odum H. T., 1996）提出的能值分析步骤对区域中心城市的能量流动图进行绘制，首先以各个区域中心城市的行政区范围边界作为能量流动图的边框界定，其次，基于区域中心城市的复合生态系统的框架，根据复合生态系统的输入与输出以及能量流动架构，将区域中心城市的能值结构分为可更新资源能值、不可更新资源能值、进口能值、废弃物能值和出口能值。其中区域中心城市复合生态系统的可更新资源能值由太阳辐射能、风能、雨水化学能、雨水势能、地球循环能、农产品、畜产品和水产品组成，不可更新资源由电能、钢材、原油、原煤、汽油、柴油天然气和化肥组成。进口能值由进口额和旅游组成，废弃物由固体废物、废水和废气组成。出口能值由出口额和GDP 组成。在区域中心城市的复合生态系统中，社会和经济系统的发展受生态环境系统资源的制约，而经济和社会产生的一些废弃物的排放也影响生态环境系统的发展，因此这三个系统是相互影响相互制约的关系，同时在系统能量输入和输出的过程中也存在着一定的能量耗散。

5.1.3 区域中心城市能值指标选取及数据处理

2013～2017 年区域中心城市复合生态系统的能值投入由可更新资源能值、不可更新资源能值、进口能值、废弃物能值和出口能值组成。区域中心城市的能值分析具体项目在表 5 - 1 中列出，其中农产品以粮食、棉花、油料、蔬菜和水果的产量为主，畜产品包括有肉类、奶类和禽蛋产量。此外，太阳辐射能、风能、雨水化学能是同一性质能量，为避免重复计算，只取其最大值（Odum H. T. and Brown, M. T., 2000）。

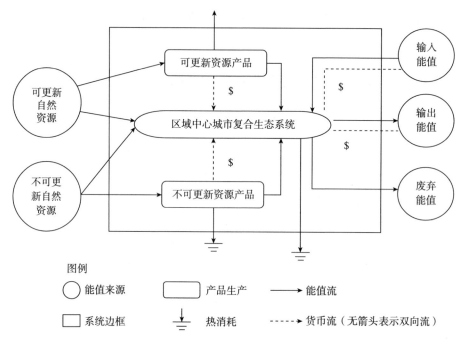

图 5-1 区域中心城市复合生态系统能量流动

本书所用数据来源于《中国统计年鉴》（2014~2018）、《中国城市统计年鉴》（2014~2018）、《中国环境统计年鉴》（2014~2018）和《中国能源统计年鉴》（2014~2018）及历年石家庄市、太原市、呼和浩特市、沈阳市、大连市、长春市、哈尔滨市、南京市、杭州市、合肥市、福州市、南昌市、济南市、青岛市、郑州市、武汉市、长沙市、南宁市、桂林市、海口市、重庆市、成都市、贵阳市、昆明市、拉萨市、西安市、兰州市、西宁市、银川市、乌鲁木齐市和宁波市的《国民经济和社会发展统计公报》（2014~2018）以及《统计年鉴》（2014~2018）。有些城市个别年份数据缺失，采用插值法和移动平均法补齐。本书采用蓝盛芳学者的能值转换率为能值基准，并对能值分析的每一项指标进行计算和处理，其中相关经济统计数据均以当年的汇率进行换算，具体结果见附录 A。

表5-1 区域中心城市复合生态系统能值分析

类别	指标	单位	能量折算系数	能值转换率
可更新资源	太阳能	J		1.00E+00
	风能	J		2.50E+03
	雨水势能	J		4.70E+04
	雨水化学能	J		3.05E+04
	地球循环	J		5.80E+04
	粮食	t	1.62E+10	8.30E+04
	油料	t	2.64E+10	1.16E+06
	棉花	t	4.34E+09	1.44E+06
	蔬菜	t	2.46E+09	2.70E+04
	水果	t	3.35E+09	8.89E+05
	肉类	t	1.50E+10	3.94E+06
	蛋类	t	8.30E+09	3.35E+06
	奶类	t	3.20E+09	2.85E+06
	水产品	kg	4.60E+06	2.00E+05
不可更新资源	电力	kW·h	3.60E+10	1.60E+05
	钢材	g		1.80E+09
	原煤	t	2.09E+09	6.67E+04
	汽油	kg	4.40E+07	1.11E+05
	柴油	kg	4.40E+07	1.81E+05
	燃料油	kg	4.40E+07	6.25E+04
	天然气	m^3	3.89E+07	8.06E+04
进口能值	进口额	$		2.44E+13
	旅游	$		1.66E+12
废弃能值	固体废物	g		1.80E+09
	废水	g		6.66E+08
	废气	m^3		6.66E+08

类别	指标	单位	能量折算系数	能值转换率
出口能值	出口额	$		2.44E + 13
	GDP	$		2.5E + 12

从表 5 - 2（具体值见附录 2）的区域中心城市能值结果和图 5 - 2 的总能值使用量显示来看，2013 ~ 2017 年各区域中心城市的总能值使用量总体呈现下降趋势，复合生态系统总能值投入的变化是由其各组成部分投入的变化引起的，可更新资源投入在整个研究阶段一直处于主导地位，这意味着总投入的变化主要是由可更新资源的能值变化引起的，表明 2013 ~ 2017 年的 31 个区域中心城市系统的能值输入主要依赖于当地的自由自然环境资源，揭示了区域中心城市生态系统运行的自然环境基础。可再生自然资源（太阳能、雨水能、风能、地球自转能）的能源价值逐渐降低，与可再生自然资源投入的下降趋势相比，不可再生资源的能源价值投入在 5 年内也呈小幅下降趋势。这种变化可能是由于区域中心城市的经济发展虽然依赖于石油、天然气等能源资源，但随着各区域中心城市产业结构的不断调整，能值利用效率得到提高，对不可再生资源的依赖有所下降。在进口能值输入中，进口能值输入呈小幅上升趋势，表明区域复合生态系统越来越依赖系统外的反馈能值。总能值使用的变化表明，城市复合生态系统的发展不仅取决于经济系统对高能能量的有效输入，还取决于当地气候等自然条件和社会经济技术水平。从全国来看，深圳的能源使用总量在 31 个城市中是最高的，但总体呈下降趋势。这进一步说明，虽然深圳在经济发展过程中对价值的需求较大，但随着深圳推动新技术、新模式、新业态、新产业的"四新"经济发展，有效提高了能值的使用效率，总能量值的使用也减少了。济南的能值利用在 31 个城市中是最低的，这可能是由于济南的外部投入量较小，说明济南的经济发展主要依靠当地的可再生资源和不可再生资源，如果想提高济南复杂生态系统的经济发展，应该注意低能源的可再生资源和高能量的外部输入能源的适当平衡，以提高能源的利用效率。

表 5 - 2　　　　　　　　　区域中心城市能值结果

城市	年份	可更新资源	不可更新资源	进口能值	废弃能值	出口能值	总能值用量
石家庄	2013	1.80297E+23	2.00484E+22	2.10721E+23	2.62536E+13	1.811E+23	4.11E+23
	2014	1.82889E+23	2.01648E+22	1.73827E+23	2.27944E+13	1.98255E+23	3.77E+23
	2015	1.82418E+23	1.95461E+22	1.34122E+23	2.19104E+13	1.83562E+23	3.36E+23
	2016	1.82066E+23	1.95831E+22	1.29689E+23	1.51955E+13	1.75973E+23	3.31E+23
	2017	1.59128E+23	2.03018E+22	1.21417E+24	8.20582E+13	1.91706E+24	1.39E+24
南京	2013	7.81967E+22	2.6638E+22	6.32063E+23	2.52538E+13	7.94706E+23	7.37E+23
	2014	7.84354E+22	2.4052E+22	6.48116E+23	5.44457E+16	8.04294E+23	7.51E+23
	2015	7.81997E+22	2.84338E+22	5.79083E+23	5.85071E+16	7.73505E+23	6.86E+23
	2016	7.70574E+22	1.13025E+22	5.53928E+23	5.1532E+16	7.26702E+23	6.42E+23
	2017	7.66713E+22	2.21424E+22	7.06876E+23	5.63948E+16	8.44639E+23	8.06E+23
…	…	…	…	…	…	…	…
……	…	…	…	…	…	…	…
	…	…	…	…	…	…	…
	…	…	…	…	…	…	…
贵阳	2013	8.53492E+22	1.15042E+22	2.72333E+22	4.60796E+12	1.51951E+23	1.24E+23
	2014	8.56354E+22	1.0461E+22	2.50375E+22	5.19149E+12	1.85612E+23	1.21E+23
	2015	8.59335E+22	1.21041E+21	4.34098E+22	5.50645E+12	1.97538E+23	1.31E+23
	2016	8.54812E+22	1.05752E+22	3.19575E+22	9.12146E+12	8.48807E+22	1.28E+23
	2017	7.79208E+22	1.13108E+22	3.7213E+22	8.4145E+12	6.03473E+22	1.26E+23
昆明	2013	1.12307E+23	1.49973E+22	1.91544E+23	3.58019E+13	2.5441E+23	3.19E+23
	2014	1.0382E+23	1.07191E+22	1.83373E+23	3.21911E+13	2.91069E+23	2.98E+23
	2015	1.08836E+23	1.45257E+22	1.03429E+23	3.57035E+13	2.35139E+23	2.27E+23
	2016	1.0382E+23	1.06501E+22	7.31076E+22	3.64975E+13	4.66759E+21	1.88E+23
	2017	1.10724E+23	1.42559E+22	1.30955E+23	5.74473E+13	7.67172E+22	2.56E+23

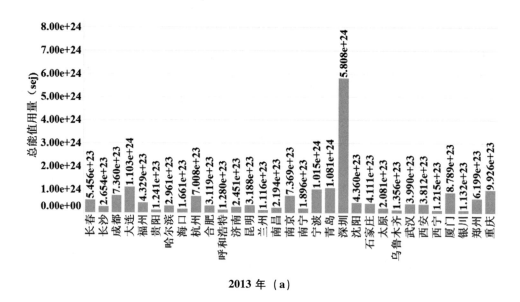

2013 年 （a）

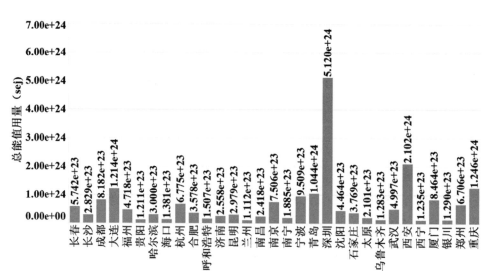

2014 年 （b）

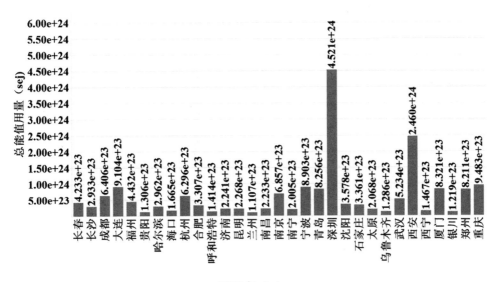

2015 年（c）

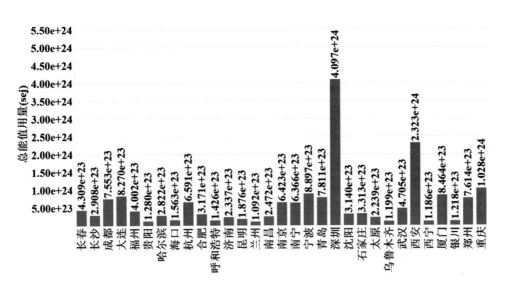

2016 年（d）

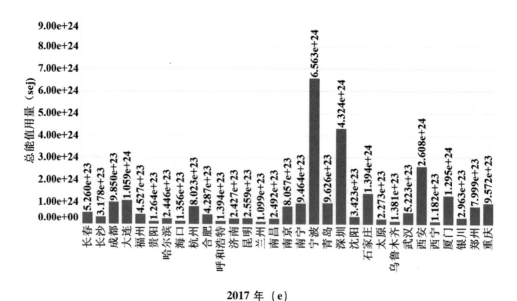

图 5 – 2　区域中心城市总能值使用量

5.2　区域中心城市社会—经济—自然子系统分析

根据能值分析计算结果，参考学者蓝盛芳（2002）在《生态经济系统能值分析》中提出的社会、经济和自然三类系统划分的能值指标和计算方法，本研究将区域中心城市城市的能值分析结果与区域中心城市的实际情况相结合，选取相关指标，对区域中心城市复合生态系统进行能值指标分析（见表 5 – 3）。

表 5 – 3　　　　　　区域中心城市复合生态系统能值指标分析

一级指标	二级指标	表达式
社会子系统指标	能值密度	$ED = U/AREA$
	人均能值使用量	$EUPP = U/P$
经济子系统	能值投资率	$EIR = IM/(R+N)$
	净能值产出率	$EYR = (R+N+IM)/IM$

一级指标	二级指标	表达式
自然子系统可持续性指标	环境负载率	ELR = （IM + N）/R
	可持续发展能值指标	EISD = EYR × EER/ELR

5.2.1　社会系统能值指标分析

如今，提高人民生活水平已成为社会发展的立足点。为了评价城市的整体发展和人民的生活水平，本书选择人均能值使用量和能值密度来评价区域中心城市的社会子系统。如表 5 - 3 所示，人均能值使用量与总能值使用量密切相关，与一般的人均收入数据相比，人均能值使用量更能通过系统中各类资源能值消耗的量来反映该地区的人民真实的生活水平。通常来说，人均能值使用量越高，人民所获得的物质财富的真实福利越多。从图 5 - 3 来看，中国 31 个区域中心城市的人均能值使用量在 2013 ~ 2017 年呈现平稳上升的状态，这说明随着经济的繁荣发展，中国 31 个区域中心城市在 2013 ~ 2017 年的能值总使用量也不断上升，人民的生活水平也随之提高。

从全国范围来看，2013 ~ 2017 年深圳的人均能值使用量一直处于最高水平，西安从 2014 年以后一直处于较高水平，而宁波在 2013 ~ 2017 年一直处于不断上升阶段，在 2017 年超过深圳的人均能值使用量，说明这三个区域中心城市随着城市的发展，人们的能值使用量也不断提高，其主要原因可能是这三个城市的可更新资源、不可更新资源和进口能值相对其他区域中心城市更加丰富，在这些区域中心城市中，深圳因其快速的经济发展，从外界获取的资源较多，且多为高科技和服务等资源；西安因其独特的地理优势拥有丰富的可更新资源，人们可使用的可更新资源较多，从而人均能值的使用量较高，2017 年宁波成为 31 个区域中心城市中人均使用量最高的城市，其主要原因可能是宁波在 2013 ~ 2017 年不断优化自身的产业结构，着重形成以信息技术为核心，以先进制造业和服务业为主体的产业经济，不断增加了宁波的能值使用量，提高了宁波人民的生活质量。2013 ~ 2017 年银川、兰州、乌鲁木齐、贵阳和呼和浩特是人均能值使用量较低的几个区域中心城市，其主要原因可能是这几个区域中心城市虽然可更新资源和不可更新资源较为丰富，但是吸引的外部投入的能值较少，所以导致人均能值使用量较低。

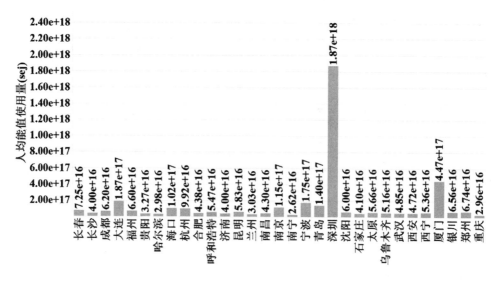

2013 年 （a）

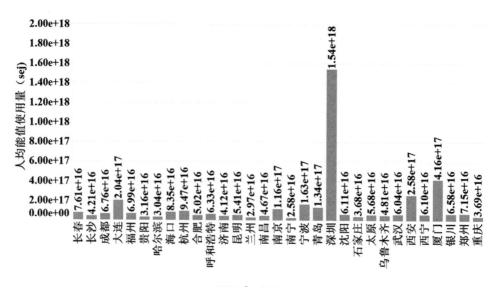

2014 年 （b）

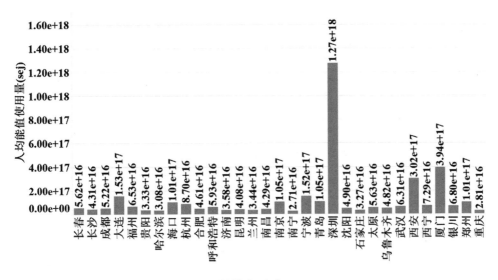

2015 年（c）

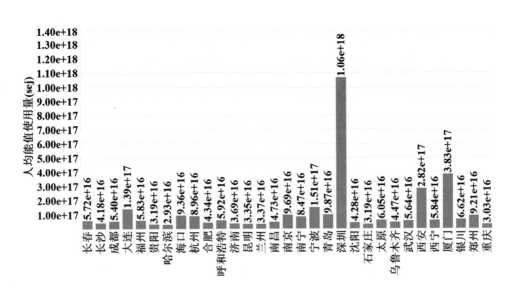

2016 年（d）

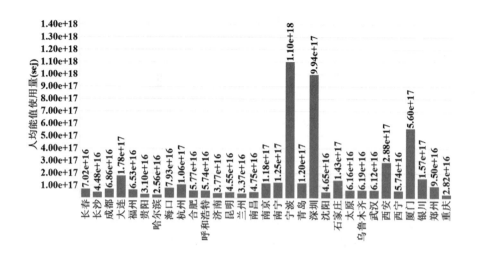

2017 年 （e）

图 5 - 3 区域中心城市人均能值使用量

能值密度即"能源利用强度"，通常被用来形容一个城市经济活动的密集程度，能值密度越大，表明该城市的能值使用量的强度越大、经济社会发展程度越高。从图 5 - 4 来看，中国 31 个区域中心城市的能值密度在 2013 ~ 2016 年呈现逐渐下降的状态，2017 年有所上升，这反映出 2013 ~ 2017 年随着国家生态文明建设的发展，各区域中心城市积极优化产业结构，不断提高治理环境的能力，整体经济发展速度有所放缓，经济活动的密集程度有所下降，但随着产业结构的健康发展，区域中心城市发展的强度和水平又有所提升。

从全国范围来看，深圳的能值密度最高，远远大于其他 31 个区域中心城市，表明深圳的经济社会发展水平是最高的，其中可能有两个原因：第一，深圳的土地面积较小，只有 1997. 47 平方千米；第二，深圳的能值总使用量最高，系统所消耗的能量也最多，因此，这也意味着深圳未来的发展可能会受到土地因子的制约。银川的能值密度最低，表明银川的经济社会发展水平最低，这可能是因为银川的经济建设活动并不大，能值总使用量较低，因此导致银川的经济社会发展水平比深圳低，能值密度也较低。

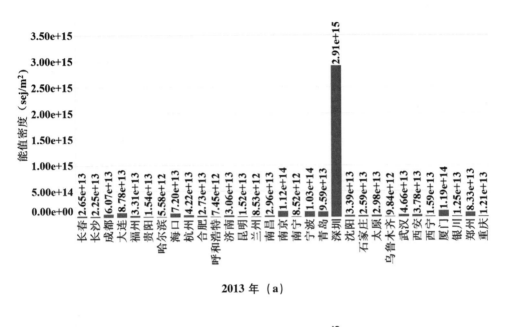

2013 年（a）

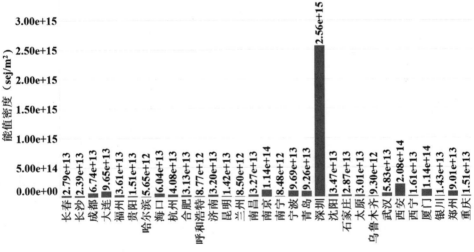

2014 年（b）

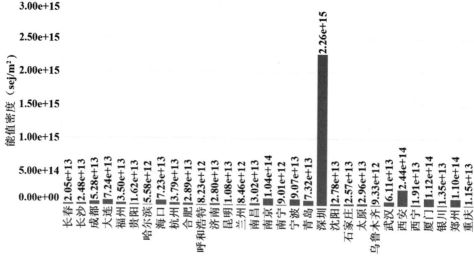

2015 年 （c）

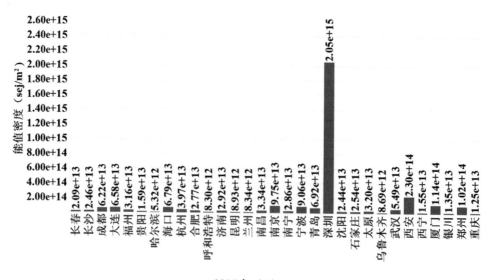

2016 年 （d）

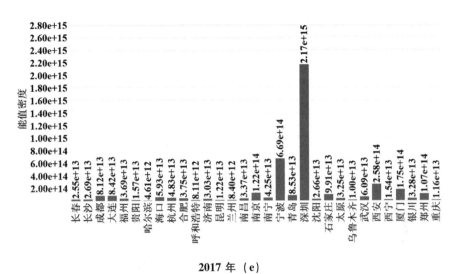

2017 年 （e）

图 5 – 4 区域中心城市能值密度

5.2.2 经济系统能值指标分析

当前，中国经济正处于从高速发展向高质量发展的过渡时期，因此，建设现代经济体系已成为紧迫任务，为了评价各区域中心城市当前的经济发展状况和经济现代化程度，本书选取净能值产出率和能值投资率作为评价经济子系统的指标。净能值产出率可以直观地反映各区域中心城市经济系统的投入产出效率，该值小于 1 说明该区域中心城市的经济系统产出能值效率高，该值大于 1 说明该区域中心城市的经济产出能值效率低。如图 5 – 5 所示，2013 ~ 2017 年中国 31 个区域中心城市的经能值产出率都大于 1，这表明中国区域中心城市在这五年期间经济效率较高，城市整体运转功能较好。

从全国范围来看，银川、西宁、兰州、贵阳、呼和浩特和乌鲁木齐的净能值产出率相较其他区域中心城市高，这反映出这些城市的本地能源和物质丰富，不论是农副产品还是矿产资源都是对外输出的重要产品，系统整体发展的能值回报率较高，经济发展潜力大。而净能值产出率最低的区域中心城市是南京、大连、宁波、青岛、厦门、济南和深圳，这些城市都是传统认知上的发达地区，其经济发展主要依靠的是投资、经济、贸易消费等领域的支持，但本地产出的农副产品和资源产品并不太多，然而这些发达城市经济系统的发展需要巨大的经济投资，该经济系统的产出小于投入，产出能值相对较少，因此，这些发达城市还需要不断调整自己的产业结构，提高经济系统的投入产出效率。

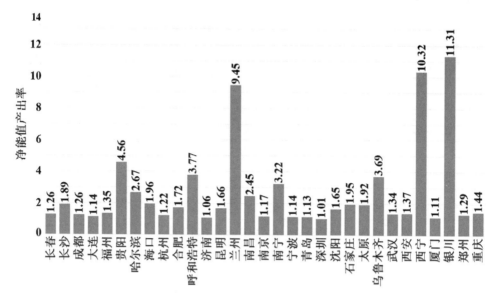

2013 年 （a）

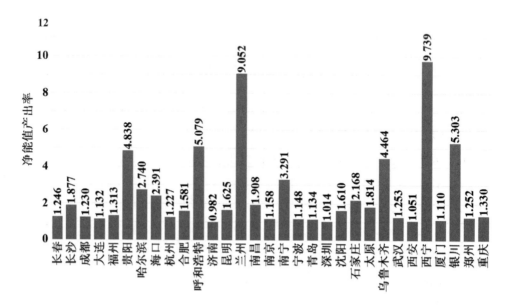

2014 年 （b）

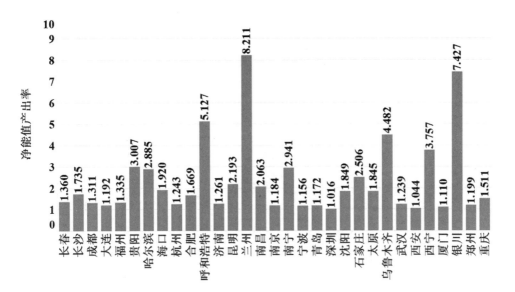

2015 年（c）

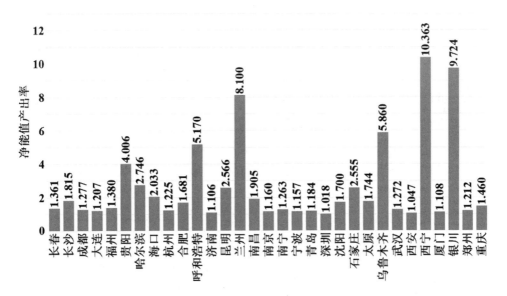

2016 年（d）

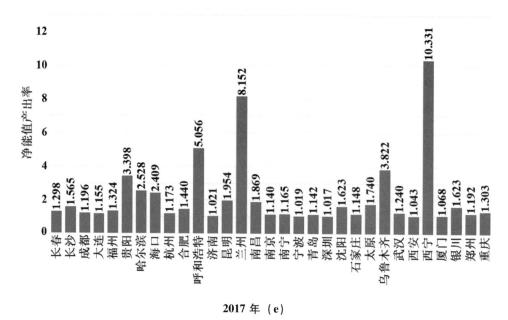

2017 年 （e）

图 5 - 5   区域中心城市净能值产出率

如表 5 - 3 所示，能值投资率与总能值使用量和输入能值密切相关，能值投资率可以直观地反映城市经济发展状况，该值越高，城市的经济发展水平越高；反之，城市的经济发展水平越低。通常来说，发达城市的经济发展需要依靠外界经济资本的投入，因此，发达城市的能值投资率往往低于欠发达城市（蓝盛芳等，2002）。由图 5 - 6 来看，31 个区域中心城市的能值投资率在 2013 ~ 2017 年呈现显著下降的状态，说明中国 31 个区域中心城市的经济发展水平呈现下降状态。

从全国范围来看，深圳、西安、厦门和宁波的能值投资率是 31 个区域中心城市中最高的四个城市，西宁、兰州、银川和乌鲁木齐的能值投资率是 31 个区域中心城市中最低的城市。综合这些年区域中心城市的经济发展来看，深圳、西安、厦门和宁波的经济发展相对先进，逐步推动高端产业的发展，经济现代化程度高。因此，西部一些欠发达的区域中心城市如西宁、兰州、银川、乌鲁木齐可以借鉴这些发达城市的经济发展模式，打造高科技产业聚集地，着重提高第三产业的比重，力求区域经济发展平衡。

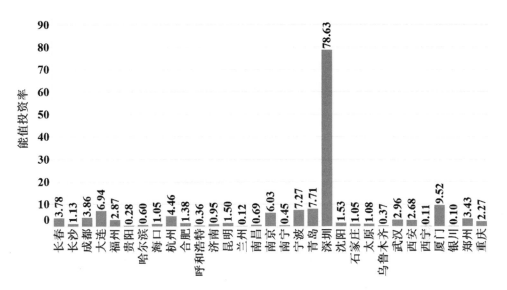

2013 年（a）

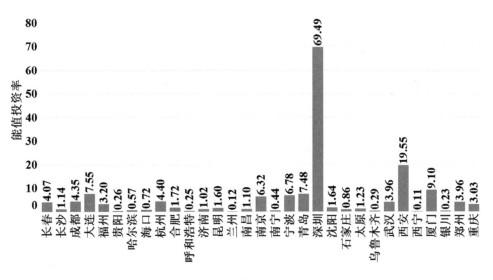

2014 年（b）

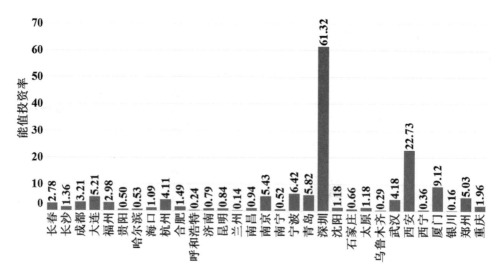

2015 年（c）

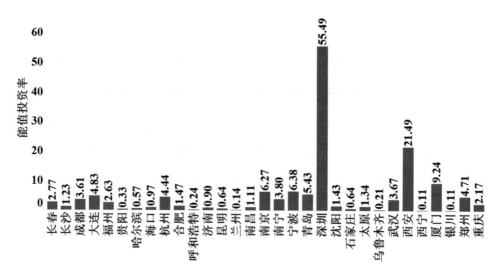

2016 年（d）

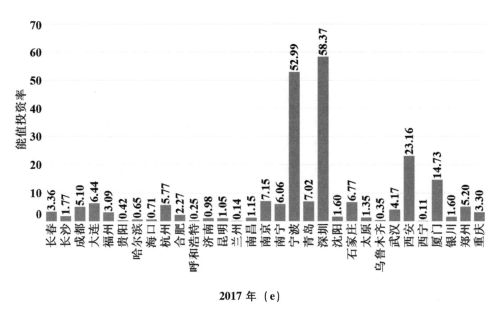

2017 年 （e）

图 5 - 6　区域中心城市能值投资率

5.2.3　自然系统能值指标分析

人类活动所消耗的不可再生资源和排放的废弃物已成为造成环境恶化的主要原因。因此，本研究选择了环境负载率和能值可持续发展指数对环境子系统的现状进行评价。环境负载率是指维持系统运行所需的不可再生能源和进口能源与可再生能源中所含能量的比值，它可以测量区域环境压力的程度，环境负载率值越大，对区域环境的压力越大。根据图 5 - 7，31 个区域中心城市环境负载率整体在 2013 ~ 2014 年逐渐上升，变化幅度较小，2014 ~ 2016 年逐渐下降，2017 年有所上升，说明虽然近些年来区域中心城市逐渐改变粗放式发展方式，但人类社会经济活动对环境的影响很大，目前生态环境状况仍然较差。

一般来说当环境负载率小于 3 时，系统呈现低负荷状态，当环境负载率在 3 ~ 10 时，系统呈现中负荷状态，当环境负载率大于 10 时，系统呈现高负荷状态。从图 5 - 7 来看，宁波、西安、厦门和深圳基本处于高负荷状态，远高于其他区域中心城市，说明生态环境压力较重，主要原因可能是近些年来，人们努力追求经济的快速发展，但忽视了维护生态环境和社会经济之间的平衡关系，这可能是造成这些区域中心城市生态环境恶化的主要因素。长春、成都、大连、福州、杭州、南京和青岛这几个区域中心城市的环境负载率在2013～2017年一直处于中负荷状态，这几个区域中心城市虽然近年来一直在优化产业结构，但仍然需要大量外来资源和不可更新资源的投入，这些城市随着经济的不断增长，系统能值的利用总量的强度增加，对环境带来的压力较大，需要寻找合适的对策应对。其余的区域中心城市一直处于低负荷状态，这可能是因为这些城市的自然生态系统为其提供了巨大的生态服务价值，在一定程度上缓解了区域中心城市经济活动带来的压力。

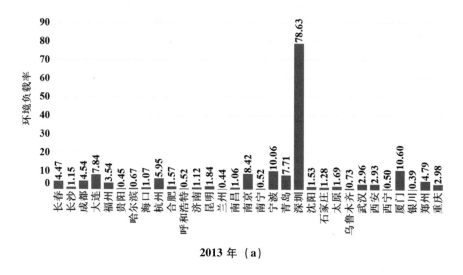

2013 年（a）

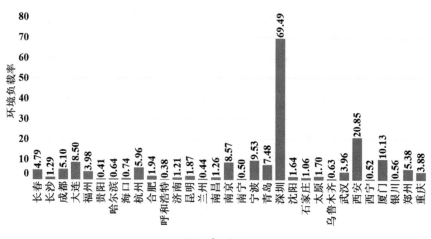

2014 年（b）

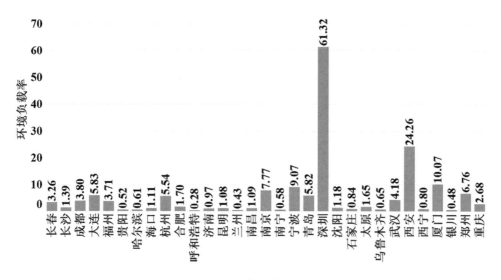

2015 年（c）

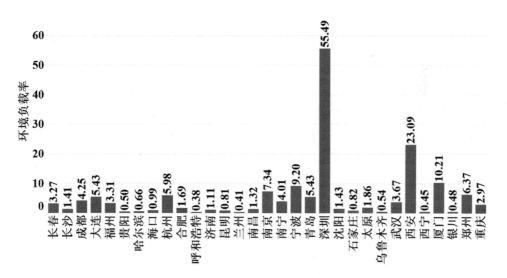

2016 年（d）

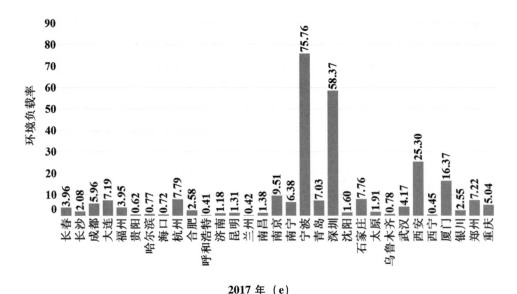

2017 年（e）

图 5 - 7　区域中心城市环境负载率

能值可持续发展指数可以全面反映系统的经济、社会和环境效益，其意义在于将可持续发展程度以数值形式表示出来，便于对系统的可持续性进行比较分析。当可持续发展指数小于 1 时，可持续性较差，当可持续发展指数处于 1 ~ 10 时，可持续性较强，当可持续发展指数大于 10 时，说明系统资源开发利用程度不足，具有很强的可持续性。通过指标计算结果和图 5 - 8 可知，能值可持续发展指数在2013 ~ 2015 年逐渐下降，2016 年有所上升，2017 年有所下降，这可能是因为近年来区域中心城市生态经济系统运行需要高消费驱动，可持续发展能力较差，而在过度追求经济快速增长的同时也付出了巨大的环境代价。

从全国范围来看，西部区域的兰州、银川和西宁等欠发达地区的可持续发展指数大于 10，说明这几个区域中心城市系统内部的资源开发利用率较低，自然资源储备量较高，具有很强的可持续性。而青岛、南京、宁波、厦门、西安和深圳这些经济发达的区域中心城市的可持续发展指数小于 1，说明这些区域中心城市的可持续发展能力较弱，这可能是因为这些区域中心城市的经济增长过度依赖于增加资本、人力和物质资源、生产要素的投入，从而产生的一些废弃物对环境的压力较大，因此，这些发达城市需要向低能耗、低排放的经济发展模式转变。

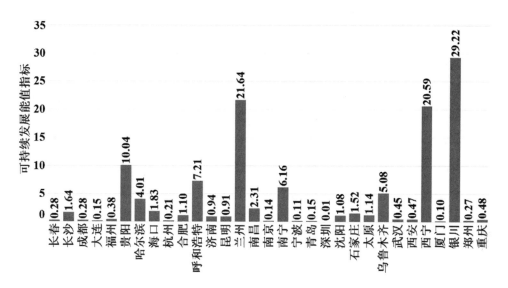

2013 年 (a)

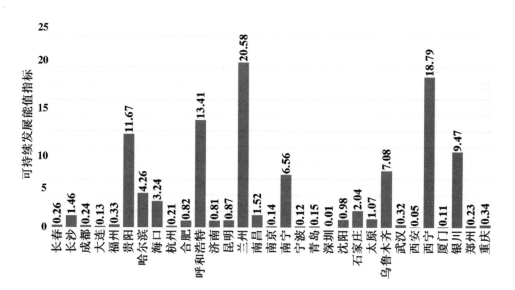

2014 年 (b)

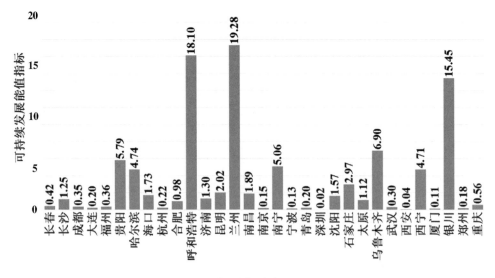

2015 年（c）

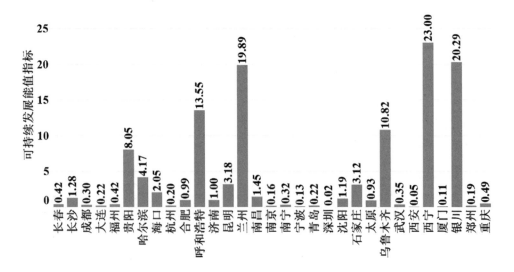

2016 年（d）

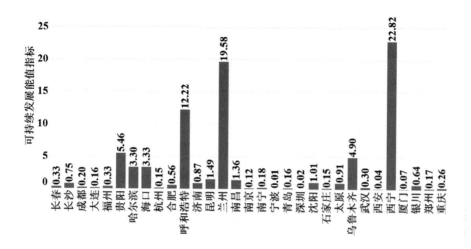

2017 年（e）

图 5-8 区域中心城市可持续发展指数

6　区域中心城市生态效率评价

6.1　测算方法

利用能值分析与 DEA 相结合的方法，可以更准确地揭示城市代谢相互作用的生态效率。例如，艾雪（2022）以朗溪镇经果业子系统、养殖业子系统、生态茶业子系统和复合农业生态经济系统为研究对象，并选取朗溪镇河西村、昔蒲村、三村村和甘龙村为代表性地区，以 2007 年（第一期石漠化综合治理第一年）和 2015 年（第一期石漠化综合治理最后一年）为研究年限，运用能值理论及方法分析研究区各生态产业以及石漠化治理工程实施前后生态经济系统投入和产出的变化情况，从社会、经济、生态三个方面筛选出能值指标评价体系，综合评价研究区生态治理效益。李敏（2013）在考虑污水处理系统及其"产出"（处理水和脱水污泥）不同处理处置方式的基础上构建了污水处理综合系统，并应用传统的能值分析指标、改进的能值分析指标和经济分析指标对系统的环境可持续性和经济特性进行了综合分析。同时，在研究中还对系统进行了污染物环境影响能值的实证分析，衡量了污水处理综合系统从构建到运行过程中的物质资源消耗和污染物排放的环境影响。综上所述，能值分析可以深入了解城市代谢系统环境下的生态效率测量，这有利于了解系统运行机制，实现城市可持续发展。

6.1.1　基础 SBM 模型

查恩斯等（Charnes et al.，1978）提出的数据包络分析（DEA）模型是一种非参数技术，它利用线性统计方法，在各种输入和输出的基础上，评估同质决策单元（DMUs）的相对效率。传统的径向 DEA 方法由于没有考虑松弛变量问题，无法区分有效决策单元的效率差异。托恩（Tone，2001）提出了 SBM 模型来避免松弛变量问题，不同之处是 SBM 模型将投入产出松弛直接引入目标函数中，有助于基于投入产出数据以非径向方式估算效率，可以更深入地处理 DMU 投入与产出的效率问题。

假设有 n 个 DMU （$k=1$，2，$\cdots$，n），每个 DMU 有 m 个投入变量 （$i=1$，2，$\cdots$，m）和 n 个产出变量 n （$j=1$，2，$\cdots$，n）。对应的相关投入矩阵可表示为 $X=(x_{ik})\in R^{m\times l}$，产出矩阵可表示为 $Y=(y_{ik})\in R^{m\times l}$，并满足 $X>0$ 和 $Y>0$。定义生产可能集为：

$$P=\{(x,y)\mid x\geqslant X\lambda,y\leqslant Y\lambda,\lambda\geqslant 0\} \tag{6-1}$$

式 （6-1）中，λ 为一非负向量，且 $\lambda\in R^l$。则 P 中某一点 （x_0，y_0）可以表示为：

$$x_0=X\lambda+s^- \tag{6-2}$$

$$y_0=Y\lambda-s^+ \tag{6-3}$$

式 （6-3）中，$s^-\in R^m$，$s^+\in R^n$，且满足 $s^-\geqslant 0$ 和 $s^+\geqslant 0$，称为松弛向量，分别表示投入的冗余（excess）和产出的不足（shortfall）。利用松弛变量，DMU 的效率值可以通过如下目标函数进行测算：

$$\min\rho_0=\frac{1-\dfrac{1}{m}\sum_{i=1}^m\dfrac{S_i^-}{x_{i0}}}{1+\dfrac{1}{n}\sum_{i=1}^n\dfrac{S_j^+}{y_{j0}}} \tag{6-4}$$

式 （6-4）中，$\dfrac{S_i^-}{x_{i0}}$ 表示所有投入的平均非效率水平，$\dfrac{S_j^+}{y_{j0}}$ 表示所有产出的平均非效率水平。可以看出，效率值 ρ_0 为松弛变量 s^- 和 s^+ 的单调递减函数，其取值范围介于 0 和 1 之间，当且仅当：$s^-=s^+=0$ 时，$\rho_0=1$，即 DMU （x_0，y_0）位于生产前沿面上，视为有效。

SBM 模型的优势在于它考虑了传统径向模型（CCR 模型和 BCC 模型）不能解决的无效松弛变量改进的问题。另外，SBM 模型同时从投入和产出两个角度对 DMU 进行效率评价，因而可以说是非导向的（non-oriented），这可以避免因角度选择的不同而造成一定的偏差。然而，SBM 模型也存在一定问题，如式 （6-4）所示，函数的期望目标为效率值 ρ_0 的最小化，根据目标函数的单调递减性，则要求投入、产出得无效率值最大化。那么，从距离函数的角度来看，生产前沿面上的投影点，即改进后的目标值点，却是与被测 DMU 距离最远的点，这也是 SBM 模型较为明显的不足之处。

6.1.2 非期望产出 SBM 模型

在应用 DEA 模型对 DMU 进行相对效率评价时，迪克霍夫和艾伦（Dyckhoff H and Allen K，2001）提出，若 DMU 有效，则说明一定满足：产出一定时，投入最小；或投入一定时，产出最大。也就是说，在全部被测 DMU 中，有效 DMU 获得了最大的产出—投入比。尽管基础 SBM 模型严格遵循了这一规则，同时如前文所言，它在处理一些具体问题时，较传统 DEA 模型有一定的优势。然而，在某些特殊情况下，DMU 的产出中往往还包括一些具有负面效应的附加产品，如工业"三废"，这些产出实际并不是被测 DMU 所希望获得的，被称为非期望产出，或坏产出（bad outputs）。从 DEA 测算原理中直接可以看出，如果将非期望产出按正常产出来对待，势必会高估被测 DMU 的效率值，从而偏离其真实的效率水平。因此，在处理一类含有非期望产出的 DEA 模型时，需要采取必要的方式进行调整，通常会考虑如下三类方法——将非期望产出作为投入处理法、数据转换函数处理法以及（方向性）距离函数法，其中，距离函数法是较常用的方法，而且相对于其他方法，从直观上也更易于理解。

SBM 模型的构建如下。假设一个系统有 n 个决策单元（DMUs）。每个 DMU 有 m 个输入因子，S_1 个期望输出因子，S_2 个非期望输出因子，可以分别表示为三个主向量：

$$X = \begin{bmatrix} x_1, & x_2, & x_3, & \cdots, & x_n \end{bmatrix} \in R^{m \times n}$$

$$Y^g = \begin{bmatrix} y_1^g, & y_1^g, & y_1^g, & \cdots, & y_1^g \end{bmatrix} \in R^{s_1 \times n}$$

$$Y^b = \begin{bmatrix} y_1^b, & y_1^b, & y_1^b, & \cdots, & y_1^b \end{bmatrix} \in R^{s_2 \times n} \tag{6-5}$$

式（6-5）中，$x_i > 0$，$y_j^g > 0$，$y_i^b > 0$

包含非期望产出的 SBM 模型公式如下：

$$\rho^* = \min\rho = \min \frac{1 - \frac{1}{m}\sum_{i=1}^{m}\frac{s_i^-}{xi_0}}{1 + \frac{1}{s_1 + s_2}\left(\sum_{r=1}^{s_1}\frac{s_r^g}{y_{r0}^g} + \sum_{r=1}^{s_2}\frac{s_r^b}{y_{r0}^b}\right)} \tag{6-6}$$

$$
s. t. \begin{cases} x_0 = X\lambda + s^- \\ y_0^g = Y^g\lambda - s^g \\ y_0^b = Y^b\lambda + s^b \\ \lambda \geq 0, \ s^- \geq 0, \ s^g \geq 0, \ s^b \geq 0 \end{cases}
$$

式（6-6）中，λ 表示权重向量；s^-，s^g，s^b 为松弛变量，分别代表投入和期望产出和非期望产出的冗余。式（6-6）中的解 ρ^* 即为 DMU 在 SBM 模型的区域中心城市生态效率值，$\rho^* \in [0, 1]$。当 $\rho^* = 1$，s^-，s^g，s^b 都等于 0 时，则称 DMU 为 DEA 有效，当 $\rho^* < 1$ 时，DMU 为非 DEA 有效，需要改进投入和产出。

6.1.3 包含非期望产出的超效率 SBM – DEA 模型

在效率测算中，运用上述包含非期望产出的 SBM – DEA 模型测算的效率值仍然会出现多个 DMU 效率值同时为 1 的情形，限制了对有效 DMU 的进一步排序和比较。为此，托恩又进一步提出了修正松弛变量的超效率 SBM – DEA 模型允许效率值大于 1 或等于 1，以此来解决多个决策单元完全效率的问题。在超效率 SBM 模型基础上，包含非期望产出的超效率 SBM – DEA 模型构建如下：

$$
\delta^* = \min \frac{\dfrac{1}{m}\displaystyle\sum_{i=1}^{m}\dfrac{\overline{x_i}}{x_{i0}}}{\dfrac{1}{s_1 + s_2}\left(\displaystyle\sum_{r=1}^{s_1}\dfrac{\overline{y_r^g}}{y_{r0}^g} + \displaystyle\sum_{r=1}^{s_2}\dfrac{\overline{y_r^b}}{y_{r0}^b}\right)}
$$

$$
s. t. \quad \overline{x} \geq \sum_{j=1, \neq 0}^{n} \lambda_j x_j
$$

$$
\overline{y^g} \leq \sum_{j=1, \neq 0}^{n} \lambda_j y_j^g
$$

$$
\overline{y^b} \geq \sum_{j=1, \neq 0}^{n} \lambda_j y_j^b
$$

$$
\overline{x} \geq x_0, \overline{y^g} \leq y_0^g, \overline{y^b} \geq y_0^b, y_0^g \geq 0, \lambda \geq 0 \tag{6-7}
$$

区域生态效率的本质是以最少的资源投入和最小的环境代价获得最大的经济价值，这与式（6-7）对投入与产出指标的要求相符，另外式（7-7）所测得效率值不受 1 限制，便于后文进行经济计量模型设置。因此，根据本研究需要，采用包含非期望产出的超效率 SBM – DEA 模型测算 31 个区域中心城市生态效率。

6.2 基于能值分析的指标体系构建

6.2.1 指标识别原则

1. 系统性

系统的正常运行需要依赖一些层次分明、特征分明和相互关联的模块。城市的系统最为复杂，它需要一些资源物质的投入与输出才能使得城市的系统正常运行，因此选取的指标需要和城市系统的特征相匹配。从城市的长远发展来看，系统的输入在一定程度上消耗了该地区的物质资源和能量，而系统的输出是为了实现城市社会、经济和环境系统的效益最大化，所以，最终选取的指标需要反映出这三个系统之间的关系。

2. 代表性

指标的选取需要体现其权威性和代表性，因此，本研究参考国内外权威机构如 OECD 提出的可持续发展指标、中共中央办公厅、国务院办公厅联合印发的《生态文明建设目标评价考核办法》中的绿色发展指标体系等各类权威组织所提的指标体系和代表性文献中的指标进行分析。其次，根据绿色转型和生态效率理论，本研究所选取的投入产出指标需要充分反映经济、社会和生态三个层面的关联性，基于能值分析的指标体系可以将城市的经济、社会和生态这三个层面联系起来，同时也尽可能多地体现了绿色转型的相关内容，符合研究的整体框架。

3. 有效性

一般来说，采用 DEA 方法对生态效率进行测度对 DMU 的数量有相关要求，如果 DMU 数量较少，则易造成 DMU 普遍有效的结果，因此，根据相关要求，DMU 的数量需要大于投入乘产出指标的数量或者投入和产出指标总和的 3 倍，具体数量要求见式（6 – 8）：

$$k \geqslant \max\{m \times n, 3 \times (m + n)\} \tag{6 – 8}$$

在研究中，共包含31个区域中心城市，即 DMU 的数量为31，投入指标公3个、产出指标1个，DMU 的数量显然满足式（6-8）的要求（31≥max {3，9}）因此，本研究选取的指标充分满足了有效性的要求。

6.2.2　指标体系构建

德国的环境经济核算账户建立的生态效率指标体系是最为典型的生态效率评价体系，该指标体系也获得了学者的广泛应用。中国学者结合中国发展的实际情况，借鉴该典型的生态效率指标体系，建立了适合中国发展特色的生态效率评价指标体系。从中国学者构建的生态效率指标体系中可以看出，学者们对产出指标的选取基本意见一致，对投入指标的选取存在一定的分歧，一般学者会从两个角度进行选取，即环境污染角度和资源消耗角度，具体的国内外生态效率指标体系见表6-1。

表6-1　　　　　国内外有代表性的生态效率评价指标体系

作者	评价对象	产出指标	资源环境指标	
			资源消耗指标	环境污染指标
哈特穆尔霍、卡尔·肖伊、斯特芬·塞贝	德国	GDP	土地、能源、用水、原材料、劳动力、资本	温室气体、酸性气体
邱寿丰、诸大建	中国各省份	GDP	能源、用水、原材料、劳动力	废气、废水、固体废弃物
黄和平、伍世安、姚冠荣	江西省份	GDP	能源、用水、建设用地	化学需氧量（COD）排放、二氧化碳排放、工业固体排放
成金华、孙琼、郭明晶	中国各省份	GDP	能源、土地、水资源、人力	废气、废水、固体废弃物
付京燕、原宗琳、曾翩	中国各省份	GDP	资本、劳动、能源、水资源	废气、废水、固体废弃物

从上述学者构建的生态效率评价体系中可以看出，大多数研究在测算生态效率时，一般会选择资本、劳动力、能源、土地、水资源投入作为 DEA 模型的投入指标，GDP 作为期望产出指标，废气、废水和固体废弃物作为非期望产出指标，但这种指标评价体系存在一些问题：

（1）基于 DEA 模型的生态效率评价指标体系往往忽略了免费的自然资源指

标，如太阳光、风能和降水量，然而这些免费的自然资源是城市正常运转的基础，因此在测算生态效率时应当加入这些免费的自然资源指标，更好地反映城市系统的投入状况。

（2）投入和产出指标的核算价值通常是用数量或者货币价值来体现，这就忽略了其指标在系统发展中的自然环境作用。比如，一种能源资源在经济发展过程中被使用掉，它的价值仅仅是用数量或者货币来表示，但一种能源资源在其形成过程中往往需要自然界的各种作用，该资源的价值往往高于简单地用数量或者货币计算出来的价值，因此，在选取投入和产出的指标时，应当注重相关资源的"真实财富"。

基于能值分析的指标体系能够有效解决 DEA 模型指标选取过程中遇到的问题。能值被定义为一种可直接或间接用于生产或服务的能量，能值分析可以通过一个共同的计量单位（太阳能值）将生态系统和经济系统联系起来，这样的度量方式可以在同一尺度上比较不同种类的能源，且基于能值分析的指标体系包含了免费的自然资源，可以更好地体现资源能源的最真实价值。为了研究区域中心城市历年的生态效率变化情况，根据生态效率相关概念及理论，并结合能值的分析方式，我们将区域中心城市的可更新资源利用量、不可更新资源利用量、进口能值作为 DEA 模型的输入指标，出口能值作为期望输出指标，将废弃能值作为非期望输出指标，构建出计算区域中心城市生态效率所需的投入和产出指标体系（见表 6-2）。

表 6-2　　区域中心城市复合生态系统能值生态效率评价指标体系

一级指标	基于能值的分析指标	能值项目	单位	能值转换率
输入	可更新资源	太阳能	J	1
		风能	J	2.50E+03
		雨水势能	J	4.70E+04
		雨水化学能	J	3.05E+04
		地球循环	J	5.80E+04
		农产品	g	2.40E+11
		畜产品	g	1.50E+11
		水产品	g	2.00E+10

一级指标	基于能值的分析指标	能值项目	单位	能值转换率
输入	不可更新资源	电能	J	1.60E + 05
		钢材	g	1.80E + 05
		原煤	J	4.00E + 04
		原油	J	5.04E + 04
		汽油	J	1.11E + 05
		柴油	J	1.11E + 05
		燃料油	J	6.25E + 04
		天然气	J	4.80E + 04
		化肥	t	8.28E + 06
	进口能值	进口额	$	2.44E + 13
		旅游	$	1.66E + 12
非期望产出	废弃能值	固体废物	g	1.80E + 09
		废水	g	6.66E + 08
		废气	g	6.66E + 08
期望产出	出口能值	出口额	$	2.44E + 13
	GDP	GDP	$	6.34E + 12

6.3 绿色转型视阈下城市生态效率测度与结果分析

6.3.1 生态效率测度模型

根据前文的城市绿色转型理论，城市绿色转型是对不可持续的传统发展模式的彻底摒弃，也是对未来转型发展模式的深切寄托。城市绿色转型需要通过持续构建城市独有资源禀赋之间的联动关系，从环境、经济、社会三个层面协同推动城市发展，从传统黑色发展模式向健康的绿色发展模式进行过渡转变。结合城市生态效率理论以及所选 DEA 方法的使用特征，本书构建如下的城市绿色转型生态效率测度模型：

在图 6-1 中，投入路径包括可更新资源、不可更新资源和进口能值等 5 项指标，属于城市的资源供给系统。这些资源被城市内部其他各子系统代谢消耗，用以维持城市整体的正常运行,并为城市的深度发展蓄积力量,同时城市也会将无利于其自身发展的废弃物排出系统之外。因此,在产出路径上,设定出口能值、废弃能值两项指标,以反映城市绿色转型在环境、经济、社会三个维度上的效果。其中,出口能值中的生产总值与社会维度相对应;出口能值中的生产总值和出口额还与经济维度相对应;废弃能值与环境维度相对应。同时,在上述两项产出指标中,出口能值属于期望产出,该者产出越大,城市绿色转型视阈下的生态效率越高;废弃能值是非期望产出,该者产出效率越小,城市绿色转型视阈下的生态效率越高。本书按上述框架进行城市绿色转型视阈下生态效率的测算。

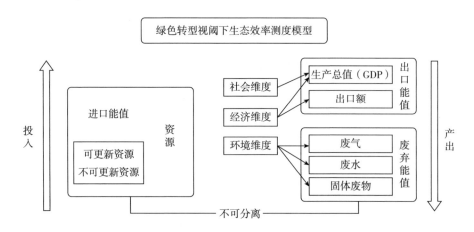

图6-1 绿色转型视阈下城市生态效率测度模型

6.3.2 测算结果及分析

本研究运用考虑了非期望产出的超效率SBM模型测算了2013~2017年各区域中心城市生态效率,如表6-3和图6-2所示。

表6-3   2013~2017年中国区域中心城市生态效率

城市	2013年	2014年	2015年	2016年	2017年	均值
石家庄	0.3908	0.3775	0.3703	0.3545	0.3400	0.3666
沈阳	0.4913	0.5082	0.5276	0.5312	0.5348	0.5186

城市	2013 年	2014 年	2015 年	2016 年	2017 年	均值
大连	0.6450	0.6444	0.6492	0.6462	0.6528	0.6475
南京	0.7986	0.7805	0.7708	0.7611	0.7708	0.7764
杭州	1.0200	1.0394	1.0551	1.0684	1.0878	1.0541
宁波	0.8216	0.8470	0.8724	0.8869	0.8918	0.8639
福州	1.0140	1.0672	1.0817	1.0938	1.1084	1.0730
厦门	1.0781	1.0951	1.0938	1.0999	1.103 5	1.0781
济南	0.9178	0.9571	0.9771	0.9904	1.0001	0.9685
青岛	1.0140	1.0672	1.0817	1.0938	1.1084	1.0730
深圳	1.0212	1.0636	1.0805	1.1120	1.1168	1.0826
海口	1.0370	1.0515	1.1277	1.1483	1.1664	1.1062
东部均值	0.8541	0.8340	0.8722	0.8806	0.8889	0.8660
太原	0.2674	0.2541	0.2456	0.2323	0.2251	0.2449
长春	0.5179	0.5203	0.5239	0.5106	0.4961	0.5138
哈尔滨	0.4417	0.4417	0.4767	0.4610	0.4780	0.4598
合肥	0.7066	0.7139	0.7357	0.7272	0.7684	0.7304
南昌	0.9378	0.9474	0.9692	0.9390	0.9535	0.9494
郑州	0.3824	0.3812	0.3860	0.3751	0.3799	0.3809
武汉	0.8168	0.8506	0.8397	0.8361	0.8458	0.8378
长沙	0.8482	0.8760	0.8821	0.8930	0.9257	0.8850
中部均值	0.6149	0.6232	0.6324	0.6218	0.6341	0.6252
呼和浩特	0.2239	0.2069	0.2033	0.1900	0.1863	0.2021
南宁	0.8531	0.7756	0.7236	0.6595	0.6232	0.7270
重庆	1.0176	1.0527	1.0854	1.0975	1.1217	1.0750
成都	0.7454	0.7514	0.7962	0.8034	0.8204	0.7834
贵阳	0.6207	0.5820	0.5627	0.5348	0.5143	0.5629
昆明	0.5566	0.5965	0.6147	0.6328	0.6486	0.6098
西安	0.5324	0.4973	0.4743	0.4525	0.4417	0.4796
兰州	0.6643	0.6292	0.6002	0.5602	0.5481	0.6004
西宁	0.6135	0.5457	0.5251	0.4780	0.4816	0.5288
银川	0.2977	0.2723	0.2505	0.2275	0.2178	0.2532
乌鲁木齐	0.3303	0.3182	0.3122	0.3025	0.3025	0.3131

续表

城市	2013 年	2014 年	2015 年	2016 年	2017 年	均值
西部均值	0.5869	0.5662	0.5589	0.5399	0.5369	0.5578
全国均值	0.6975	0.6742	0.6934	0.6867	0.6919	0.6887

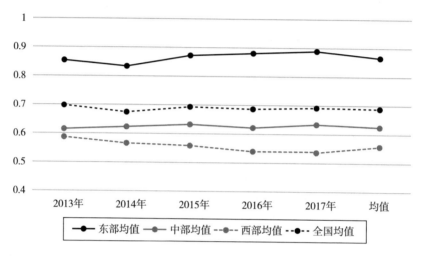

图6-2 区域中心城市生态效率

（1）从空间上看，不同的区域中心城市的生态效率之间存在较大的差异，说明不同区域中心城市在推动生态文明社会建设的效果不同。杭州、福州、青岛、深圳、厦门、海口和重庆的生态效率在研究期间内一直大于1，处于超效率状态。其中，厦门和深圳的生态效率是最高的，其原因可能是厦门和深圳在近些年来重点发展高效节能产业、先进环保产业、资源循环利用产业和节能环保服务产业逐渐形成现代化产业体系，实现了经济发展与环境保护平衡发展的状态。杭州、福州、青岛、海口和重庆的生态效率也处于31个区域中心城市中较高水平，这可能是因为杭州、福州和重庆经济现代化程度较高，近些年来坚持打造新兴产业科技园，推动高端产业发展，第三产业对经济增长的贡献率逐渐提高，同时，生态保护的力度也是最大的，改善了当地的生态经济发展环境。此外，青岛和海口是著名的旅游城市，因此资源消耗的能量较少，同时青岛和海口注重生态环境的保护，其优越的环境资源也对城市的生态环境起到一定的净化作用，因此生态效率较高。石家庄、太原、郑州、呼和浩特、银川和乌鲁木齐的生态效率值均在 0.4 以下，是生态效率最差的几个区域中心城市。这些城市在研究期间努力追求经济的快速发展，所消耗的不可再生资源和排放的废弃物较多，破坏了生态和经济之间的平衡，使得生态效率处于区域中心城市最低水平。其余区域中心城市的生态效率值都处于 0.4 ~ 0.8，这些区域中心城市大多位于中国的中西部地区，因此中西部地区的城市应该注重生态环境的改善，可以借鉴厦门和深圳的经济发展模式，努力提升自身的生态效率水平。整体来看，中国区域中心城市的生态效率呈现从西北到东南的逐渐递增的状态，这和各地经济发展水平的状态基本一致。但是，石家庄和郑州的生态效率与其经济发展水平不一致，这可能是因为石家庄地处河北，一些高污染产业高耗能产业有部分逐渐转入石家庄，随着高污染高能耗产业的迁入，石家庄的重污染产业增多，破坏了生态环境，导致生态效率低下，而长三角地区重污染产业的转移也会将郑州作为选择地，因此受到外来重污染产业迁入的影响，郑州的生态效率也随之呈现逐渐低下的状态。

（2）从区域上看，三大区域的生态效率东部最高，各区域中心城市生态效率均值为 0.8711，中部次之，各区域中心城市生态效率均值为 0.6142，西部最低，各区域中心城市生态效率均值为 0.5869，呈现东高西低状态的原因可能有以下几点：第一，东部地区各区域中心城市具有较为合理的产业结构、先进的生产技术、较高的资源利用效率和较低的污染排放量，不断推动各区域中心城市现代化经济的发展。第二，东部各区域中心城市对环境保护的重视程度越来越高，逐步发展新兴产业，将重污染产业逐步转移，而中西部地区一些区域中心城市为了经济发展，吸纳了大量的由东部发达区域中心城市搬迁过来的重污染企业，然而这种发展模式给中西部区域中心城市的生态环境增加了压力，因此，中西部生态效率较低。第三，与东部地区相比，中部地区和西部地区为了努力发展经济，对生态环境保护的关注程度往往没有东部地区高，产业结构也落后，因此，西部地区各区域中心城市政府应当加强生态环境保护的监管，提高生态效率。

（3）从时间变化趋势来看，中国三大区域在环境治理阶段的生态效率值均有不同程度的提高，东部地区始终保持着领先地位。东部区域中心城市的生态效率值从 2013 年的 0.85 上升到 2017 年的 0.89，上升幅度不大。中部地区的生态效率值基本保持在 0.62 左右，而西部区域的生态效率值在 2013 ~ 2017 年呈现逐渐下降的状态。其中，东部地区在研究期内大力发展现代化经济，维持生态环境和经济发展的平衡状态，同时，有关部门也提出了节能环保产业"十三五"规划，加大了环保力度，因此生态效率值一直处于稳步增长状态；然而中部地区的区域中心城市经济发展还未完全转型，加上东部地区重污染产业的转移以及生产活动产生的废弃物对环境的影响，造成近些年来中部地区的生态效率一直处于中等水平，也没有明显提升，而西部地区过于依赖不可更新资源的发展，加上较为落后的产业结构和环保意识的薄弱导致了生态效率逐年下降。全国的生态效率值一直处于0.7以下，这可能是因为区域经济发展不平衡，较为落后的西部地区重点放在经济发展上，而在环境保护方面重视程度较低，拉低了全国生态效率的平均值，在2013~2017年没有明显提升，因此要想提升全国生态效率水平，西部地区必须加快转型，学习东部地区的经济发展模式，减轻环境压力。

6.4 绿色转型视阈下区域中心城市生态效率影响因素分析

6.4.1 模型选择

为进一步探讨影响生态效率的因素（邱寿丰，诸大建，2007；李忠文，2021；张森宇，曲波，2017；商华，武春友，2007；易杏花，刘锦铟，2020；邢贞成，王济干，张婕，2018），本书在采用超效率SBM-DEA模型测度出区域中心城市各区域中心城市2013~2017年生态效率的基础上，以生态效率值为被解释变量，影响因素为解释变量建立面板回归模型，定量分析相关影响因素与生态效率的关系。由前文可知，超效率SBM-DEA模型测度出的生态效率的最低界限值为0，数据被截断，属于断尾数据，最小二乘估计（OLS）不再适用于参数的估计，参数估计会有偏且不一致，用最大似然估计（ML）才能得到一致的估计量。Tobit模型属于因变量受限模型，同时也遵循最大似然估计法，所以本书采用Tobit模型提出的截断回归方法对影响区域中心城市的生态效率的因素进行分析。Tobit模型是一个计量经济学模型，由经济学家托比特（Tobit）提出，其对被解释变量具有上下限，或者存在极值等问题的回归分析具有很好的适用性，该模型化被称为截取回归模型，或受限因变量模型。Tobit模型可以分为时间序列 Tobit 模型、截面 Tobit 模型和面板 Tobit 模型。本书结合面板数据特性，建立面板 Tobit 回归模型。

其中，被解释变量 y_{it} 为第 i 个市第 t 年的生态效率，x_{it} 为解释变量，β^T 为未知参数，$e_{it} \sim N(0, \sigma^2)$，此模型为面板数据的截断回归模型，解释变量 x_{it} 取实际观测值，被解释变量 yit 以受限制的方式取值。当 $y_{it} > 0$ 时，取实际的观测值，当 $y_{it} \leq 0$ 时，观测值均截取为 0。α_{it} 为第 i 个市第 t 年的固定效应，未知的确定常数。

6.4.2 变量选择与说明

有关生态效率影响因素的研究有很多，本书参考以往的研究，结合区域中心城市的经济社会和生态的特征，同时考虑变量数据的可获取性，本书选取了以下几个变量（见表 6-4）：

（1）经济发展水平。著名的环境库兹涅茨曲线展示出了经济和环境的相关关系，即这两者间呈现倒"U"的关系，因为区域中心城市之间的经济发展程度各异，生态环境承载的压力也有所不同，对生态效率产生的影响程度也不同。而人均 GDP 更能体现一个区域中心城市的经济水平，因此本书选取人均 GDP 作为衡量区域中心城市经济发展程度的变量。

（2）产业结构转型。自 2012 年以来，中国越来越重视生态文明建设的发展，而提高区域中心城市生态环境水平需要优化产业结构，改变之前粗放式发展主要依靠第一、第二产业的发展，将发展重心逐步放到第三产业的发展上来，因此本书选取了第三产业产值占 GDP 的比重来表示区域中心城市产业结构的转型。

（3）能源消耗。市辖区供气总量（立方米），能够很好地反映经济活动中所需的能源消耗量。因此本书选取市辖区供气总量（立方米）来衡量能源消耗。

（4）环境保护投入。随着改革开放以来经济的快速发展，中国的生态环境遭到破坏，因此近些年来中国对环保的重视程度越来越高，国家也加大了对环保项目的投入。因此本书选取了各区域中心城市工业污染治理投资占 GDP 比重来表示政府对环保投入的力度。

（5）科技进步水平。先进的生产技术有利于促进产业结构的优化升级，改善区域中心城市的生态效率。而区域中心城市政府对 R&D 经费支出可以更好地衡量城市的科技实力，因此本书选取各区域中心城市 R&D 经费的投入占 GDP 的比重来衡量科技进步水平。本书所有数据均来自各个区域中心城市的统计年鉴。

表 6 - 4　　　　　　　　　　生态效率影响因素变量说明

解释变量名	变量简称	具体计算方法
经济发展水平	PGDP	GDP 总额/总人口
产业结构转型	FWY	第三产业产值/GDP 总额
能源消耗	MT	市辖区供气总量（立方米）
环境保护投入	JN	工业固体废物综合利用率（%）
科技进步水平	R&D	科学技术支出（万元）

6.4.3　实证结果与分析

根据 Tobit 模型及上述所选取的五个变量，本书将各区域中心城市的生态效率值（EE）结合生态效率的影响因素构建如下回归分析模型：

$$EE = \alpha + \beta PGDP + \beta FWY + \beta MT + \beta JN + \beta R\&D + \varepsilon$$

其中 EE 为 SBM - DEA 方法得到的综合效率值，α 为回归公式中的常数项，β 为各变量的回归系数，ε 为随机干扰项。PGDP 表示人均 GDP，FWY 为第三产业产值占 GDP 比重，MT 为市辖区供气总量（立方米），JN 表示工业固体废物综合利用率百分比，R&D 表示科学技术支出（万元）。

考虑到各变量之间可能存在多重共线性的问题，因此本书在进行 Tobit 回归分析之前，运用 Stata 软件，采用方差膨胀因子法检验各变量之间是否存在多重共线性。结果如表 6 - 5 和表 6 - 6 所示，各变量的 VIF（方差膨胀因子）均小于 10，变量之间共线性程度较低，在可以接受的范围之内，因此可认为各变量之间不存在显著的多重共线性问题。

表 6 – 5   各变量描述性统计

变量	均值	标准差	最小值	最大值
PGDP（元）	8.53	4.32	3.77	46.77
FWY（%）	52.53	8.20	39.42	76.35
MT（万立方米）	107286.88	95168.62	9456.00	466511.00
JN（%）	83.91	18.93	32.45	100.00
R&D（万元）	985051.18	802978.52	151096.00	5090971.00

表 6 – 6   生态效率影响因素多重共线性检验结果

变量	VIF	1/VIF
PGDP	2.840	0.352112676
FWY	2.850	0.350877193
MT	3.730	0.268096515
JN	2.350	0.425531915
R&D	7.660	0.130548303
Mean VIF	3.886	

本书采用一般的面板模型进行回归分析，对于选择固定效应模型还是随机效应模型来进行实证，也呈现了样本的个体效应。本书采用 Hausman 检验选择判断是建立随机效应模型还是固定效应模型。如表 6 – 7 所示，面板数据模型的 Hausman 检验值为 67.29，通过了 1% 的显著性检验，拒绝原假设，选择固定效应模型的备择假设。因此，本书在进行生态效率影响因素的分析过程中采用了固定效应模型进行回归（见表 6 – 8）。

表 6 – 7   普通面板数据模型的 Hausman 估计

Test Summary	Chi – Sq. Statistic	Chi – Sq. d. f	Prob
Cross – section 67.29	random	5	0.0000

表 6 – 8   区域中心城市生态效率影响因素 Tobit 回归分析

解释变量	系数	标准差	t 统计量
PGDP	0.3521***	0.0897	4.13

续表

解释变量	系数	标准差	t 统计量
FWY	0.0838 **	0.0079	2.03
MT	− 0.0049 **	0.0022	− 2.23
JN	0.0357	0.0029	0.14
R&D	1.8387 **	0.8021	2.34

注：***、**、* 分别表示 1%，5%，10%的显著性水平。

（1）根据结果显示，区域中心城市的经济发展水平系数为正且显著相关，说明人均 GDP 的增加会对生态效率水平产生积极的影响。因此，适当增加人均 GDP 将有助于提高生态效率的发展水平。这可能是因为随着经济的发展，人均 GDP 不断增加，人们对环境的关注度也不断增加，对美好居住环境的向往越来越强烈，这在一定程度上给予了政府一定的治理压力，因此，区域中心城市各政府会积极加大改善生态环境的治理力度，提高生态效率。

（2）产业结构对区域中心城市生态效率总体水平的影响显著且系数为正，说明第三产业比重增加会对区域中心城市生态效率水平产生积极的影响。一方面产业结构的调整有利于改变自然资源的利用效率和减少生产活动排放的废弃物。在三大产业结构中，第三产业主要是注重发展信息、技术和服务等产业，因此废弃物的排放量较少。另一方面，第三产业的发展可以为城市提供更好的技术发展和服务，有利于推动节能环保服务业的发展，促进现代化产业体系的发展，提高区域中心城市生态效率。

（3）能源消耗对区域中心城市生态效率的总体水体水平的影响显著且系数为负，说明煤气供气总量（万立方米）增加不利于区域中心城市生态效率的提高。随着经济活动的增加，区域中心城市的发展需要依赖资源和能源的消耗，能源消耗的增加也会加大废气的排放，从而对区域中心城市的生态环境造成了负面影响。因此，区域中心城市应当重点发展节能环保产业，出台一系列节能政策来维护生态环境，提高生态效率。

（4）科技进步水平对区域中心城市生态效率总体水平的影响显著，且系数为正，说明科技进步对生态效率的提升具有显著的推动作用。先进的科技水平可以推动高端产业的发展，加大对科技的投入，有利于支撑科技水平的发展，从而转变高能耗的经济发展模式，推动经济现代化水平，提高区域中心城市生态效率。

（5）环境保护投入的估计系数为正，对区域中心城市生态效率起正向作用，但关系不显著。表明用于生态环境治理的投入技术能在一定程度上提升生态效率，改善环境污染的僵局，但是治理环境污染问题必然要付出较大的代价，仅仅依赖环境生态环境治理的投入技术提升生态效率的效果还是有限的。所以区域中心城市应积极发展低耗能低排放的新型工业企业，从源头上减少环境污染。

此外，为保证表 6－8 所示测算结果的可靠性，对所涉及的 5 项生态效率影响因素做稳健性检验，相应回归结果表明前文所测算的回归特性未发生实质性改变。因此，本书基于 Tobit 模型得到的生态效率影响因素回归分析结果是可信的。

7 区域中心城市生态效率对策建议

7.1 政策与法律

1. 完善相关法律法规

生态效率是基于环境、经济系统相互关系的测评工具，同时兼顾了经济效益和环境效益。在依法发展社会主义市场经济的生态文明时代，按照生态效率原则要求来发展建筑产业，其重点内容之一就是依法促进建筑废弃物的减量化排放和资源化利用，实现建筑产业经济效益和环境效益的双赢。

健全生态环境保护相关法律法规，推进环境资源总量管理、科学配置、全面节约、循环利用。各地区域中心城市政府要进一步加强对环境管理的治理力度，如推行垃圾分类和减量化、资源化。杭州、宁波、福州、青岛、深圳、厦门、海口、南昌、武汉、重庆等区域中心城市应率先提高环境管理的治理能力，推动城市绿色转型的发展，并打造更优更好的人居环境；石家庄、太原、郑州、呼和浩特、银川和乌鲁木齐等生态效率较差的区域中心城市应当更加注重资源利用的规划管理，更要统一规划和调配，要充分利用资源，加快构建废旧物资循环利用体系，迫使排污企业摒弃传统的污染末端治理方式，激励它们创造清洁生产技术，使得有限资源发挥最大的效益。

2. 科学划分中央与地方财政事权和支出责任，坚持放管服结合

建立中央与地方财权和事权相匹配的财政分权体制，在完善财政收入分权方面，除适当提高地方财政收入与全国财政收入的比例外，可以针对不同地区的实际差异，因地制宜确定不同的财政收入分权规章制度，调动地方政府在生态文明建设中的积极性。在改善财政支出分权方面，由于地方政府一般更加重视经济发展，而对环保有所放松，因此，中央政府应在加大环保转移支付力度的基础上，探索区域间环境污染的联控联防协调发展治理模式。

3. 完善区域导向型创新政策

在高质量经济发展的背景下解决环境污染问题，要充分发挥区位导向型政策的关键作用。同时，区位导向型政策的制定应摒弃唯 GDP 的单一目标，不断追求经济和环境的双重绩效；注重创新成果转换，保障创新型城市实现经济和环境双赢。在创新型城市的建设过程中，政府教育科研支出应该以企业的技术创新需求为导向，重点支持企业切实需要的清洁技术等各类技术创新的研发活动和推广应用，通过产学研相结合的技术创新体系来推动绿色创新成果转化为关键的清洁技术；研究结果显示，初始生态效率相对低下的资源型城市、非环境保护重点城市和中低等级城市并没有从创新型城市建设政策中获得生态效率层面的提升，实际上不利于促进区域协调发展与都市圈建设。因此，后续政策的设计与实施应更加强调目标性及精准度。

7.2　税收与分配

1. 改革现行税制，增强其促进循环经济发展的功能

一是适时扩大资源税征收范围，将森林、草原、淡水、海洋、土地、地热和名贵中药材等严重短缺和受破坏、浪费严重的自然资源都列入征收范围；合理调整资源税计税依据，由现行的以销售量和自用数量为计税依据改为按产量计税；适当提高资源税的单位税额，特别是对非再生性、不可替代性资源课以重税，以促进资源的节约和循环利用，增强其环境保护功能。

二是根据不同产品对环境友好的程度和资源的耗费水平，设计消费税差别税率，鼓励清洁产品的使用，促进"绿色"消费。如，对含铅汽油实行较高税率，对无铅汽油可实行较低税率；对资源消耗量大的消费品和消费行为，如煤炭、电池、一次性用品等，应列入消费税的征收范围；而对资源消耗量小、循环利用资源生产的产品和不会对环境造成污染的"绿色"产品，应征收较低的消费税。

三是调整其他税种。取消增值税中对企业销售使用过的固定资产免税或低税征收的规定；取消有毒农药、农膜低税率的规定；对废旧轮胎综合利用企业取得的废旧轮胎允许进项抵扣，提高利用废橡胶原料的进项抵扣为 17% 或

13%，以促进企业的废物回收和再利用。为节约使用土地，维护生态环境，建议取消耕地占用税，建立统一的土地使用税，同时提高税率；对绿化用地和环保设施用地减免土地增值税，对经过批准的利用废渣恢复的土地给予优惠减免。

2. 开征生态新税，促进环境保护和资源节约

鉴于中国缺乏生态税制的设计和征管经验，建议先从重点污染源和易于征管的课征对象入手，待取得经验、条件成熟后再扩大征收范围。具体而言，可以将现行的排污、水污染、大气污染、工业废弃物、城市生活废弃物、噪声等收费制度，改为开征水污染税、空气污染税、垃圾税、燃油税等生态税种。

具体进行税收政策设计时，应按照"谁污染、谁缴税"的原则，以在中国境内的企事业单位、个体经营者及城镇居民所排放的污染物和从事有害环境应税行为为课税对象，以排放污染物和从事有害环境应税产品生产的单位和个人为纳税人，对企业与居民个人分别采取不同的征收办法。对工矿企业排放的含有毒物质应视其对环境的影响程度，分别设置税目，根据对环境的危害程度大小规定有差别的税率，对环境危害程度大的污染物及其有害成分的税率应高于对环境危害程度小的污染物及其有害成分的税率，以遏制污染排放，促进资源综合利用和循环利用，实现工业废弃物"零排放"。对城镇排放的生活废水、生活垃圾等，以居民废弃物排放量为计税依据，采用无差别的定额税率。

3. 完善税收优惠政策，体现循环经济发展理念

中国在制定税收优惠政策时，尚未引入循环经济概念，因此，现行税收优惠基本遵循了"末端治理"原则，不可能体现循环经济理念。发展循环经济必须遵循"3R原则"，调整优惠措施，促进税收"绿化"。

在流转税方面，对专门从事环境保护和污染治理的企业免征增值税和营业税；对企业购买回用再生资源及污染控制型设备、废塑料制品类再生处理设备所含增值税款允许抵扣；对循环利用废弃物、排放物为原料进行再生产的企业，免征增值税；对技改项目中国内不能生产而直接用于清洁生产的进口设备、仪器和技术资料，免征关税和进口环节增值税；对环保科研成果的"中试产品"及无污染的农药、化肥等可减免增值税；对清洁汽车、清洁能源以及获得环保标志产品减征消费税和关税；对经营环保公用设施的企业，在营业税、增值税和城市维护建设税方面给予优惠等。

在所得税方面，对促进循环经济的企业予以直接税收减免、投资税收抵免、加速折旧等。包括对生产污染替代品以及综合利用资源所得给予所得税减免；对循环利用投资给予税收抵免扣除；对采用清洁生产、污染控制技术或利用废弃物、排放物再生产企业允许加速折旧；对企业购进的节能节水、防治污染和促进循环利用的专利技术等无形资产允许一次性摊销；对企业发生在加大清洁工艺和循环利用自主知识产权技术方面的研发费用允许据实列支；对专门生产国家公布的环保产业目录内设备的企业，减征或免征所得税等。

4. 完善分配机制，提高中央与地方发展循环经济积极性

发展循环经济，必须充分调动中央与地方两个积极性。因此，循环经济下的税制改革还必须充分考虑如何在中央与地方之间合理分配收入问题。可以将改革后的资源税划分为中央、地方共享收入，由国税部门负责征收；将新开征的生态税划分为地方政府收入，由地税机关负责征收。根据"专款专用"原则，环境保护收入应作为政府的专项资金，全部用于环境保护和循环经济的发展，并加强对其用途的审计监督，防止被挤占挪用。鉴于环境的准公共产品性质以及污染的成本外溢效应，生态税收入应该实行分成，地方可掌握75%，其余25%上缴中央，由中央统一在各地区之间调剂使用，以利于全国范围内环境保护和循环经济的协调发展。

7.3　生态与环境

1. 完善环境政策

中西部区域中心城市应当提高环境政策的强度。宽松的环境约束难以有效地激励企业加强研发投入，进行绿色生产技术创新，不利于企业将环境污染的负外部性影响内部化。因此，中西部的区域中心城市应当提高环境政策的强度，建立环境政策引导的环境污染企业优胜劣汰机制，强迫环保超标的重污染企业退出市场，阻止环保不达标的新企业进入市场。中西部吸取东部地区发展模式的"前车之鉴"，加快中西部区域绿色化转型，避免重蹈东部区域"先污染、后治理"的老路。

东中西不同地区的地方政府要因地制宜地制定差异化环境政策。东部区域拥有区位、社会资本禀赋和经济发展等外部有利条件，市场经济发达，在选择使用具体环境政策工具时应该注重市场导向的激励类型，比如环境补贴机制、排污权交易和生态补偿等，在引导污染产业有序转型的同时，激励企业绿色生产技术创新。中西部地区企业绿色技术创新对环境政策刺激作用反应比较迟缓，技术创新的动力不足，其中一个重要原因是缺乏推动创新的外部环境，西部区域地方政府在加强环境政策的同时，还应该出台一系列配套支撑政策，改善投资环境，引进先进的管理经验和生产工艺，以各种优惠政策吸引人才，为工业部门的绿色技术创新创造良好的外部环境。

2. 强化环境监督机制

加强环境规制力度，推进生态文明建设。城市必须将生态文明建设放在压倒性位置，出台更加严格有效的资源环境管理政策，调控能源、土地和水资源利用的结构和规模；同时，进一步细化各类环境保护规章制度，设定具体可操作、可量化的环保减排指标，对违规企业、超额排放等行为严厉惩处，从源头上减少环境污染。

当前中国环境规制水平日益提升，环境规制对生态效率具有显著的正向作用。因此，政府制定政策时应充分考虑这一因素。首先，严格的环境管理体系是维护良好环境质量的前提，但外商投资也会受限于严格的环境管理体系。所以，由政府根据实际情况来设置更为适合的环境管理体系，才能在有效保护环境状况的同时不影响外资的引进。其次，提高污染物排放处理标准。控制当前的环境污染，建立适应未来经济发展的环境规制标准，促进经济可持续发展战略的实施。政府应完善相关法律法规，制定高污染物排放标准，限制各地区高污染物排放，加大对污染环境企业的处罚力度。同时，提高人力资源水平，即员工的教育水平，增强全社会的环境保护意识。最后，鼓励外资企业引进领先的生产工艺和环保手段。

增强环保意识，逐步提高人们的受教育程度，从小培养环保意识，让环保思想深入人心。此外，环境规制政策的运用要同时平衡政府和市场两方面作用，既不能一味地治理环境抑制经济增长，也不能只顾经济发展而破坏生态环境。

7.4　产业与人力

1. 促进产学研有效合作

区域创新能力与经济的发展不仅源自技术进步带来的推动作用，同时市场的主体作用和政府的引导作用也具有非常重要的作用。根据不同区域的不同特点，首先，政府应该起到引导作用，积极引导本地区发挥其自身优势，并引导资金、人才等各种要素的流入，使绿色技术真正渗透到产业和生活当中。其次，发挥市场的主体地位，创新能力的提升不仅来自政府的引导，同时市场需求对于产业的拉动作用亦起到巨大的作用。最后，发挥高校和科研机构的作用，完善科技成果转化的作用机制，实现政产学研的有机结合，加快提升区域创新能力和促进经济转型升级，从而提升区域生态效率。也要建立绿色生态补偿机制，重点扶持中小企业的绿色创新成果应用，借助第二、第三产业的优化升级助推绿色技术成果扩散，推动环保产业发展，促进绿色创新效率提高。

优化产业和能源结构，推动城市绿色高质量发展。要注意深入推进第二产业结构调整，重点扶持高新技术企业，对生态效率较低的工业部门，可引导企业重组、并购，推动其由能源和污染密集型向技术密集型转变；大力发展生态效率高的现代服务业，继续稳步提升第三产业比重，使其成为推动城市绿色高质量发展的重要引擎；加快开发潮汐能和波浪能等可再生能源，持续优化能源结构。

2. 提升人力资本水平

政府应进一步加大对各地区教育经费的投入，增强国内人力资本竞争力。一方面，提升教育支出在财政支出的比重。当前中国教育以义务教育为主体，但是财政支出中关于义务教育支出的比例偏低，而对于高等教育支出的比例偏高，教育资源配置不够合理，影响教育公平的实现，尤其不利于农村地区人员素质和教育水平的提高，这种非均衡的教育发展严重阻碍地区技术进步，从而抑制地区经济效率提高。因此，政府需要引起重视，根据地区经济发展水平和教育发展情况，合理安排基本教育支出和高等教育支出的比例，提高基础教育的普及率并实施相关的人才引进政策例如住房补贴等，鼓励高素质人才流入，打造一批开拓创新的领军人才。同时可以将正规教育与非正规教育并举，非正规教育的范围很广，包括在职培训、职前训练、农业推广、成人识字、电视教育以及其他形式的基本技能短期训练等。这些教育和训练方式，投资少而收益高，对低收入尤其是广大农民失去正规教育机会的人群最为有利，而且可以在短期内获得培训技能，直接促进地区生产效率提高。

另一方面，注重专业技术培训，提升人力资本水平，促进整个教育链条和人力资本链条的升级。政府应注重发展高等教育与职业教育，努力培养专业技术型人才，以具有创新精神和创新意识的先锋人物为榜样。由于中西部地区发展水平不足使得中西部地区人力资本水平较弱，所以中、西部地区应结合自身优势资源全力保留人才，大力破除人才稀少的现状，吸引更多的高端人才。进一步讲，为了提高人力资本水平，须营造起尊重人才、鼓励创新的社会氛围，克服外资引入带来技术溢出所需的人力资本门槛，促进生态效率的提高。

7.5　科技与外资

1. 强化科技创新驱动，注重外资引进质量

现阶段对于区域中心城市来说，科技投入和使用外资因素均未充分发挥出促进城市生态福利绩效提升作用，科技投入对相对落后的普通城市还处于负向影响阶段。区域中心城市总体上都要完善科研创新机制，集聚创新型人才和企业，把科技投入转化为先进技术成果产出，通过技术升级提高资源利用率，减少对环境影响的负外部性。

外商投资对全要素生态效率的影响较为复杂，不过就现阶段而言，外商规模的扩大有利于全要素生态效率的提高。对于部分地处内陆的区域中心城市，引用外资较少，要进一步提高对外开放水平，依托"一带一路"倡议，促进内联外通，通过吸引外部投资，引进高新技术企业等新兴产业，促进高新技术扩散并随之产生正效应。因此各地区要出台积极的招商引资政策，提升外资在本地企业中的优势方面，并加强与发达国家的合作交流，引进吸收国外的先进生产技术和管理模式。不过，各地政府在外资引入的过程中，要注意对外资企业的甄别和监管，避免污染排放的跨国转移，提高引进外资的绿色质量。

首先，在招商引资的过程中，充分发挥地方政府的主观能动性，及时总结以往引资过程中积累的经验和教训，注重对当地已进驻外资企业的合理引导和品牌维护，以形成良好的引资示范效应。具体来说，建议地方政府要注重完善与已有外商投资者的沟通机制，如通过定期开展招商引资工作座谈会、举办听证会、开展成功商业模式交流会、建设公众网络平台等方式为地方政府与外商直接投资者之间，以及外资企业与内资企业之间打造多条信息直达通道，以创建互助共赢的发展模式。其次，政府应加强对污染排放严重企业的监管。对于企业污染物排放超标的，政府应该采取适当的纪律措施，可以处以罚款或者限期关闭整顿。企业只有付出代价，才能了解破坏生态环境的严重后果，进而改进生产方式，严格控制污染物排放。对于清洁的高新技术外资企业，政府可以给予一定的税收减免等优惠政策，加大对资源节约型、环境友好型外资企业的引进力度。最后，当外商直接投资流入降低了经济增长质量时，政府可以通过干预来减少损失。例如，制定相关法律法规，加强监管，对外商直接投资的流入进行干预，以消除上述环境污染等控制经济增长质量的不利因素；相反，当外商直接投资的流入促进了经济增长质量的提高时，如果政府在没有必要的激励措施的情况下过度干预，必然会抑制外商直接投资的流入，从而降低经济增长质量。因此，政府对外国直接投资流入的干预是一把双刃剑，只有合理利用才能促进区域经济增长质量的提高。

2. 加强引资体制建设

一直以来，外商直接投资是地区经济实现快速增长的重要利器，可能出现各地方政府"逐底竞争"，降低外资进入门槛的情形，造成当地严重环境污染。一方面，为了避免这种情况的发生，就必须彻底改变地方政府对于 GDP 增长的盲目追求，建立绿色经济发展目标，建设绿色财政，加强对外资进入的审核和监督，严格抵制三高一低型（高投入、高消耗、高污染、低效益）以及其他任何不符合中国环境保护法律法规要求的外资企业进入。另一方面，当前 FDI 对生态效率有显著的负向作用，因此要积极发挥外商直接投资对生产效率和技术水平的提升作用，大力引进高科技含量的外资企业，学习外资企业的领先技术以及管理方案，在保证节能的同时增进生产效率与治污防污能力。同时获得外资的技术和知识溢出，促进和鼓励当地企业技术创新，形成绿色产业链，不断吸引高质量外资注入，产生良性循环。因此，政府可以优先引入愿意在中国设立研发部门的外资，并通过设立一定的门限例如要求外资在研发部门雇用中国人员，进而增强外商直接投资给中国带来的国外技术溢出效果，更大幅度地促进生态效率的增长。

3. 加快绿色创新技术在生态治理中的应用和推广

充分发挥绿色科技对生态治理的基础性作用，关注诸如废纸再生、废塑料炼油、净煤、绿色设计及清洁生产等绿色技术研发，关注有效治理"三废"等污染物对生态环境的影响。同时要建立污染联防联控机制，协同推进生态环境保护，提高治理效率。统筹生产和消费视角，推进城市重点产业部门减污降碳。助推生产视角下承担主要排放责任的部门加快形成绿色生产方式，发展节能减排技术，强化源头预防和源头治理，进一步完善碳排放权和排污权交易等市场化减排手段；密切关注消费视角下承担主要排放责任的部门，将产业链环境负荷纳入评价体系，通过政策引导鼓励打造绿色产业链，倒逼上中下游部门同步实现减污降碳。

积极引导政府在产业集聚中发挥的服务功能。一方面为城市企业的技术创新提供有利的制度环境，另一方面注重培育产业集聚的市场力量。经济发展较快，可利用政策倾斜和资源禀赋优势抓住发展机遇，吸引国内外发达区域的投资和产业转移，提高该地区的产业集聚水平。但不可忽略的是，这些地区应对外来投资进行适当的"筛选"，并在承接发达地区产业转移时提高环境"门槛"，把发展较缓慢的地区发展模式作为"前车之鉴"，降低污染转移的可能性。

7.6　经济与发展

1. 转变经济发展方式，注重高质量发展

在经济发展的同时，要促进产业结构优化，注重传统产业改造，推动新兴产业发展，结合区域中心城市优势，发展现代高效农业和文化旅游产业；政府要注重环境治理与城市发展并行，处理好资源利用与生态补偿关系，打造宜居的城市人居环境。通过经济—生态—社会福利协同发展提高城市生态福利绩效水平。伴随经济水平提升，产业升级对生态效率的促进效应会越发显著。经济增长带来人民生活水平的提高会充分释放居民对文化、健康等高层次服务的需求，这就要以生态环境承载力为底线，利用人们的高层次需求为导向推动产业结构向高技术、高质量方向转型升级，积极培育环保型新兴战略性产业，引导公众形成绿色、低碳的生产方式和消费方式，实现集约型经济增长。

2. 采取差异化策略，注重区域协同发展

各区域中心城市区域跨度大，各地区城市间绩效均值空间差异较大，分布不均衡，影响因素作用效果也有所不同，要因地制宜地确定发展策略。对于经济发展较缓慢地区，侧重提高经济发展水平，进一步提高其对社会福利的带动和转化作用，促进风能、太阳能等清洁能源开发，发展特色农牧产业，优化产业结构；对于中下游地区和发展水平较高的中心城市要合理布局城市空间规划，提高公民的环保意识，提升资源环境的承载力，注重解决和防范与城市化常相伴而生的交通拥堵、环境污染和资源短缺等问题。此外，促进城市生态福利绩效水平的协同提升，加强上中下游城市间区域空间协作，发挥中心城市的辐射效用，缩小地区间的差距。应打破各地区地域界限，加强政策流动，缩小地区间差异；合理控制工农业化学用品和机械动力的使用，制定有关限制条件，加大对污染物排放的治理投资；加强基础设施条件和生态补偿机制的建设，同时加大对技术研究的投入，促使现代化技术快速进步。

为协调区域发展，需进一步调整产业结构，实行差异化引资与对外投资策略。一方面，从产业结构角度来说，要大力提升第二产业的生产效率及技术水准，与此同时，还应尽力推动第三产业的发展，从而有效增大生态效率。具体来说，中国的绿色工业推动必须提速，同时还要改变第二产业自身的内部结构，大力向新型工业领域开拓，尽力降低重工业的污染程度，从而使第二产业的管理与技术两方面都得到提升，以此使第二产业的生产效率得到增强。而增大产业内部的技术效率要从增大产业的资源配置效率着手，也就是运用现有的技术，把生产要素分配给更强效率的产业和企业，需要国家将深化经济体制改革的进程持续下去，不断加快国有企业的运转、破除所有制歧视与行业垄断，使各类经济主体都活跃起来，体现市场在资源配置中的关键作用。另一方面，从引进外资的区域发展战略来说，在吸引外资扶持各地发展方面，要因地制宜。西部地区虽经济发展不尽如人意，却拥有众多优质条件，比如土地租金较低、各类资源丰富、政府的帮扶政策等。而中、东部地区经济发展较为领先，就需要外资投入领先的技术资源与管理理念，着力于高科技水平的项目。同时，要从严确立环境准入标准，大力引入先进技术，提升产业基础设施，促进经济绿色发展。

优化升级产业结构，因地制宜促进发展。政府应大力扶持发展第三产业，引导产业有序转移，实现产业结构科学升级，同时立足当地的资源环境承载能力，因地制宜承接相关产业。由上文分析可知，河北、河南、山东是全要素生态效率的塌陷地带，而产业转移过程中的污染转移问题是其主要原因，因此政府部门在承接相关产业的过程中，还要加强对转移企业的环境监管，坚决禁止污染的跨区域转移。

3. 加强经济支撑与投入

落实经济支撑，注重自主创新。政府应把经济投入落到实处，为地区发展给予支持。严格基建标准，提升环保效应。在城市化不断推进及众多基础设施兴建的同时，要充分考虑环保因素，保证公共绿化面积。出行时应尽可能选择公共交通，减少私家车的使用量，以减少交通运输带来环境压力。此外，基础设施投入使用时更要实时加强管控，避免更多的环境污染。

发挥东部耦合协调热点区的示范作用，通过建立资源共享和人才交流机制，促进要素全域流动，强化对中西部冷点区的"涓滴效应"，弱化其极化效应，带动长江经济带的整体协调发展水平。而中西部冷点区城市应借助自身资源禀赋，加大科研投入力度，调整产业布局和能源结构，提高资源利用率，基于绿色理念，切实提升自身的绿色创新效率和生态治理绩效。

建构以长三角城市作为辐射带动核心的跨区域合作机制，强化长江中游城市群和成渝城市群次级增长极的作用，尤其是上海、重庆、成都等国家中心城市的带动作用，促进绿色创新和生态治理投入要素在城市间的有序流动。鼓励各地围绕"基础设施、生产要素、技术研发和污染防治"等开展交流合作，形成互联互通、资源共享、联防联控的协调发展新模式。

4. 加快数字经济发展

数字经济作为一个能够提升城市生态效率的有效途径，应通过强化数字化设施建设、深化数字经济与实体经济两者间的融合发展，来进一步释放数字经济为改善生态效率、促进绿色发展带来的红利优势。充分考虑数字经济对生态效率提升效用的异质性特征，因地制宜实现经济和生态的协调发展。考虑到数字经济对中部地区生态效率的改善作用最为明显，这表明经济基础较差的地区有机会在数字经济发展方面取得突破，有望通过数字经济发展带动生态效率的提升实现"弯道超车"，故中部区域中心城市应抓住这一机遇，把数字经济作为区域经济竞争中追赶超越的新引擎；东部区域中心城市利用其经济优势实现了数字经济的巨大发展，但是在生态效率提升层面的解释力却稍次于中部地区，故东部地区须结合数字经济的高成长型特征，通过加强数字经济与实体经济的融合，推动区域内数字经济的持续发展，以保持其在改善生态效率方面的优势；西部城市属于数字经济低水平区域，其对生态效率的提升效用尚未明朗化，故需借助自身的资源优势，通过引进人才和技术，打造特色数字产业，以释放数字经济在改善生态效率方面的红利。

7.7　低碳经济与制度

生态效率的提高当然离不开经济、科技和社会等多方面的政策和措施，但是在崇尚市场经济和民主法制的当今社会，我们必须充分重视法律制度在提高生态效率问题上的重要地位和作用。针对低碳经济下生态效率提高的认识偏差和制度困境，立足于法律在调整社会行为上的功能优势，我们要着力进行低碳制度创新和法规体系完善。

1. 法律价值理念更新是提高生态效率的精神动力

基于中国的国情，虽然促进经济发展仍是当前必然的法律、政策选择，由此也决定了经济效率价值在中国经济法律价值体系中的突出地位。然而，生态环境问题对经济社会发展的有力挑战，也迫使人们不得不将生态效率的提高作为经济效率提高的基本前提。

低碳经济法律制度的效率价值，特别是其生态效率价值，与公平和正义的传统法律价值有所区别，这并不意味着低碳经济法律制度忽视了公平与正义的法律价值追求；相反，提高生态效率的终极目的则是公平与正义的价值实现。

生态效率的价值观不仅折射出人类的经济系统与自然生态系统应该协调发

展的整体论世界观，也体现了法律对公平正义与生态秩序不变追求的法律价值观，还蕴含着社会主体应该保护环境的生态伦理观。这种法律价值理念的更新，有助于我们以更大的决心和勇气，在更高的程度上和更大的范围内，促进低碳经济生态效率价值的实现。

2. 低碳制度体系建设是提高生态效率的法律保障

低碳经济作为一种反传统的经济发展模式，在当前阶段，仅靠人们思想观念的转变、道德方面的教育和行政手段的强制是不够的，必须依靠法律的强制手段和激励机制，发挥法律"行为调整"的功能优势，有效改变全体社会成员的行为才能实现。"推动低碳经济发展的重要驱动因素是制度的创新和政策法律体系的支持"。虽然中国已经制定了促进低碳经济发展的相关政策和法规制度，但是，低碳经济内涵的多层次性和解决现实发展问题的针对性，对低碳经济政策的稳定性和法规体系的完善提出了更高要求。针对低碳经济法律制度的不足，需要从以下几个方面做进一步补充和完善：

在法规制定上，首先，适时将建设生态文明的目标和任务写入宪法；其次，应该建立健全能源法律体系，确立能源中长期规划的法律地位，促进能源发展战略的实施；再次，尽快出台促进低碳经济发展的指导意见，从法律上促进低碳能源的科研和开发，推行能效标识制度，实施强制性的最低能耗标准和生态效率评价考核制度；与此同时，还应抓紧修订《环境保护法》《环境影响评价法》《矿产资源法》《煤炭法》《电力法》等环境资源领域的专门法；加快制定推动低碳经济实施的相关经济政策，特别是低碳经济的引导性政策，使政策和法律法规相配套；最后，结合地方特点制定有利于低碳经济发展的地方法规，以完整的法律体系和完备的法律形式保障低碳经济的有效推行。

在法律实施上，加强联合执法，综合采取激励性和约束性的手段，引导和规范各社会主体在低碳经济领域的行为；加强监督检查，依法关闭高耗能、高污染的企业，对排放污染造成重大损失的企业和个人依法追究责任；积极稳妥地推进能源资源价格改革，形成能够反映能源资源稀缺程度、市场供求关系和污染治理成本的价格形成机制；通过公众参与公益诉讼的制度实施，以司法权制约行政权，将环境的保护纳入公民私权保护的范围。这些方面的转变都需要法律规范对规制对象的重新考虑。抛弃传统的"企业环"的思维定式和"命令—控制"式法治模式，以生态文明的理念为指导，形成政府、企业和公众的联动机制，对各种社会主体的经济行为和环境行为实行一体化设计和规范，以增进人类活动中的经济效率和生态效率。

3. 公众参与机制完善是提高生态效率的科学保证

在大力倡导发展低碳经济的现代社会，努力发展参与制民主，着力扩展公众参与的途径，强化公众参与的程序规定，有利于低碳经济政策和法律制度的科学制定和顺利贯彻执行。

完善公众参与机制关键是保障公众在立法环节的有效参与。公众的"支持"和公众对法律"合法性"的认同是社会法制化的关键。社会不同阶层、不同富裕程度的人对能源的利用方式不同，对生态效率的理解和期望各异。公众特别是农民的知识水平被认为是公众有效参与法制建设的重要制约性因素。其实，政府作为社会事务的管理者，其权力来源于人民通过宪法的授权，人民需要秩序方授权政府，而非需要智慧才授权政府。更何况，在中国农村经济社会改革的历史进程中，许多的制度创新最初都是农民做出的，家庭联产承包责任制就是有力的证明。政府所应该做的就是为公众参与创造条件，提供服务。因此，在低碳经济立法过程中要充分听取社会各界的意见，很好地协调各方利益，为充分调动公众参与低碳经济立法的积极性，提供切实的制度保障。实现决策的广泛参与和有效监督，增强人们遵守法律的情感认同和内在动力。

总之，在各个地区提升绿色转型效率，实现经济、资源和环境社会的协调发展，需要考虑的因素包括：

对于经济增长方式，到底怎么转型，对于不同的城市，制约因素不尽相同。比如对于中西部城市，如太原、石家庄经济的发展是依靠资源浪费和环境破坏进行的，虽然可以带来经济的增长，但是如果不寻找能够和环境、社会共赢的协同发展，仍然采用的是"低质量、低产出、高消耗、高投入"的经济增长方式，则无法突破发展的瓶颈，其结果必然导致资源的枯竭和环境的恶化。因此对于资源型城市应该推进经济结构的转型，从资源型产业向新兴产业、高新技术产业转变，以及区域产业布局的调整优化，并以产业转型带动经济社会的全面转型。具体来说包括以下几个方面：加强技术创新的投入力度和产出效率，让科技真正给企业带来收益，推动企业转变发展方式；加强循环经济的发展，探索煤炭、化工、钢铁等重点行业的循环经济发展方式，充分利用废弃物和共享资源，构建循环型产业体系。

35 个区域中心城市之间发展不平衡，如北上广深，其 GDP 存量和增量都要高于其他城市，但是经济增长并不代表协调度就高，有些中部和西部城市的城市协调度要高于发达地区，不单纯考虑经济增长，而是切实考虑对于绿色发展有多少投入和支出，我们更能发现一个城市的绿色意识和潜力。因此，在进行城市绿色转型时，更应该加大对资源建设、环境保护和社会发展的投入，绿色并不仅仅是经济方面，更应该体现在社会和城市基础设施方面。

根据不同地区的相对协调度值，找到自己相对系统协调的短板，能够以最有效的方式实现全系统的协调是关键。对于资源建设—环境健康协调，资源建设体现一个城市关于城市规划、民生健康以及现代化建设的现状，资源建设要做到与环境健康的协调发展，不仅要求城市空间规划和利用要以不破坏环境和生态为基础，不做生态和环境健康的减法，更重要的是为生态环境做加法，即加大绿色消费、绿色生活方面的投资，例如，新能源公交的普及，建成区绿地面积的开发以及道路清扫的现代化和智能化，都体现了二者之间的协调。应该加大民生工程，同时杜绝资源的过度浪费，政府通过自身的公众影响力以及舆论环境，打造一个绿色建设的城市。对于资源建设—资本投入方面来讲，应该加大城市基础设施的投入，特别是人口密集、流动快的特大城市，要让基础设施、城市容纳力和人口数量协调一致，才能发挥城市的优势，加大对市政设施的投入，比如供水（气）管道的安全性和普遍性，提高综合供水能力，提升从取水到居民最终用水的整个过程的便利性。对于资本投入—环境健康，环境健康更多的是靠政府来实现，是市场失灵的一种表现，因此应该加大二者的协调，实现资本收入能够减少或者杜绝排污、环境治理违规违法的现象，对于支出，应该从循环经济、低碳经济的角度减少污染物排放考虑，增加能够保障环境健康的同时可以带来经济收益，调动企业的积极性。对于三者的综合协调，资本投入用于城市基础设施投入，让绿色意识更加普遍、实现城市的绿色治理，同时环保和能源开发方面，应该以有利于社会发展作为出发点，资源建设以环境健康为基础，以资本投入作为手段实现城市发展的优化。

附录1 区域中心城市能值测算结果

区域中心城市能值测算结果

城市	年份	可更新资源	不可更新资源	进口能值	废弃能值	出口能值	总能值用量
石家庄	2013	1.80E+23	2.00E+22	2.11E+23	2.63E+13	1.81E+23	4.11E+23
	2014	1.83E+23	2.02E+22	1.74E+23	2.28E+13	1.98E+23	3.77E+23
	2015	1.82E+23	1.95E+22	1.34E+23	2.19E+13	1.84E+23	3.36E+23
	2016	1.82E+23	1.96E+22	1.30E+23	1.52E+13	1.76E+23	3.31E+23
	2017	1.59E+23	2.03E+22	1.21E+24	8.21E+13	1.92E+24	1.39E+24
南京	2013	7.82E+22	2.66E+22	6.32E+23	2.53E+13	7.95E+23	7.37E+23
	2014	7.84E+22	2.41E+22	6.48E+23	5.44E+16	8.04E+23	7.51E+23
	2015	7.82E+22	2.84E+22	5.79E+23	5.85E+16	7.74E+23	6.86E+23
	2016	7.71E+22	1.13E+22	5.54E+23	5.15E+16	7.27E+23	6.42E+23
	2017	7.67E+22	2.21E+22	7.07E+23	5.64E+16	8.45E+23	8.06E+23
杭州	2013	1.01E+23	2.76E+22	5.72E+23	2.61E+13	1.10E+24	7.01E+23
	2014	9.73E+22	2.82E+22	5.52E+23	2.36E+13	1.21E+24	6.78E+23
	2015	9.62E+22	2.70E+22	5.06E+23	2.26E+13	1.23E+24	6.30E+23
	2016	9.44E+22	2.68E+22	5.38E+23	1.89E+13	1.23E+24	6.59E+23
	2017	9.13E+22	2.72E+22	6.84E+23	1.64E+13	1.25E+24	8.02E+23
宁波	2013	9.18E+22	3.10E+22	8.93E+23	1.98E+13	1.61E+24	1.02E+24
	2014	9.03E+22	3.19E+22	8.29E+23	1.74E+13	1.79E+24	9.51E+23
	2015	8.84E+22	3.16E+22	7.70E+23	1.70E+13	1.75E+24	8.90E+23
	2016	8.73E+22	3.32E+22	7.69E+23	1.67E+13	1.62E+24	8.90E+23
	2017	8.55E+22	3.61E+22	6.44E+24	4.62E+16	1.22E+25	6.56E+24

续表

城市	年份	可更新资源	不可更新资源	进口能值	废弃能值	出口能值	总能值用量
济南	2013	1.15E+23	1.06E+22	1.19E+23	5.76E+12	7.43E+21	2.45E+23
	2014	1.16E+23	1.12E+22	1.29E+23	5.29E+12	8.19E+21	2.56E+23
	2015	1.14E+23	1.12E+22	9.91E+22	4.98E+12	4.86E+21	2.24E+23
	2016	1.11E+23	1.20E+22	1.11E+23	4.03E+12	4.68E+21	2.34E+23
	2017	1.12E+23	1.10E+22	1.20E+23	4.00E+12	4.94E+21	2.43E+23
青岛	2013	1.24E+23	6.39E+19	9.57E+23	8.51E+12	1.03E+24	1.08E+24
	2014	1.23E+23	6.15E+19	9.21E+23	8.71E+12	1.13E+24	1.04E+24
	2015	1.21E+23	4.94E+19	7.05E+23	8.52E+12	1.11E+24	8.26E+23
	2016	1.21E+23	5.79E+19	6.60E+23	6.42E+12	1.03E+24	7.81E+23
	2017	1.20E+23	5.68E+19	8.43E+23	5.66E+12	1.11E+24	9.63E+23
深圳	2013	7.29E+22	1.70E+18	5.74E+24	3.90E+12	7.47E+24	5.81E+24
	2014	7.26E+22	1.70E+18	5.05E+24	3.96E+12	6.95E+24	5.12E+24
	2015	7.25E+22	1.70E+18	4.45E+24	3.99E+12	6.45E+24	4.52E+24
	2016	7.25E+22	1.70E+18	4.02E+24	4.33E+12	5.80E+24	4.10E+24
	2017	7.28E+22	1.70E+18	4.25E+24	4.52E+12	5.97E+24	4.32E+24
厦门	2013	7.58E+22	7.78E+21	7.95E+23	1.91E+13	1.28E+24	8.79E+23
	2014	7.60E+22	7.77E+21	7.63E+23	1.94E+13	1.31E+24	8.46E+23
	2015	7.52E+22	7.03E+21	7.50E+23	1.51E+13	1.31E+24	8.32E+23
	2016	7.55E+22	7.20E+21	7.64E+23	1.30E+13	1.15E+24	8.46E+23
	2017	7.45E+22	7.76E+21	1.21E+24	1.52E+13	1.18E+24	1.29E+24
福州	2013	9.53E+22	1.65E+22	3.21E+23	2.27E+12	4.79E+23	4.33E+23
	2014	9.47E+22	1.77E+22	3.59E+23	2.27E+12	5.29E+23	4.72E+23
	2015	9.40E+22	1.73E+22	3.32E+23	2.27E+12	5.14E+23	4.43E+23
	2016	9.28E+22	1.74E+22	2.90E+23	2.27E+12	5.30E+23	4.00E+23
	2017	9.14E+22	1.93E+22	3.42E+23	2.27E+12	5.38E+23	4.53E+23
海口	2013	8.03E+22	8.52E+20	8.49E+22	5.94E+11	5.35E+22	1.66E+23
	2014	7.94E+22	8.62E+20	5.78E+22	5.69E+11	3.82E+22	1.38E+23
	2015	7.89E+22	8.90E+20	8.67E+22	5.24E+11	2.83E+22	1.67E+23
	2016	7.85E+22	9.10E+20	7.69E+22	4.23E+11	2.39E+22	1.56E+23
	2017	7.87E+22	6.22E+20	5.63E+22	4.63E+11	2.49E+22	1.36E+23

续表

城市	年份	可更新资源	不可更新资源	进口能值	废弃能值	出口能值	总能值用量
哈尔滨	2013	1.78E+23	7.35E+21	1.11E+23	1.03E+14	4.72E+22	2.96E+23
	2014	1.83E+23	7.90E+21	1.10E+23	1.06E+14	7.30E+22	3.00E+23
	2015	1.84E+23	9.49E+21	1.03E+23	1.04E+14	6.14E+22	2.96E+23
	2016	1.70E+23	9.31E+21	1.03E+23	1.01E+14	4.43E+22	2.82E+23
	2017	1.39E+23	9.29E+21	9.68E+22	9.58E+13	3.85E+22	2.45E+23
长春	2013	9.98E+22	1.45E+22	4.31E+23	2.27E+12	8.79E+22	5.46E+23
	2014	9.92E+22	1.42E+22	4.61E+23	2.27E+12	6.85E+22	5.74E+23
	2015	9.93E+22	1.27E+22	3.11E+23	2.27E+12	5.19E+22	4.23E+23
	2016	1.01E+23	1.34E+22	3.17E+23	2.27E+12	5.14E+22	4.31E+23
	2017	1.06E+23	1.48E+22	4.05E+23	2.27E+12	5.17E+22	5.26E+23
沈阳	2013	1.72E+23	1.70E+18	2.64E+23	8.48E+12	1.78E+23	4.36E+23
	2014	1.69E+23	1.70E+18	2.77E+23	8.96E+12	1.82E+23	4.46E+23
	2015	1.64E+23	1.70E+18	1.93E+23	8.09E+12	1.70E+23	3.58E+23
	2016	1.29E+23	1.70E+18	1.85E+23	6.08E+12	1.08E+23	3.14E+23
	2017	1.31E+23	1.70E+18	2.11E+23	7.17E+12	1.19E+23	3.42E+23
大连	2013	1.25E+23	1.42E+22	9.64E+23	2.27E+12	9.21E+23	1.10E+24
	2014	1.28E+23	1.42E+22	1.07E+24	2.27E+12	7.46E+23	1.21E+24
	2015	1.33E+23	1.34E+22	7.64E+23	2.27E+12	6.48E+23	9.10E+23
	2016	1.29E+23	1.33E+22	6.85E+23	2.27E+12	6.00E+23	8.27E+23
	2017	1.29E+23	1.31E+22	9.17E+23	2.27E+12	6.43E+23	1.06E+24
郑州	2013	1.07E+23	3.29E+22	4.80E+23	1.30E+13	6.19E+23	6.20E+23
	2014	1.05E+23	3.00E+22	5.35E+23	1.42E+13	6.59E+23	6.71E+23
	2015	1.06E+23	3.04E+22	6.85E+23	1.68E+13	7.67E+23	8.21E+23
	2016	1.03E+23	2.99E+22	6.28E+23	9.12E+12	7.78E+23	7.61E+23
	2017	9.73E+22	3.17E+22	6.71E+23	8.52E+12	8.48E+23	8.00E+23
太原	2013	7.74E+22	2.24E+22	1.08E+23	2.27E+12	1.37E+23	2.08E+23
	2014	7.78E+22	1.65E+22	1.16E+23	2.27E+12	1.68E+23	2.10E+23
	2015	7.80E+22	1.67E+22	1.12E+23	2.27E+12	1.66E+23	2.07E+23
	2016	7.81E+22	1.73E+22	1.28E+23	2.27E+12	2.08E+23	2.24E+23
	2017	7.81E+22	1.86E+22	1.31E+23	2.27E+12	2.11E+23	2.27E+23

城市	年份	可更新资源	不可更新资源	进口能值	废弃能值	出口能值	总能值用量
合肥	2013	1.21E+23	9.57E+21	1.81E+23	7.76E+12	2.98E+23	3.12E+23
	2014	1.22E+23	9.72E+21	2.26E+23	8.31E+12	3.20E+23	3.58E+23
	2015	1.23E+23	1.01E+22	1.98E+23	6.41E+12	3.39E+23	3.31E+23
	2016	1.18E+23	1.06E+22	1.89E+23	6.47E+12	3.13E+23	3.17E+23
	2017	1.20E+23	1.11E+22	2.98E+23	5.83E+12	3.60E+23	4.29E+23
武汉	2013	1.01E+23	4.25E+18	2.98E+23	6.31E+13	2.99E+23	3.99E+23
	2014	1.01E+23	4.36E+18	3.99E+23	6.55E+13	3.45E+23	5.00E+23
	2015	1.01E+23	4.24E+18	4.22E+23	6.79E+13	3.75E+23	5.23E+23
	2016	1.01E+23	4.28E+18	3.70E+23	6.75E+13	3.39E+23	4.70E+23
	2017	1.01E+23	4.46E+18	4.21E+23	6.80E+13	4.22E+23	5.22E+23
长沙	2013	1.23E+23	1.45E+21	1.41E+23	3.29E+12	1.58E+23	2.65E+23
	2014	1.24E+23	8.37E+21	1.51E+23	3.55E+12	2.22E+23	2.83E+23
	2015	1.23E+23	1.54E+21	1.69E+23	3.91E+12	2.16E+23	2.93E+23
	2016	1.20E+23	1.01E+22	1.60E+23	3.43E+12	1.89E+23	2.91E+23
	2017	1.03E+23	1.14E+22	2.03E+23	3.34E+12	2.17E+23	3.18E+23
南昌	2013	1.07E+23	2.33E+22	8.96E+22	3.07E+13	1.86E+23	2.19E+23
	2014	1.07E+23	7.86E+21	1.27E+23	3.03E+13	2.14E+23	2.42E+23
	2015	1.07E+23	8.18E+21	1.08E+23	3.24E+13	2.12E+23	2.23E+23
	2016	1.07E+23	1.06E+22	1.30E+23	2.30E+13	1.46E+23	2.47E+23
	2017	1.05E+23	1.11E+22	1.33E+23	2.27E+13	1.58E+23	2.49E+23
重庆	2013	2.49E+23	5.42E+22	6.89E+23	3.40E+13	1.15E+24	9.93E+23
	2014	2.56E+23	5.34E+22	9.37E+23	3.47E+13	1.56E+24	1.25E+24
	2015	2.58E+23	6.28E+22	6.28E+23	3.51E+13	1.35E+24	9.48E+23
	2016	2.59E+23	6.51E+22	7.04E+23	2.94E+13	9.98E+23	1.03E+24
	2017	1.59E+23	6.43E+22	7.34E+23	2.27E+13	1.04E+24	9.57E+23
成都	2013	1.33E+23	1.87E+22	5.85E+23	1.00E+13	7.86E+23	7.36E+23
	2014	1.34E+23	1.87E+22	6.65E+23	9.15E+12	8.33E+23	8.18E+23
	2015	1.34E+23	1.85E+22	4.88E+23	9.30E+12	5.88E+23	6.41E+23
	2016	1.44E+23	1.99E+22	5.91E+23	8.10E+12	5.40E+23	7.55E+23
	2017	1.41E+23	2.00E+22	8.24E+23	8.58E+12	7.51E+23	9.85E+23

续表

城市	年份	可更新资源	不可更新资源	进口能值	废弃能值	出口能值	总能值用量
西安	2013	9.70E+22	6.56E+21	2.78E+23	7.00E+12	2.14E+23	3.81E+23
	2014	9.62E+22	6.12E+21	2.00E+24	5.28E+12	1.80E+24	2.10E+24
	2015	9.74E+22	6.27E+21	2.36E+24	4.63E+12	2.01E+24	2.46E+24
	2016	9.64E+22	6.86E+21	2.22E+24	3.73E+12	2.32E+24	2.32E+24
	2017	9.92E+22	8.78E+21	2.50E+24	4.13E+12	3.79E+24	2.61E+24
兰州	2013	7.77E+22	2.21E+22	1.18E+22	7.10E+12	9.51E+22	1.12E+23
	2014	7.73E+22	2.17E+22	1.23E+22	6.70E+12	9.59E+22	1.11E+23
	2015	7.76E+22	1.96E+22	1.35E+22	6.23E+12	9.25E+22	1.11E+23
	2016	7.76E+22	1.81E+22	1.35E+22	4.46E+12	9.23E+22	1.09E+23
	2017	7.76E+22	1.88E+22	1.35E+22	4.33E+12	9.26E+22	1.10E+23
西宁	2013	8.09E+22	2.88E+22	1.18E+22	2.27E+12	2.64E+22	1.22E+23
	2014	8.13E+22	2.95E+22	1.27E+22	2.27E+12	3.46E+22	1.23E+23
	2015	8.16E+22	2.61E+22	3.90E+22	2.27E+12	2.45E+23	1.47E+23
	2016	8.17E+22	2.54E+22	1.14E+22	2.27E+12	2.45E+23	1.19E+23
	2017	8.14E+22	2.54E+22	1.14E+22	2.27E+12	2.45E+23	1.18E+23
银川	2013	1.01E+23	4.25E+18	2.98E+23	6.31E+13	2.99E+23	3.99E+23
	2014	1.01E+23	4.36E+18	3.99E+23	6.55E+13	3.45E+23	5.00E+23
	2015	1.01E+23	4.24E+18	4.22E+23	6.79E+13	3.75E+23	5.23E+23
	2016	1.01E+23	4.28E+18	3.70E+23	6.75E+13	3.39E+23	4.70E+23
	2017	1.01E+23	4.46E+18	4.21E+23	6.80E+13	4.22E+23	5.22E+23
乌鲁木齐	2013	7.85E+22	2.04E+22	3.67E+22	7.63E+12	1.64E+23	1.36E+23
	2014	7.86E+22	2.09E+22	2.87E+22	7.67E+12	1.84E+23	1.28E+23
	2015	7.80E+22	2.19E+22	2.87E+22	5.89E+12	1.22E+23	1.29E+23
	2016	7.77E+22	2.17E+22	2.05E+22	6.22E+12	1.07E+23	1.20E+23
	2017	7.76E+22	2.44E+22	3.61E+22	6.37E+12	1.35E+23	1.38E+23
南宁	2013	1.25E+23	6.10E+21	5.89E+22	1.43E+12	6.48E+22	1.90E+23
	2014	1.26E+23	5.70E+21	5.73E+22	1.43E+12	7.20E+22	1.89E+23
	2015	1.27E+23	5.55E+21	6.82E+22	1.43E+12	8.44E+22	2.00E+23
	2016	1.27E+23	5.39E+21	5.04E+23	1.43E+12	5.20E+23	6.37E+23
	2017	1.28E+23	5.93E+21	8.12E+23	1.43E+12	6.78E+23	9.46E+23

续表

城市	年份	可更新资源	不可更新资源	进口能值	废弃能值	出口能值	总能值用量
呼和浩特	2013	8.41E+22	9.98E+21	3.40E+22	5.12E+12	2.53E+22	1.28E+23
	2014	1.09E+23	1.17E+22	2.97E+22	9.02E+12	3.85E+22	1.51E+23
	2015	1.10E+23	3.64E+21	2.76E+22	7.13E+12	3.53E+22	1.41E+23
	2016	1.03E+23	1.18E+22	2.76E+22	5.36E+12	2.13E+22	1.43E+23
	2017	9.86E+22	1.32E+22	2.76E+22	5.01E+12	2.35E+22	1.39E+23
贵阳	2013	8.53E+22	1.15E+22	2.72E+22	4.61E+12	1.52E+23	1.24E+23
	2014	8.56E+22	1.05E+22	2.50E+22	5.19E+12	1.86E+23	1.21E+23
	2015	8.59E+22	1.21E+21	4.34E+22	5.51E+12	1.98E+23	1.31E+23
	2016	8.55E+22	1.06E+22	3.20E+22	9.12E+12	8.49E+22	1.28E+23
	2017	7.79E+22	1.13E+22	3.72E+22	8.41E+12	6.03E+22	1.26E+23
昆明	2013	1.12E+23	1.50E+22	1.92E+23	3.58E+13	2.54E+23	3.19E+23
	2014	1.04E+23	1.07E+22	1.83E+23	3.22E+13	2.91E+23	2.98E+23
	2015	1.09E+23	1.45E+22	1.03E+23	3.57E+13	2.35E+23	2.27E+23
	2016	1.04E+23	1.07E+22	7.31E+22	3.65E+13	4.67E+21	1.88E+23
	2017	1.11E+23	1.43E+22	1.31E+23	5.74E+13	7.67E+22	2.56E+23

附录 2　区域中心城市复合生态系统能值分析

区域中心城市复合生态系统能值分析

城市	年份	能值密度	人均能值使用量	能值投资率	净能值产出率	环境负载率	能值可持续指标
石家庄	2013	2.59E+13	4.10E+16	1.0518	1.9508	1.2799	1.5241
	2014	2.87E+13	3.68E+16	0.8561	2.1681	1.0607	2.0441
	2015	2.57E+13	3.27E+16	0.6641	2.5058	0.8424	2.9746
	2016	2.54E+13	3.19E+16	0.6431	2.5549	0.8199	3.1162
	2017	9.91E+13	1.43E+17	6.7668	1.1478	7.7577	0.1480
南京	2013	1.12E+14	1.15E+17	6.0291	1.1659	8.4236	0.1384
	2014	1.14E+14	1.16E+17	6.3239	1.1581	8.5697	0.1351
	2015	1.04E+14	1.05E+17	5.4306	1.1841	7.7688	0.1524
	2016	9.75E+13	9.69E+16	6.2690	1.1595	7.3352	0.1581
	2017	1.22E+14	1.18E+17	7.1536	1.1398	9.5084	0.1199
杭州	2013	4.22E+13	9.92E+16	4.4609	1.2242	5.9540	0.2056
	2014	4.08E+13	9.47E+16	4.3968	1.2274	5.9609	0.2059
	2015	3.79E+13	8.70E+16	4.1109	1.2433	5.5446	0.2242
	2016	3.97E+13	8.96E+16	4.4392	1.2253	5.9843	0.2047
	2017	4.83E+13	1.06E+17	5.7698	1.1733	7.7879	0.1507
宁波	2013	1.03E+14	1.75E+17	7.2656	1.1376	10.0586	0.1131
	2014	9.69E+13	1.63E+17	6.7782	1.1475	9.5271	0.1204
	2015	9.07E+13	1.52E+17	6.4166	1.1558	9.0666	0.1275
	2016	9.06E+13	1.51E+17	6.3834	1.1567	9.1968	0.1258
	2017	6.69E+14	1.10E+18	52.9865	1.0189	75.7552	0.0134
济南	2013	3.06E+13	4.00E+16	0.9452	1.0581	1.1242	0.9412
	2014	3.20E+13	4.12E+16	1.0179	0.9825	1.2132	0.8098
	2015	2.80E+13	3.58E+16	0.7931	1.2610	0.9693	1.3009
	2016	2.92E+13	3.69E+16	0.9045	1.1057	1.1106	0.9956
	2017	3.03E+13	3.77E+16	0.9792	1.0213	1.1752	0.8691

续表

城市	年份	能值密度	人均能值使用量	能值投资率	净能值产出率	环境负载率	能值可持续指标
青岛	2013	9.59E+13	1.40E+17	7.7082	1.1297	7.7127	0.1465
	2014	9.26E+13	1.34E+17	7.4801	1.1337	7.4843	0.1515
	2015	7.32E+13	1.05E+17	5.8190	1.1719	5.8217	0.2013
	2016	6.92E+13	9.87E+16	5.4263	1.1843	5.4294	0.2181
	2017	8.53E+13	1.20E+17	7.0239	1.1424	7.0277	0.1626
深圳	2013	2.91E+15	1.87E+18	78.6307	1.0127	78.6326	0.0129
	2014	2.56E+15	1.54E+18	69.4854	1.0144	69.4870	0.0146
	2015	2.26E+15	1.27E+18	61.3228	1.0163	61.3243	0.0166
	2016	2.05E+15	1.06E+18	55.4857	1.0180	55.4871	0.0183
	2017	2.17E+15	9.94E+17	58.3705	1.0171	58.3719	0.0174
厦门	2013	1.19E+14	4.47E+17	9.5188	1.1051	10.5993	0.1043
	2014	1.14E+14	4.16E+17	9.1008	1.1099	10.1336	0.1095
	2015	1.12E+14	3.94E+17	9.1211	1.1096	10.0670	0.1102
	2016	1.14E+14	3.83E+17	9.2372	1.1083	10.2135	0.1085
	2017	1.75E+14	5.60E+17	14.7333	1.0679	16.3709	0.0652
福州	2013	3.31E+13	6.60E+16	2.8692	1.3485	3.5403	0.3809
	2014	3.61E+13	6.99E+16	3.1998	1.3125	3.9835	0.3295
	2015	3.5E+13	6.53E+16	2.9817	1.3354	3.7135	0.3596
	2016	3.16E+13	5.83E+16	2.6345	1.3796	3.3144	0.4162
	2017	3.69E+13	6.53E+16	3.0879	1.3238	3.9528	0.3349
海口	2013	7.20E+13	1.02E+17	1.0471	1.9550	1.0688	1.8292
	2014	6.04E+13	8.35E+16	0.7191	2.3906	0.7378	3.2404
	2015	7.23E+13	1.01E+17	1.0871	1.9199	1.1106	1.7287
	2016	6.79E+13	9.36E+16	0.9680	2.0331	0.9908	2.0520
	2017	5.93E+13	7.93E+16	0.7096	2.4092	0.7231	3.3316
哈尔滨	2013	5.58E+12	2.98E+16	0.5990	2.6694	0.6651	4.0132
	2014	5.65E+12	3.04E+16	0.5749	2.7395	0.6430	4.2603
	2015	5.58E+12	3.08E+16	0.5304	2.8854	0.6093	4.7354
	2016	5.32E+12	2.93E+16	0.5727	2.7461	0.6588	4.1684
	2017	4.61E+12	2.56E+16	0.6543	2.5284	0.7652	3.3044

续表

城市	年份	能值密度	人均能值使用量	能值投资率	净能值产出率	环境负载率	能值可持续指标
长春	2013	2. 65E+13	7. 25E+16	3. 7754	1. 2649	4. 4673	0. 2831
	2014	2. 79E+13	7. 61E+16	4. 0669	1. 2459	4. 7913	0. 2600
	2015	2. 05E+13	5. 62E+16	2. 7785	1. 3599	3. 2637	0. 4167
	2016	2. 09E+13	5. 72E+16	2. 7691	1. 3611	3. 2675	0. 4166
	2017	2. 55E+13	7. 02E+16	3. 3569	1. 2979	3. 9642	0. 3274
沈阳	2013	3. 39E+13	6. 00E+16	1. 5318	1. 6528	1. 5318	1. 0790
	2014	3. 47E+13	6. 11E+16	1. 6390	1. 6101	1. 6390	0. 9824
	2015	2. 78E+13	4. 90E+16	1. 1777	1. 8491	1. 1777	1. 5701
	2016	2. 44E+13	4. 28E+16	1. 4295	1. 6996	1. 4295	1. 1889
	2017	2. 66E+13	4. 65E+16	1. 6040	1. 6235	1. 6040	1. 0121
大连	2013	8. 78E+13	1. 87E+17	6. 9359	1. 1442	7. 8395	0. 1459
	2014	9. 65E+13	2. 04E+17	7. 5485	1. 1325	8. 4962	0. 1333
	2015	7. 24E+13	1. 53E+17	5. 2115	1. 1919	5. 8342	0. 2043
	2016	6. 58E+13	1. 39E+17	4. 8254	1. 2072	5. 4251	0. 2225
	2017	8. 42E+13	1. 78E+17	6. 4350	1. 1554	7. 1898	0. 1607
郑州	2013	8. 33E+13	6. 74E+16	3. 4300	1. 2915	4. 7892	0. 2697
	2014	9. 01E+13	7. 15E+16	3. 9622	1. 2524	5. 3808	0. 2328
	2015	1. 10E+14	1. 01E+17	5. 0302	1. 1988	6. 7617	0. 1773
	2016	1. 02E+14	9. 21E+16	4. 7126	1. 2122	6. 3665	0. 1904
	2017	1. 07E+14	9. 5E+16	5. 2017	1. 1922	7. 2247	0. 1650
太原	2013	2. 98E+13	5. 66E+16	1. 0830	1. 9234	1. 6867	1. 1403
	2014	3. 01E+13	5. 68E+16	1. 2283	1. 8142	1. 6997	1. 0673
	2015	2. 96E+13	5. 63E+16	1. 1837	1. 8448	1. 6515	1. 1171
	2016	3. 2E+13	6. 05E+16	1. 3447	1. 7437	1. 8649	0. 9350
	2017	3. 25E+13	6. 16E+16	1. 3508	1. 7403	1. 9096	0. 9113
合肥	2013	2. 73E+13	4. 38E+16	1. 3843	1. 7224	1. 5726	1. 0952
	2014	3. 13E+13	5. 02E+16	1. 7201	1. 5814	1. 9370	0. 8164
	2015	2. 89E+13	4. 61E+16	1. 4940	1. 6694	1. 6993	0. 9824
	2016	2. 77E+13	4. 34E+16	1. 4688	1. 6808	1. 6907	0. 9942
	2017	3. 75E+13	5. 77E+16	2. 2726	1. 4400	2. 5757	0. 5591

续表

城市	年份	能值密度	人均能值使用量	能值投资率	净能值产出率	环境负载率	能值可持续指标
武汉	2013	4.66E+13	4.85E+16	2.9619	1.3376	2.9620	0.4516
	2014	5.83E+13	6.04E+16	3.9574	1.2527	3.9577	0.3165
	2015	6.11E+13	6.31E+16	4.1828	1.2391	4.1830	0.2962
	2016	5.49E+13	5.64E+16	3.6745	1.2721	3.6747	0.3462
	2017	6.09E+13	6.12E+16	4.1746	1.2395	4.1749	0.2969
长沙	2013	2.25E+13	4.00E+16	1.1261	1.8880	1.1511	1.6402
	2014	2.39E+13	4.21E+16	1.1405	1.8768	1.2852	1.4603
	2015	2.48E+13	4.31E+16	1.3604	1.7351	1.3900	1.2482
	2016	2.46E+13	4.18E+16	1.2265	1.8153	1.4141	1.2838
	2017	2.69E+13	4.48E+16	1.7702	1.5649	2.0772	0.7534
南昌	2013	2.96E+13	4.3E+16	0.6899	2.4496	1.0587	2.3138
	2014	3.27E+13	4.67E+16	1.1014	1.9080	1.2553	1.5199
	2015	3.02E+13	4.29E+16	0.9409	2.0628	1.0894	1.8935
	2016	3.34E+13	4.73E+16	1.1055	1.9046	1.3151	1.4483
	2017	3.37E+13	4.75E+16	1.1506	1.8691	1.3790	1.3554
重庆	2013	1.21E+13	2.96E+16	2.2719	1.4402	2.9832	0.4828
	2014	1.51E+13	3.69E+16	3.0337	1.3296	3.8760	0.3430
	2015	1.15E+13	2.81E+16	1.9583	1.5106	2.6787	0.5640
	2016	1.25E+13	3.03E+16	2.1750	1.4598	2.9746	0.4907
	2017	1.16E+13	2.82E+16	3.2955	1.3034	5.0366	0.2588
成都	2013	6.07E+13	6.2E+16	3.8607	1.2590	4.5443	0.2771
	2014	6.74E+13	6.76E+16	4.3522	1.2298	5.0972	0.2413
	2015	5.28E+13	5.22E+16	3.2117	1.3114	3.7953	0.3455
	2016	6.22E+13	5.40E+16	3.6090	1.2771	4.2468	0.3007
	2017	8.12E+13	6.86E+16	5.1000	1.1961	5.9631	0.2006
西安	2013	3.78E+13	4.72E+16	2.6810	1.3730	2.9297	0.4687
	2014	2.08E+14	2.58E+17	19.5454	1.0512	20.8527	0.0504
	2015	2.44E+14	3.02E+17	22.7317	1.0440	24.2604	0.0430
	2016	2.30E+14	2.82E+17	21.4884	1.0465	23.0877	0.0453
	2017	2.58E+14	2.88E+17	23.1586	1.0432	25.2967	0.0412

续表

城市	年份	能值密度	人均能值使用量	能值投资率	净能值产出率	环境负载率	能值可持续指标
兰州	2013	8.53E+12	3.03E+16	0.1183	9.4529	0.4368	21.6414
	2014	8.50E+12	2.97E+16	0.1242	9.0524	0.4398	20.5831
	2015	8.46E+12	3.44E+16	0.1387	8.2108	0.4258	19.2819
	2016	8.34E+12	3.37E+16	0.1409	8.0996	0.4072	19.8899
	2017	8.40E+12	3.37E+16	0.1398	8.1524	0.4163	19.5819
西宁	2013	1.59E+13	5.36E+16	0.1072	10.3246	0.5015	20.5881
	2014	1.61E+13	6.10E+16	0.1144	9.7388	0.5182	18.7943
	2015	1.91E+13	7.29E+16	0.3627	3.7574	0.7982	4.7076
	2016	1.55E+13	5.84E+16	0.1068	10.3632	0.4506	23.0007
	2017	1.54E+13	5.74E+16	0.1072	10.3306	0.4526	22.8234
银川	2013	1.25E+13	6.56E+16	0.0970	11.3075	0.3869	29.2245
	2014	1.43E+13	6.58E+16	0.2324	5.3030	0.5602	9.4669
	2015	1.35E+13	6.80E+16	0.1556	7.4267	0.4808	15.4468
	2016	1.35E+13	6.62E+16	0.1146	9.7236	0.4793	20.2873
	2017	3.28E+13	1.57E+17	1.6044	1.6233	2.5510	0.6363
乌鲁木齐	2013	9.84E+12	5.16E+16	0.3712	3.6941	0.7269	5.0820
	2014	9.30E+12	4.81E+16	0.2887	4.4643	0.6309	7.0764
	2015	9.33E+12	4.82E+16	0.2872	4.4820	0.6493	6.9028
	2016	8.69E+12	4.47E+16	0.2058	5.8599	0.5417	10.8181
	2017	1.00E+13	6.19E+16	0.3544	3.8221	0.7800	4.8998
南宁	2013	8.52E+12	2.62E+16	0.4513	3.2160	0.5224	6.1561
	2014	8.48E+12	2.58E+16	0.4365	3.2909	0.5017	6.5597
	2015	9.01E+12	2.71E+16	0.5151	2.9414	0.5815	5.0586
	2016	2.86E+13	8.47E+16	3.8040	1.2629	4.0075	0.3151
	2017	4.25E+13	1.25E+17	6.0584	1.1651	6.3849	0.1825
呼和浩特	2013	7.45E+12	5.47E+16	0.3611	3.7695	0.5227	7.2119
	2014	8.77E+12	6.33E+16	0.2452	5.0791	0.3789	13.4051
	2015	8.23E+12	5.93E+16	0.2423	5.1273	0.2833	18.0962
	2016	8.30E+12	5.92E+16	0.2398	5.1702	0.3814	13.5545
	2017	8.11E+12	5.74E+16	0.2466	5.0556	0.4138	12.2182

续表

城市	年份	能值密度	人均能值使用量	能值投资率	净能值产出率	环境负载率	能值可持续指标
贵阳	2013	1.54E+13	3.27E+16	0.2812	4.5564	0.4539	10.0391
	2014	1.51E+13	3.16E+16	0.2605	4.8381	0.4145	11.6713
	2015	1.62E+13	3.33E+16	0.4981	3.0075	0.5192	5.7921
	2016	1.59E+13	3.19E+16	0.3327	4.0058	0.4976	8.0507
	2017	1.57E+13	3.1E+16	0.4170	3.3979	0.6227	5.4564
昆明	2013	1.52E+13	5.83E+16	1.5046	1.6646	1.8391	0.9051
	2014	1.42E+13	5.41E+16	1.6010	1.6246	1.8695	0.8690
	2015	1.08E+13	4.08E+16	0.8384	2.1927	1.0838	2.0232
	2016	8.93E+12	3.35E+16	0.6387	2.5658	0.8068	3.1803
	2017	1.22E+13	4.55E+16	1.0478	1.9544	1.3115	1.4902

参考文献

［1］白彩全，黄芽保，宋伟轩，等．省域金融集聚与生态效率耦合协调发展研究［J］．干旱区资源与环境，2014，28（9）：1－7.

［2］蔡玉蓉，汪慧玲．产业结构升级对区域生态效率影响的实证［J］．统计与决策，2020，36（1）：110－113.

［3］曹勇，秦以旭．中国区域创新能力差异变动实证分析［J］．中国人口·资源与环境，2012（3）：164－169.

［4］车磊．中国资源型城市绿色转型发展的时空格局、影响因素和路径选择［D］．兰州：西北师范大学，2019.

［5］陈傲．中国区域生态效率评价及影响因素实证分析——以 2000－2006 年区域中心城市际数据为例［J］．中国管理科学，2008（S1）：566－570.

［6］陈国卫，金家善，耿俊豹．系统动力学应用研究综述［J］．控制工程，2012，19（6）：921－928.

［7］陈函馨．以系统动力学建立潮河川水理与水质模式［D］．台湾中山大学硕士论文，2002.

［8］陈浩，陈平，罗艳．基于超效率 DEA 模型的中国资源型城市生态效率评价［J］．大连理工大学学报（社会科学版），2015，2：34－40.

［9］陈虎，韩玉启，王斌．基于系统动力学的库存管理研究［J］．管理工程学报，2005（3）：132－140.

［10］陈林心，何宜庆，程家鼎．创新、创业与生态效率提升研究——基于长江中游城市群的空间面板模型［J］．华东经济管理，2016，30（10）：87－94.

［11］陈雯，范朝礼，周诚君．上海周边二级大城市的产业分工和职能转型——以苏锡常中心城市为例的分析［J］．江海学刊，2012：（5）：61－65.

[12] 成金华, 孙琼, 郭明晶, 等. 中国生态效率的区域差异及动态演化研究 [J]. 中国人口·资源与环境, 2014, 24 (1): 47 – 54.

[13] 程晓娟, 韩庆兰, 全春光. 基于 PCA – DEA 组合模型的中国煤炭产业生态效率研究 [J]. 资源科学, 2013, 35 (6): 180 – 187.

[14] 程旭. 基于循环经济的造纸生态工业园构建研究 [D]. 西安: 陕西科技大学, 2013.

[15] 崔伊霞. 中国资源枯竭型城市绿色转型发展研究 [D]. 长春: 吉林大学, 2020.

[16] 戴铁军, 陆钟武. 钢铁企业生态效率分析 [J]. 东北大学学报, 2015 (12): 48 – 53.

[17] 戴铁军, 陆钟武. 钢铁企业生态效率分析 [J]. 东北大学学报 (自然科学版), 2005, 26 (12): 1168 – 1173.

[18] 戴铁军, 赵鑫蕊. 基于物质流分析的废纸回收利用体系生态成本研究 [J]. 生态学报, 2017, 37 (15): 5210 – 5220.

[19] 戴永安, 中国城市化效率及其影响因素——基于随机前沿生产函数的分析 [J]. 数量经济技术经济研究, 2010, 12: 103 – 117.

[20] 邓波, 张学军, 郭军华. 基于三阶段 DEA 模型的区域生态效率研究 [J]. 中国软科学, 2011 (1): 92 – 99.

[21] 段玉英. 基于能值分析法的生态效率构建 [J]. 商业经济研究, 2012 (27): 13 – 14.

[22] 范建平, 肖慧, 樊晓宏. 考虑非期望产出的改进 EBM – DEA 三阶段模型——基于中国省际物流业效率的实证分析 [J]. 中国管理科学, 2017, 25 (8): 166 – 174.

[23] 冯玉婷, 常禹, 胡远满, 等. 大兴安岭呼中森林景观的空间点格局分析 [J]. 生态学杂志, 2012, 31 (4): 1016 – 1021.

[24] 付丽娜, 陈晓红, 冷智花. 基于超效率 DEA 模型的城市群生态效率研究——以长株潭 "3 + 5" 城市群为例 [J]. 中国人口·资源与环境, 2013, 23 (4): 169 – 175.

[25] 傅京燕, 原宗琳, 曾翾. 中国区域生态效率的测度及其影响因素分析 [J]. 产经评论, 2016, 7 (6): 85 – 97.

［26］高前善．生态效率——企业环境绩效审计评价的一个重要指标［J］．经济论坛，2006（7）：87－88.

［27］高远东，张卫国，阳琴．中国产业结构高级化的影响因素研究［J］．经济地理，2015，35（6）：96－101＋108.

［28］龚新蜀，王曼，张洪振.FDI、市场分割与区域生态效率：直接影响与溢出效应［J］．中国人口·资源与环境，2018，28（8）：95－104.

［29］谷平华，刘志成．基于物质流分析的区域工业生态效率评价——以湖南省为例［J］．经济地理，2017，37（4）：141－148.

［30］顾程亮，李宗尧，成祥东．财政节能环保投入对区域生态效率影响的实证检验［J］．统计与决策，2016（19）：109－113.

［31］《关于加快建立健全绿色低碳循环发展经济体系的指导意见》［J］．中国产经，2021（8）：19－22.

［32］郭建斌，陈富良．竞合视角下长江中游城市群次区域绿色协调发展机制研究［J］．生态经济，2019，35（3）：99－103＋149.

［33］郭玲玲，武春友，于惊涛，等．中国绿色增长模式的动态仿真分析［J］．系统工程理论与实践，2017，37（8）：2119－2130.

［34］韩洁平，程序，闫晶，等．基于网络超效率EBM模型的城市工业生态绿色发展测度研究——以三区十群47个重点城市为例［J］．科技管理研究，2019，v.39；No.423（05）：235－243.

［35］韩凌，徐昕．基于数据包络分析贵阳市铝产业生态效率评价［J］．现代管理科学，2017（7）：66－68.

［36］韩瑞玲，佟连军，佟伟铭，于建辉．经济与环境发展关系研究进展与述评［J］．中国人口·资源与环境，2012，22（2）：119－124.

［37］韩永辉，黄亮雄，王贤彬．产业结构优化升级改进生态效率了吗？［J］．数量经济技术经济研究，2016（4）：40－59.

［38］韩增林，胡伟，钟敬秋，等．基于能值分析的中国海洋生态经济可持续发展评价［J］．生态学报，2017，37（8）：2563－2574.

［39］郝园园，曹洪忠．长三角地区的能源消耗、碳排放与经济增长的关系研究［J］．科技与经济，2021，34（1）：101－105.

［40］何红渠，孙凌宇．资源型企业绿色转型［J］．理论视野，2012（5）：

65 – 66.

[41] 何宜庆，陈林心，周小刚．长江经济带生态效率提升的空间计量分析——基于金融集聚和产业结构优化的视角［J］．生态经济，2016，32（1）：22 – 26.

[42] 和瑞亚，张玉喜．区域科技创新系统与公共金融系统耦合协调评价研究——基于中国 28 个省级区域的实证分析［J］．科技进步与对策，2014（7）：31 – 37.

[43] 赫沙姆·阿卜杜勒——拉赫曼，阿历克斯·阿纳斯．区域和城市经济学手册——城市体系理论［M］．北京：经济科学出版社，2012.

[44] 侯汉坡，刘春成，孙梦水．城市系统理论：基于复杂适应系统的认识［J］．管理世界，2013（5）：182 – 183. DOI：10. 19744/j. cnki. 11 – 1235/f. 2013. 05. 019.

[45] 侯建，常青山，陈建成，等．环境规制视角下制造业绿色转型对能源强度的影响［J］．中国环境科学，2020，40（9）：4155 – 4166.

[46] 胡彪，付业腾．中国生态效率测度与空间差异实证——基于 SBM 模型与空间自相关性的分析［J］．干旱区资源与环境，2016，30（6）：6 – 12.

[47] 胡彪，孙雪．中国三大城市群生态经济效率时空演变分析［J］．大连理工大学学报（社会科学版），2020，41（1）：19 – 27.

[48] 胡剑波，刘辉．我国区域工业生态创新效率评价——基于 SBM 模型和 CCR 模型的比较分析［J］．科技管理研究，2014（14）：54 – 59.

[49] 胡美娟，丁正山，李在军，周年兴，李欣，张郴．生态效率视角下旅游业生态福利及驱动因素——以常州市为例［J］．生态学报，2019，40（6）．

[50] 胡伟．基于能值理论的中国海洋生态经济系统可持续发展水平评价［D］．辽宁师范大学，2017.

[51] 胡姚雨．基于生态足迹视角的中国全要素生态效率研究［D］．南京：东南大学，2016.

[52] 胡岳岷，刘甲库．绿色发展转型：文献检视与理论辨析［J］．当代经济研究，2013（6）：33 – 42.

[53] 黄光宇，陈勇．生态城市理论与规划设计方法［M］．北京：科学出版社，2012.

[54] 黄和平．基于生态效率的江西省循环经济发展模式［J］．生态学报，

2015，35（9）：2894－2901.

[55] 黄和平，伍世安，智颖飙，姚冠荣，江民锦，周早弘．基于生态效率的资源环境绩效动态评估——以江西省为例［J］．资源科学，2010（5）：924－931.

[56] 季丹．中国区域生态效率评价——基于生态足迹方法［J］．当代经济管理，2013，35（2）：57－62.

[57] 姜国新，刘帅．资源枯竭型城市转型系统动力模型构建与仿真——以阜新市为例［J］．干旱区资源与环境，2020，34（6）：1－7.

[58] 姜艳生．关于推动绿色转型的理论和实践问题的探讨［J］．科技创新与生产力，2007，161（6）：5－8.

[59] 蒋长流，江成涛，杨逸凡．新型城镇化低碳发展转型及其合规要素识别——基于典型城市低碳发展转型比较研究［J］．改革与战略，2021，37（3）：66－77.

[60] 蒋天颖，华明浩，许强，王佳．区域创新与城市化耦合发展机制及其空间分异——以浙江省为例［J］．经济地理，2014（6）：25－32.

[61] 靳相木，柳乾坤．自然资源核算的生态足迹模型演进及其评论［J］．自然资源学报，2017（1）：163－176.

[62] 蓝盛芳，钦佩，陆宏芳．生态经济系统能值分析［M］．北京：化学工业出版社，2002.

[63] 李兵，张建强，权进民．企业生态足迹和生态效率研究［J］．环境工程，2007（6）：85－88.

[64] 李成宇，张士强，张伟．中国省际工业生态效率空间分布及影响因素研究［J］．地理科学，2018，12：1970－1978.

[65] 李程桦．中国城市转型研究［M］．北京：人民出版社，2013：2－11.

[66] 李虹，董亮．发展绿色就业提升产业生态效率——基于风电产业发展的实证分析［J］．北京大学学报（哲学社会科学版），2011（1）：109－118.

[67] 李惠娟，龙如银，兰新萍．资源型城市的生态效率评价［J］．资源科学，2010，32（7）：1296－1300.

[68] 李继峰，郭焦锋，高世楫，等．国家碳排放核算工作的现状、问题及挑战［J］．发展研究，2020（6）：9－14.

[69] 李丽平，田春秀．生态效率：OECD 全新环境管理经验［J］．环境科

学动态，2000（1）：33 – 36.

[70] 李俐佳. 基于系统动力学的中国区域中心城市绿色转型研究［D］. 大连：大连理工大学，2018.

[71] 李小芬. 经济绿色转型视域下的生态资本效率研究［J］. 现代经济信息，2015（12）：11，14.

[72] 李学鑫，陈世强，薛诺稳. 中国农区文化创意产业集群形成演化的影响因素研究——以河南民权"画虎村"为例［J］. 地域研究与开发，2010，29（2）：16 – 21.

[73] 李忠文. 绿色转型视阈下区域中心城市生态效率评价研究［D］. 大连：大连理工大学，2021.

[74] 李周. 中国经济学如何研究绿色发展［J］. 改革，2016（6）：133 – 140.

[75] 李佐军. 中国绿色转型发展报告［M］. 北京：中共中央党校出版社，2012.

[76] 理查德·瑞吉斯特. 生态城市：重建与自然平衡的城市（修订版）［M］. 王如松，于占杰译，北京：社会科学文献出版社，2010.

[77] 连晓宇. 区域中心城市绿色转型绩效评价［D］. 大连：大连理工大学，2016.

[78] 梁昌一，刘修岩，李松林. 城市空间发展模式与雾霾污染——基于人口密度分布的视角［J］. 经济学动态，2021（2）：80 – 94.

[79] 廖诺，赵亚莉，贺勇，等. 碳交易政策对电煤供应链利润及碳排放量影响的仿真分析［J］. 中国管理科学，2018，26（08）：154 – 163.

[80] 林天南. 生态优先视角下区域生态经济系统效率评价［J］. 中南林业科技大学学报：社会科学版，2020（3）：29 – 37.

[81] 刘丙泉. 中国区域生态效率测度与差异性分析［J］. 技术经济与管理研究，2011，10：3 – 6.

[82] 刘纯彬，张晨. 资源型城市绿色转型初探——山西区域中心城市太原市的启发［J］. 城市发展研究，2019，16（9）：41 – 47.

[83] 刘纯彬，张晨. 资源型城市绿色转型内涵的理论探讨［J］. 中国人口·资源与环境，2009（5）：6 – 10.

[84] 刘纯彬，张晨. 资源型城市：绿色转型与一般经济转型比较［J］.

开放导报，2009（3）：57－61.

[85] 刘军，李廉水，王忠．产业聚集对区域创新能力的影响及其行业差异 [J]．科研管理，2010，31（6）：191－198.

[86] 刘俊杰．谈谈乡镇群众文化的现状及发展建议 [J]．群文天地，2011.

[87] 刘勇，韩泰凡，曲新谱，等．基于层次分析法的绵山旅游资源评价与可持续发展对策 [J]．经济地理，2006，26（2）：346－348.

[88] 刘媛媛，孙慧．资源型产业集聚环境外部性效应研究——基于区域面板数据的实证检验 [J]．生态经济，2021，37（4）：37－43.

[89] 龙亮军．中国主要城市生态福利绩效评价研究——基于 PCA－DEA 方法和 Malmquist 指数的实证分析 [J]．经济问题探索，2019，439（2）：73－83.

[90] 陆小成．生态文明视域下城市绿色基础设施建设实证研究——以北京市为例 [J]．企业经济，2016（6）：18－22.

[91] 吕彬，杨建新．中国电子废物回收处理体系的生态效率分析 [J]．环境工程学报，2010（1）：185－190.

[92] 罗登跃，徐宁．中国证券业效率及其影响因素研究——基于产出导向距离函数的随机前沿分析 [J]．南方经济，2017（1）：13－29.

[93] 毛建素，曾润，杜艳春，等．中国工业行业的生态效率 [J]．环境科学，2010，31（11）：2788－2794.

[94] 聂华林，苏芳，尚海洋．甘肃区域中心城市1990—2005年生态足迹与发展能力研究 [J]．甘肃社会科学，2010，000（4）：92－94.

[95] 潘丹，应瑞瑶．中国农业生态效率评价方法与实证——基于非期望产出的 SBM 模型分析 [J]．生态学报，2013，33（12）：3837－3845.

[96] 潘家华，魏后凯．城市蓝皮书：中国城市发展报告——迈向城市时代的绿色繁荣 [M]．北京：社会科学文献出版社，2012.

[97] 潘雄锋，马运来．城市创新生态评价研究 [J]．大连理工大学学报：社会科学版，2011（2）：7－11.

[98] 彭竞霄，袁超，高明惠，等．基于系统动力学的湖南省能源消耗碳排放仿真模拟 [J]．湖南工业大学学报，2019，33（6）：51－59.

[99] 齐建珍．资源型城市转型学 [C]．辽宁省哲学社会科学获奖成果汇编，2003.

[100] 邱立新，周家萌．浙江区域中心城市县域尺度生态效率的时空分异及影响因素 [J]．华东经济管理，2020（10）：11–15.

[101] 邱蔓．中国八大经济区能源消耗碳排放及影响因素研究 [J]．现代工业经济和信息化，2017，7（5）：6–7.

[102] 邱寿丰，诸大建．我国生态效率指标设计及其应用 [J]．科学管理研 2007（1）：20–24.

[103] 屈文波．中国区域生态效率的时空差异及驱动因素 [J]．华东经济管理，2018，32（3）：59–66.

[104] 任嘉敏，马延吉．地理学视角下绿色发展研究进展与展望 [J]．地理科学进展，2020，39（7）：1196–1209.

[105] 任梅，王小敏，刘忠梅，等．中国区域生态效率时空变化及其影响因素分析 [J]．华东经济管理，2019（9）：71–79.

[106] 任胜钢，张如波，袁宝龙．区域中心城市工业生态效率评价及区域差异研究 [J]．生态学报，2018，38（15）：5485–5497.

[107] 任胜钢，张如波，袁宝龙．区域中心城市工业生态效率评价及区域差异研究 [J]．生态学报，2018，38（15）：219–231.

[108] 任希珍．绿色转型发展与环境治理研究 [J]．企业改革与管理，2016（11X）：185–186.

[109] 商华，武春友．基于生态效率的生态工业园评价方法研究 [J]．大连理工大学学报（社会科学版），2007（2）：25–29.

[110] 商燕劼，庞庆华，李涵．江苏区域中心城市城市竞争力，区域创新与生态效率的时空耦合研究 [J]．华东经济管理，2020，No.288（12）：15–23.

[111] 沈家耀，张玲玲，王宗志．基于系统动力学——投入产出分析整合方法的江苏省产业用水综合效用分析 [J]．长江流域资源与环境，2016，25（1）：16–24.

[112] 史丹，王俊杰．基于生态足迹的中国生态压力与生态效率测度与评价 [J]．中国工业经济，2016（5）：5–21.

[113] 斯蒂芬·莱曼．绿色城市法则：向可持续城市发展转变 [M]．吴小著译．北京：电子工业出版社，2014.

[114] 孙露，耿涌，刘祚希，等．基于能值和数据包络分析的城市复合生

态系统生态效率评估 [J]. 生态学杂志，2014，33（2）：462-468.

[115] 孙毅. 资源型区域绿色转型的理论与实践研究 [D]. 东北师范大学，2012.

[116] 孙振良，宋绍成. 突发事件舆情信息生态链系统的协同演化机理研究 [J]. 情报科学，2017，35（5）：30-33.

[117] "碳中和" 中国城市进展报告2021（春季）[J]. 今日国土，2021（1）：19-28.

[118] 汤慧兰，孙德生. 工业生态系统及其建设 [J]. 中国环保产业. 2003，2：14-16.

[119] 汤中明，周玲，曹玉姣. 低碳供应链库存运输集成决策研究——集中控制模式下 [J]. 当代经济，2021（2）：92-95.

[120] 唐德才，刘昊，汤杰新. 长三角地区能源消耗与碳排放的实证研究——基于系统动力学模型 [J]. 华东经济管理，2015，29（9）：63-68.

[121] 唐未兵，傅元海，王展祥. 技术创新、技术引进与经济增长方式转变 [J]. 经济研究，2014（7）：31-43.

[122] 佟贺丰，杨阳，王静宜，等. 中国绿色经济发展展望——基于系统动力学模型的情景分析 [J]. 中国软科学，2015（6）：20-34.

[123] 汪克亮，孟祥瑞，杨宝臣. 基于环境压力的长江经济带工业生态效率研究 [J]. 资源科学，2015，37（7）：1491-1501.

[124] 王宝义，张卫国. 中国农业生态效率测度及时空差异研究 [J]. 中国人口·资源与环境，2016，26（6）：11-19.

[125] 王波，方春洪. 基于因子分析的区域经济生态效率研究——以2007年省际间面板数据为例 [J]. 环境科学与管理，2010，35（2）：158-162.

[126] 王恩旭，武春友. 基于超效率DEA模型的中国省际生态效率时空差异研究 [J]. 管理学报，2011，8（3）：443.

[127] 王飞儿. 基于物质代谢的中国纺织业生态效率评价 [J]. 中国人口·资源与环境，2008，18（6）：122-126.

[128] 王何，逄爱梅. 我国三大都市圈域中心城市功能效应比较 [J]. 城市规划学刊，2013，000（2）：72-76.

[129] 王佳宁，罗重谱，胡新华. 重庆经济持续快速发展探因、理论阐释

及其基本判断 [J]. 改革, 2016 (2): 12 - 20.

[130] 王佳宁, 罗重谱, 胡新华. 重庆经济持续快速发展探因、理论阐释及其基本判断 [J]. 改革, 2016 (2): 25 - 30.

[131] 王金南. 二氧化硫排放交易: 中国的可行性 [M]. 北京: 中国环境科学出版社, 2012.

[132] 王俊岭. 我国钢铁工业脱钩弹性分析——以 2006—2015 年面板数据为例 [J]. 生态经济 (中文版), 2017, 33 (8): 139 - 143.

[133] 王亮. 基于生态足迹的盐城市生态安全评价 [J]. 国土与自然资源研究, 2011, 2011 (1): 59 - 61.

[134] 王培, 王焱鑫, 崔巍. 面板数据的因子分析 [J]. 贵州大学学报 (自然科学版), 2009, 6: 10 - 13.

[135] 王群伟, 周德群, 葛世龙, 等. 环境规制下的投入产出效率及规制成本研究 [J]. 管理科学, 2019, 22 (6): 111 - 119.

[136] 王小龙. 基于生命周期评价与能值分析的循环农业评价理论, 方法与实证研究 [D]. 北京: 中国农业大学, 2016.

[137] 王晓岭, 武春友. "绿色化" 视角下能源生态效率的国际比较——基于 "二十国集团" 面板数据的实证检验 [J]. 技术经济, 2015, 34 (7): 70 - 77.

[138] 魏婷, 吴长年. 一种工业园区生态系统健康评价方法及其应用 [J]. 长江流域资源与环境, 2017, 16 (5): 680.

[139] 乌东峰, 张世兵, 曾栋梁. 基于模糊综合评价的现代多功能农业研究 [J]. 经济地理, 2009, 29 (12): 2075 - 2079.

[140] 吴传清, 黄磊. 承接产业转移对长江经济带中上游地区生态效率的影响研究 [J]. 武汉大学学报 (哲学社会科学版), 2017 (5): 78 - 85.

[141] 吴德勋, 张雪梅. FDI 对中国工业部门技术溢出的实证研究——基于劳动密集型和资本技术密集型产业 [J]. 资源与产业, 2016 (3): 121 - 127.

[142] 吴小庆, 王亚平, 何丽梅等. 基于 AHP 和 DEA 模型的农业生态效率评价——以无锡市为例 [J]. 长江流域资源与环境, 2012 (6): 714 - 719.

[143] 吴小庆, 王亚平, 何丽梅, 等. 基于 AHP 和 DEA 模型的农业生态效率评价——以无锡市为例 [J]. 长江流域资源与环境, 2012, 21 (6): 714.

[144] 吴小庆, 王远, 刘宁等. 基于生态效率理论和 TOPSIS 法的工业园

区循环经济发展评价［J］．生态学杂志，2008，27（12）：2203－2208．

［145］吴旭晓．"三化"视域下的区域生态效率发展研究——以河南区域中心城市为例［J］．生态经济（学术版），2013（1）：95－100＋117．

［146］武春友，郭玲玲．绿色增长理论与实践的国际比较研究［J］．中国国情国力，2020（5）：37－41．

［147］武春友，孙岩．环境态度与环境行为及其关系研究的进展［J］．预测，2006，25（4）：61－65．

［148］习近平．习近平谈治国理政（第三卷）［M］．北京：外文出版社，2020．

［149］夏华东．魏鹏举：文化企业说到底还是要做好市场［J］．文化月刊（下旬刊），2013（5）：16－19．

［150］肖双．资源型城市低碳转型效果测度及影响因素实证研究［D］．烟台：山东工商学院，2018．

［151］谢波，单灿阳，张成浩．科技创新、环境规制对区域生态效率的影响研究［J］．生态经济，2018，34（4）：86－92．

［152］谢志祥，任世鑫，李阳，等．基于DEA模型的城市地铁交通系统运营效率研究［J］．山东科学，2018．

［153］邢贞成，王济干，张婕．中国区域全要素生态效率及其影响因素研究［J］．中国人口·资源与环境，2018，28（7）：119－126．

［154］徐君，高厚宾，王育红．生态文明视域下资源型城市低碳转型战略框架及路径设计［J］．管理世界，2014（6）：178－179．

［155］许学国，张俊杰．交互视角下环境规制对工业生态效率的影响［J］．软科学，2019（6）：7－71．

［156］薛静静，周扬，史军，等．基于DEA－BCC模型的湖南省煤炭利用生态效率评价［J］．中国矿业，2018，27（11）：68－73．

［157］闫军印，齐中芳，冯兰刚．基于DEA和Malmquist指数的钢铁企业生态效率研究——以河北钢铁股份有限公司为例［J］．石家庄经济学院学报，2014，37（5）：40－45．

［158］严立冬，屈志光，黄鹂．经济绿色转型视域下的生态资本效率研究［J］．中国人口·资源与环境，2013．

［159］杨斌．2000－2006年中国区域生态效率研究——基于DEA方法的实

证分析 [J]．经济地理，2009（7）：143 – 148.

［160］杨世杰．中国省域能源消耗碳排放的空间效应研究：基于不同空间权重矩阵视角 [J]．环境科学与技术，2019（S2 vo 42）：180 – 185.

［161］杨文举．中国地区工业的动态环境绩效：基于 DEA 的经验分析 [J]．数量经济技术经济研究，2019，26（6）：87 – 98.

［162］杨亦民，王梓龙．湖南工业生态效率评价及影响因素实证分析——基于 DEA 方法 [J]．经济地理，2017，37（10）：151 – 156.

［163］姚德文，张晖明．上海产业结构优化升级的障碍和对策分析 [J]．上海经济研究，2018，000（003）：52 – 58.

［164］姚治国，陈田．基于碳足迹模型的旅游碳排放实证研究——以海南省为案例 [J]．经济管理，2016（2）：151 – 159.

［165］姚治国，陈田．旅游生态效率模型及其实证研究 [J]．中国人口·资源与环境，2015（25）：120.

［166］易杏花，刘锦锢．我国西部地区生态效率评价及其影响因素分析 [J]．统计与决策，2020，36（1）：105 – 109.

［167］袁婕，樊鸿涛，张炳，等．基于能值理论的工业生态系统分析——以龙盛科技工业园为例 [J]．环境保护科学，2018，34（2）：74 – 77.

［168］约翰·霍兰．隐秩序 [M]．上海：上海世纪出版集团，2011.

［169］岳利萍．发展视阈下生态文明评价指标体系构建 [J]．经济纵横，2014，000（4）：10 – 15.

［170］岳良文．绿色增长视角下中国全要素资源效率评价研究 [D]．大连：大连理工大学，2015.

［171］张翱祥，邓荣荣．中部六省碳排放效率与产业结构优化的耦合协调度及影响因素分析 [J]．生态经济，2021，37（3）：31 – 37.

［172］张俊荣，王孜丹，汤铃，等．基于系统动力学的京津冀碳排放交易政策影响研究 [J]．中国管理科学，2016，24（3）：1 – 8.

［173］张森宇，曲波．区域创新与经济耦合关系及其对生态效率的影响——基于我国区域中心城市级区域实证研究 [J]．商业经济研究，2017，000（023）：142 – 145.

［174］张朔千．绿色建筑的生态经济优化问题 [J]．科技经济市场，2015

（9）：162－162.

［175］张潇尹．我国资源型区域绿色发展模式选择：基于生态经济效率的分析［J］．现代管理科学，2019，000（5）：53－55.

［176］张亚斌，马晨，金培振．我国环境治理投资绩效评价及其影响因素——基于面板数据的 SBM－TOBIT 两阶段模型［J］．经济管理，2014，36（4）：170－179.

［177］张杨，陈娟娟．农业生态效率的国际比较及中国的定位研究［J］．中国软科学，2019，000（10）：165－172.

［178］张莹．基于低碳评价指标的武汉低碳城市建设研究［J］．中国软科学，2011（S1）：170－175.

［179］张悦．城市绿色转型影响因素协同效应分析［D］．大连：大连理工大学，2017.

［180］张振佳．厦门构建对台旅游集散中心的对策研究［J］．厦门科技，2019，000（2）：7－10.

［181］张振佳．沿海中心城市产业转型升级研究——以厦门为例［J］．发展研究，2013（11）：118－121.

［182］赵洋．中国资源型城市发展阶段研究——基于绿色转型的视角［J］．经济问题探索，2020（2）：74－84.

［183］郑德凤，臧正，孙才志，等．基于生态系统服务理论的中国绿色经济转型预测分析［J］．生态学报，2014，034（23）：7137－7147.

［184］中共中央，国务院．国家新型城镇化规划（2014—2020 年）［M］．北京：新华社，2014.

［185］钟永飞，孙慧，郭海．模拟碳减排目标下绿色转型对地区经济的影响——基于 DSGE 模型的研究［J］．上海金融，2017（7）：28－34.

［186］钟永光，贾晓菁，钱颖．系统动力学前沿与应用［M］．北京：科学出版社，2016.

［187］周国梅，彭昊，曹凤中．循环经济和工业生态效率指标体系［J］．城市环境与城市生态，2003，16（6）：201203.

［188］周旭东，吕光辉．基于超效率 DEA 模型的干旱区工业生态效率研究——以新疆为例［J］．干旱区研究，2019，36（2）：513－519.

［189］朱远. 城市发展的绿色转型：关键要素识别与推进策略选择［J］. 东南学术，2011（5）：40 - 50.

［190］诸大建，邱寿丰. 作为我国循环经济测度的生态效率指标及其实证研究［J］. 长江流域资源与环境，2018，17（1）：1.

［191］诸大建. 循环经济的思想实质［J］. 创新科技，2005（12）：6 - 6.

［192］诸大建. 诸大建：循环经济的思想实质［J］. 创新科技，2015（3）：22 - 30.

［193］诸大建，朱远. 生态效率与循环经济［J］. 复旦学报（社会科学版），2005，2：60 - 66.

［194］A AM，Marcela González-Araya b，B A I，et al. A Multiobjective DEA Model to Assess the Eco-efficiency of Agricultural Practices within the CF + DEA Method［J］. *Computers and Electronics in Agriculture*，2019，161：151 - 161.

［195］Ahtiainen J P，Hoffren M，Hulmi J J，et al. Panoramic ultrasonography is a valid method to measure changes in skeletal muscle cross - sectional area［J］. European journal of applied physiology，2010，108（2）：273 - 279.

［196］Arjomandi A，Dakpo K H，Seufert J H. Have Asian Airlines Caught up with European Airlines? A By-production Efficiency Analysis［J］. *Transportation Research Part A：Policy and Practice*，2018，116：389 - 403.

［197］Artmann M.，Inostroza L.，Fan P. Urban Sprawl，Compact Urban Development and Green Cities. How Much do We Know，How Much do We Agree?［J］. *Ecological Indicators*，2019，96：3 - 9.

［198］Barbiroli G. Economic Consequences of the Transition Process Toward Green and Sustainable Economies：Costs and Advantages［J］. *International Journal of Sustainable Development & World Ecology*，2011，18（1）：17 - 27.

［199］BjörnSchiricke，Pitzpaal R，EckhardLüpfert，et al. Experimental Verification of Optical Modeling of Parabolic Trough Collectors by Flux Measurement［J］. *Journal of Solar Energy Engineering*，2007，131（1）：1071 - 1076.

［200］Cao，L.，Zhou，Z.，Wu，Y.，Huang，Y.，Cao，G.，Is Metabolism in All Regions of China Performing Well? - Evidence from a New DEA-Malmquist Productivity Approach［J］. *Ecol. Indicat*，2019，106，105487.

［201］ Charnes A. , Cooper W. W. , Rhodes E. Measuring the Efficiency of De-cisionmaking Units ［J］. *European Journal of Operational Research*, 1978, 2: 429 – 444.

［202］ Charnes A. , Cooper W. W. , Rhodes E. Measuring the Efficiency of Deci-sionmaking Units ［J］. *European Journal of Operational Research*, 1978, 2: 429 –444.

［203］ Choi Y, Zhang N, Zhou P. Efficiency and Abatement Costs of Energy-re-lated CO_2 Emissions in China: A Slacks-based Efficiency Measure ［J］. *Applied Ener-gy*, 2012, 98: 198 – 208.

［204］ Clark S R, Ma A C, Tavener S A, et al. Platelet TLR4 Activates Neu-trophil Extracellular Traps to Ensnare Bacteria in Septic Blood. ［J］. *Nature Medi-cine*, 2007, 13 (4): 463 – 469.

［205］ Codispoti L A. The Limits to Growth ［J］. Nature (London), Nature Publishing Group, 1997, 387 (6630): 237 – 238.

［206］ Collier M. J. , Nedovic-Budic Z. , Aerts J. , et al. Transitioning to Re-silience and Sustainability Inurban Communities ［J］. *Cities*, 2013, 32: S21 – S28.

［207］ Dahlström K, Ekins P. Eco-efficiency Trends in the UK Steel and Alumi-num Industries ［J］. *Journal of Industrial Ecology*, 2005, 9 (4): 171 – 188.

［208］ Dobers P, Wolff R . Eco-efficiency and Dematerialization: Scenarios for New Industrial Logics in Recycling Industries, Automobile and Household Appliances ［J］. *Business Strategy & the Environment*, 1999, 8 (1) .

［209］ Doyon Y, C Cayrou, Ullah M, et al. ING Tumor Suppressor Proteins are Critical Regulators of Chromatin Acetylation Required for Genome Expression and Per-petuation. ［J］. *Molecular Cell*, 2016, 21 (1): 51 – 64.

［210］ Dyckhoff H. , Allen K. Measuring Ecological Efficiency with Data Envel-opment Analysis (DEA) ［J］. *European Journal of Operational Research*, 2001, 132: 312 – 325.

［211］ El-Khatib M, Majdoub F E, Hoevels M, et al. Stereotactic LINAC Ra-diosurgery for Incompletely Resected or Recurrent Atypical and Anaplastic Meningio-mas ［J］. *Acta Neurochirurgica*, 2011 (2): 15 – 23.

［212］ Feng S, Tao H, Tanikawa H, et al. Toward a Low Carbon-Dematerialization Society [J]. *Journal of Industrial Ecology*, 2012, 16 (4): 493 – 505.

[213] Feng Y, Dong X, Zhao X, et al. Evaluation of Urban Green Development Transformation Process for Chinese Cities During 2005 – 2016 [J]. *Journal of Cleaner Production*, Oxford: Elsevier Sci Ltd, 2020, 266: 121707.

[214] Forrester J W. *Industrial Dynamics* [M]. Cambridge, massachusetts: Teh MITPress, 1961.

[215] Forrester J W. *Urban Dynamics* [M]. Cambridge, Mass. : MIT Press, 1969.

[216] Fu J, Xiao G, Wu C. Urban Green Transformation in Northeast China: A Comparative Study with Jiangsu, Zhejiang and Guangdong Provinces [J]. *Journal of Cleaner Production*, Oxford: Elsevier Sci Ltd, 2020, 273: 122551.

[217] Fukuyama H, Masaki H, Sekitani K, et al. Distance Optimization Approach to Ratio-form Efficiency Measures in Data Envelopment Analysis [J]. *Journal of Productivity Analysis*, 2014, 42 (2): 175 – 186.

[218] Fussler C. The Development of Industrial Eco-efficiency [J]. *Industry and Environment (Chinese Version)*, 1995, 17 (4): 71 – 74.

[219] Geissler B, Mew M C, Weber O, et al. Efficiency Performance of the World's Leading Corporations in Phosphate Rock Mining [J]. *Resources, Conservation and Recycling*, 2015, 105: 246 – 258.

[220] Ghimire S R, Johnston J M. A Modified Eco-efficiency Framework and Methodology for Advancing the State of Practice of Sustainability Analysis as Applied to Green Infrastructure [J]. *Integrated Environmental Assessment and Management*, 2017, 13 (5): 821 – 831.

[221] Godoy-Durán Á, Galdeano-Gómez E, Pérez-Mesa J C, et al. Assessing Eco-efficiency and the Determinants of Horticultural Family-farming in Southeast Spain [J]. *Journal of Environmental Management*, 2017, 204: 594 – 604.

[222] Grabher G, Thiel J . Projects, People, Professions: Trajectories of Learning Through a Mega-event (the London 2012 case) [J]. *Geoforum*, 2015, 65: 328 – 337.

[223] Halkos G, Petrou K N. Assessing 28 EU Member States' Environmental Efficiency in National Waste Generation with DEA [J]. *Journal of Cleaner Production*, 2019, 208: 509 – 521.

[224] He, J., Wan, Y., Feng, L., Ai, J. Wang, Y. An Integrated Data Envelopment Analysis and Energy-based Ecological Footprint Methodology in Evaluating Sustainable Development, A Case Study of Jiangsu Province, China [J]. Ecol. Indic, 2016, 70: 23-34.

[225] Hjorth P, Bagheri A. Navigating Towards Sustainable Development: A System Dynamics Approach [J]. *Futures: the Journal of Policy, Planning and Futures Studies*, Oxford: Elsevier Ltd, 2006, 38 (1): 74-92.

[226] Hopkins L D. *Urban Development: The Logic of Making Plans* [M]. London: Island Press, 2001.

[227] Huang Y S, Yang Y Q, Shi M S. Research on the Factors Affecting Carbon Emission of Energy Consumption in the Beijing-Tianjin-Hebei Region [J]. *IOP Conference Series: Earth and Environmental Science*, 2019, 342: 012027 (8 pp.) – 012027 (8 pp.).

[228] Huppes L C. Os preceitos da sustentabilidade na gestão empresarial: um estudo correlacional sob o viés da percepção de gestores e colaboradores de empresas da região sudoeste do Paraná [D]. Universidade Tecnológica Federal do Paraná, 2014.

[229] Huttunen K L, Muotka T, Karjalainen S M, et al. Excess of Nitrogen Reduces Temporal Variability of Stream Diatom Assemblages [J]. *Science of The Total Environment*, 2020, 713: 136630.

[230] Jansson A. Reaching for a Sustainable, Resilient Urban Future Using the Lens of Ecosystem Services [J]. *Ecological Economics*, 2013, 86: 285-291.

[231] John Brink. *Against All Odds: The Green Transformation of American Politics* [M]. Raymond, ME: Leopold, 1999.

[232] Kim I, Kim C. Supply Chain Efficiency Measurement to Maintain Sustainable Performance in the Automobile Industry [J]. *Sustainability*, 2018, 10 (8): 2852.

[233] Lai S-K. Why Plans Matter for Cities [J]. *Cities*, 2018, 73: 91-95.

[234] Lee J, Akashi Y, Takaguchi H, et al. Forecasting Model of Activities of the City-level for Management of CO_2 Emissions Applicable to Various Cities [J]. *Journal of Environmental Management*, London: Academic Press Ltd-Elsevier Science

Ltd, 2021, 286: 112210.

[235] Liu B, Zhang R, Ren Y N, et al. Study on System Dynamics Model for Urban Sustainable Development and Demonstration [A]. H. Lan. Proceedings of the 2005 International Conference on Management Science & Engineering (12th), Vols 1 – 3 [C]. Harbin: Harbin Institute Technology Publishers, 2005: 2411 – 2416.

[236] Liu X, Guo P, Guo S. Assessing the eco – efficiency of a circular economy system in China's coal mining areas: Emergy and data envelopment analysis [J]. Journal of Cleaner Production, 2019, 206: 1101 – 1109.

[237] Li X. Research on Evaluation and Optimization of System of Resource and Urban Transformation based on System Dynamics [J]. *Agro Food Industry Hi-Tech*, Milano: Teknoscienze Publ, 2017, 28 (3): 757 – 760.

[238] Lozano S, Adenso-Díaz B, Barba-Gutiérrez Y. Russell Non-radial Eco-efficiency Measure and Scale Elasticity of a Sample of Electric/electronic Products [J]. *Journal of the Franklin Institute*, 2011, 348 (7): 1605 – 1614.

[239] Majdoub F E, Elawady M, C Bührle, et al. μMLC-LINAC Radiosurgery for Intracranial Meningiomas of Complex Shape. [J]. *Acta Neurochirurgica*, 2012, 154 (4): 599.

[240] Meier M S, Hilbeck A . Influence of Transgenic Bacillus Thuringiensis Corn-fed Prey on Prey Preference of Immature Chrysoperlacarnea (Neuroptera: Chrysopidae) [J]. *Basic & Applied Ecology*, 2001, 2 (1): 35 – 44.

[241] Michelsen O, Fet A M, Dahlsrud A. Eco-efficiency in Extended Supply Chains: A Case Study of Furniture Production [J]. *Journal of environmental management*, 2006, 79 (3): 290 – 297.

[242] Newman M. *Networks: An Introduction* [M]. Oxford: Oxford University Press, 2010.

[243] Ning Y, Liu Z, Ning Z, et al. Measuring Eco-efficiency of State-owned Forestry Enterprises in Northeast China [J]. *Forests*, 2018, 9 (8): 455.

[244] Odum, H. T., Brown, M. T. & Brandt-Williams, S. Folio #1: Introduction and global budget. Handbook of Energy Evaluation: A Compendium of Data for energy computation issued in a series of folios. Center for Environmental policy, Envi-

ronmental engineering sciences, University of Florida, Gainesville, 2000.

[245] Odum H T. Emergy Evaluation of an OTEC Electrical Power System [J]. *Energy*, 2000, 25 (4): 389 –393.

[246] Odum H T, Odum E P. Trophic Structure and Productivity of a Windward Coral Reef Community on Eniwetok Atoll [J]. *Ecological Monographs*, 1995, 25 (3).

[247] Pan H, Zhang X, Wang Y, et al. Emergy Evaluation of an Industrial Park in Sichuan Province, China: A Modified Emergy Approach and its Application [J]. *Journal of Cleaner Production*, 2016, 135 (nov. 1): 105 –118.

[248] Park M, Kim Y, Lee H, et al. Modeling the Dynamics of Urban Development Project: Focusing on Self-sufficient City Development [J]. *Mathematical and Computer Modelling*, Elsevier Ltd, 2013, 57 (9 –10): 2082 –2093.

[249] Pearce D W. *Blueprint for a Green Economy* [M]. London: Earthscan, 1989.

[250] Perman R, Stern D I. Evidence from panel unit root and cointegration tests that the environmental Kuznets curve does not exist [J]. Australian Journal of Agricultural and Resource Economics, 2003, 47 (3): 325 –347.

[251] PiegayH, Mutz M, Gregory K, et al. Public Perception as a Barrier to Introducing Wood in Rivers for Restoration Purposes [J]. *Environmental Management*, 2015, 36 (5): 665 –674.

[252] QiuL, Zhou J. Temporal and Spatial Differentiation and Influencing Factors of Eco-efficiency at County Scale in Zhejiang Province [J]. *East China Economic Management*, 2020 (3): 12 –15.

[253] Rebolledo-Leiva R, Angulo-Meza L, Iriarte A, et al. Comparing two CF + DEA Methods for Assessing Eco-efficiency from Theoretical and Practical Points of View [J]. *Science of the Total Environment*, 2019, 659: 1266 –1282.

[254] Rees W, S Schüler, Hummel M, et al. Effects of Physical Training, Methandine and Their Combination on the Lysosomal Hydrolytic Activities in Dog Heart [J]. *International Journal of Sports Medicine*, 1992, 13 (1): 52 –55.

[255] Rodrigues, Cavalett A L, Lima A, et al. Enhancement of Escherichia Coli Cellulolytic Activity by Co-production of Beta-glucosidase and Endoglucanase En-

zymes [J]. *Electronic Journal of Biotechnology*, 2011, 13 (5): 5 - 6.

[256] Rusiawan W, Tjiptoherijanto P, Suganda E, et al. System Dynamics Modeling for Urban Economic Growth and CO_2 Emission: A Case Study of Jakarta, Indonesia [A]. A. Trihartono, B. Mclellan. 5th Sustainable Future for Human Security (sustain 2014) [C]. Amsterdam: Elsevier Science Bv, 2015, 28: 330 - 340.

[257] RW Bacon, S Bhattacharya. Growth and CO_2 Emissions How Do Different Countries Fare ? Growth and CO_2 How Do Different Countries Fare ? . 2007.

[258] Schaltegger S, Bennett M, Burritt R . Sustainability Accounting and Reporting [J]. *European Accounting Review*, 2012, volume 23 (7): 829 - 846 (18).

[259] Schloss P D, Westcott S L, Ryabin T, et al. Introducing Mothur: Open-Source, Platform-Independent, Community-Supported Software for Describing and Comparing Microbial Communities [J]. *Applied & Environmental Microbiology*, 2019, 75: 7537.

[260] Siemens. Green City Index [DB/OL]. [2019, 01, 01]. httpsa/new. siemens. com/global/en. html.

[261] Song M. , An Q. , Zhang W. , et al. Environmental Efficiency Evaluation Based on Dataenvelopment Analysis: a Review [J]. *Renewable & Sustainable Energy Reviews*, 2012, 16: 4465 - 4469.

[262] Susan Meredith. How to Green Your Business [J]. *Adhesives and Sealants Industry*, 2008 (12): 55 - 70.

[263] Tone K. A slacks - based measure of efficiency in data envelopment analysis [J]. European journal of operational research, 2001, 130 (3): 498 - 509.

[264] Tone K. A Slacks-based Measure of Efficiency in Data Envelopment Analysis [J]. *European Journal of Operational Research*, 2001, 130: 498 - 509.

[265] Tone K. A Slacks-based Measure of Efficiency in Data Envelopment Analysis [J]. *European Journal of Operational Research*, 2001, 130 (3): 498 - 509.

[266] Tone K, Tsutsui M. Network DEA: A Slacks-based Measure Approach [J]. *European Journal of Operational Research*, 2009, 197 (1): 243 - 252.

[267] Van Caneghem J, Block C, Cramm P, et al. Improving Eco-efficiency in the Steel Industry: the Arcelor Mittal Gent Case [J]. *Journal of Cleaner Produc-*

220

tion, 2010, 18 (8): 807 –814.

[268] Wackernagel M, Rees W. *Our Ecological Footprint: Reducing Human Impact on the Earth* [M]. New Society Publishers, 1998.

[269] Wei-Tien, Chang, Matthew, et al. Postresuscitation Myocardial Dysfunction: Correlated Factors and Prognostic Implications [J]. *Intensive Care Medicine*, 2007.

[270] Wolfram S. *A New Kind of Science* [M]. Champaign, IL: Wolfram Media, Inc. , 2002.

[271] Wu L, Gong Z. Can National Carbon Emission Trading Policy Effectively Recover GDP losses? A New Linear Programming-based Three-step Estimation Approach [J]. *Journal of Cleaner Production*, Oxford: Elsevier Sci Ltd, 2021, 287: 125052.

[272] Wu, Y. , Que, W. , Liu, Y. - g. , Li, J. , Cao, L. , Liu, S. - b. , Zeng, G. - m. , Zhang, J. Efficiency Estimation of Urban Metabolism Via Emergy, DEA of Time-series [J]. Ecol. Indic, 2018, 85, 276 –284.

[273] Xing L, Xue M, Hu M. Dynamic Simulation and Assessment of the Coupling Coordination Degree of the Economy-resource-environment System: Case of Wuhan City in China [J]. *Journal of Environmental Management*, London: Academic Press Ltd-Elsevier Science Ltd, 2019, 230: 474 –487.

[274] Xing Z, Wang J, Zhang J. Expansion of Environmental Impact Assessment for Eco-efficiency Evaluation of China's Economic Sectors: An Economic Input-output Based Frontier Approach [J]. *Science of the Total Environment*, 2018, 635: 284 –293.

[275] Yisong, Cheng, Jia, et al. Letter by Cheng et al Regarding Article, "Prostate-Specific Antigen Within the Reference Range, Subclinical Coronary Atherosclerosis, and Cardiovascular Mortality" . [J]. *Circulation research*, 2019, 124 (12): e115.

[276] Yuke L, Shengtian J. Temporal and Spatial Evolution Characteristics and Influencing Factors of Energy Consumption Carbon Emissions in Six Provinces of Central China [J]. *Economic Geography*, 2019, 39 (1): 182 –191.

[277] Zhou P. , Ang B. W. , Poh K. L. Slacks-based Efficiency Measures for Modeling Environmental Perforinance [J]. *Ecological Economics*, 2006, 60: 111 –118.

［278］Zhu Q，Sarkis J，Geng Y . Green Supply Chain Management in China：Pressures，Practices and Performance ［J］. *International Journal of Operations & Production Management*，2015，25（5）：449 – 468.

［279］Özkara Y，Atak M. Regional Total-factor Energy Efficiency and Electricity Saving Potential of Manufacturing Industry in Turkey ［J］. *Energy*，2015，93：495 – 510.

［280］Zukin S . The Just City-By Susan S. Fainstein ［J］. *International Journal of Urban & Regional Research*，2012，36（4）：865 – 867.